ro
ro
ro

W0279445

Zu diesem Buch

Spätestens seit ihren Erfolgsbüchern «Westwärts und nicht vergessen» und «Vertreibung ins Paradies» ist Daniela Dahn unverwechselbar zu einer «wichtigen deutschen Stimme aus dem Osten» (Egon Bahr) geworden. Die streitbare Schriftstellerin, für ihre Auseinandersetzung mit dem deutschen Vereinigungsprozess u. a. mit dem Tucholsky-Preis ausgezeichnet, begibt sich in «Wenn und Aber» darüber hinaus auf neues, globales Terrain. Wem gehört die Welt? Was darf Krieg? Brauchen wir eine Globalisierung der Demokratie? – Fragen, denen die Autorin mit derselben Kraft zur unabhängigen Betrachtung nachgeht wie der Lage in Ost und West nach mehr als zehn Jahren Uneinigkeit. Außerdem versammelt dieser Band kleine Porträts von «geschätzten Wenn-und-Aber-Sagern» wie Kurt Tucholsky, Eduard Goldstücker, Stefan Heym, Günter Gaus oder Christa Wolf.

Daniela Dahn studierte Journalistik in Leipzig und arbeitete danach als Fernsehjournalistin. Seit ihrer Kündigung 1981 lebt sie als freie Schriftstellerin und Publizistin in Berlin. Sie war Gründungsmitglied des «Demokratischen Aufbruchs» und hatte mehrere Gastdozenturen in den USA und Großbritannien.

Daniela Dahn

WENN UND ABER

Anstiftungen zum Widerspruch

Rowohlt Taschenbuch Verlag

Originalausgabe

Veröffentlicht im Rowohlt Taschenbuch Verlag GmbH,
Reinbek bei Hamburg, November 2002

Lektorat Frank Strickstrock
Umschlaggestaltung any.way, Barbara Hanke/Cordula Schmidt
(Abb.: El Lissitzky: «Proun 12 E». Um 1920)
Satz aus der Adobe Garamond (PageMaker)
bei Pinkuin Satz und Datentechnik, Berlin
Druck und Bindung Clausen & Bosse, Leck
Printed in Germany
ISBN 3 499 61458 8

Die Schreibweise entspricht den Regeln
der neuen Rechtschreibung.

Inhalt

II. Fragile deutsche Einheit Gefährdete Bürgerrechte

III. Geschätzte Wenn-und-Aber-Sager

VORWARNUNG

Diese Schrift verteidigt die *gleiche Freiheit für alle* und ist daher ein Sicherheitsrisiko. Status der Verschlusssache, zu der der Leser Zugang erhält: streng verdaulich. Die hinter literarischer Abtarnung verborgenen Fakten und Argumente sind eine unzumutbare Störgröße unter allen Kriegsbegütigern und Gewissheitsaktionären, aber auch unter Radikalresignaten und Nichtzählern.

Die Texte haben überdies ein bedenkendes Verhältnis zum Eigentum. Sie polarisieren entlang der Achse zwischen Gut und Börse. «Eine Frau spaltet die deutsche Nation», die *Welt* (vom 17. 4. 2002) hatte frühzeitig auf die von der Autorin ausgehende Gefahr aufmerksam gemacht. Nach ihrer Rede im Schauspielhaus hatten auch die *Dresdner Neuesten Nachrichten* zur Vorsicht gemahnt: «Als eine der wenigen wagt sie überhaupt noch systemkritische Fragen zu stellen.» Alarmiert von so viel weiblicher Power auch *Emma*: Sie kann «mit wenigen Federstrichen die halbe Republik gegen sich aufbringen».

Die *Anstiftungen zum Widerspruch* versuchen den Verdacht zu streuen, sie bringe die andere Hälfte insgeheim für sich auf. Dies wird zum Glück nicht gelingen, da sie bei der abwegigen Behauptung bleibt: Das Grundgesetz ist so sozial intendiert, dass Kapitalismuskritik nicht nur von der Verfassung gedeckt ist, sondern geradezu ein Verfassungsgebot darstellt.

Die hier versammelten Essays sollten vielmehr als ein weiteres Beispiel für den Irrtum einer *Rebellschaft mit beschränkter Haftung* (RmbH) angesehen werden.

I. Fragile globale Einheit

Gefährdete Weltbürgerrechte

WIR SIND DIE DEMOKRATIE

Rede im Schauspielhaus Dresden am 17. 2. 2002[1]

Reden am Sonntagvormittag, zur besten Predigtzeit, wecken wohl selbst im säkularisierten Umfeld zwangsläufig die Erwartung, etwas Trost und Erbauung zu spenden. Ein legitimer Anspruch. Wenn die zu besprechende Sache nicht ausgerechnet *Deutschland* wäre. Über dessen Befinden Erfreuliches zu reflektieren sich nicht gerade aufdrängt, in einer Zeit und einer Welt, auf die dies erst recht zutrifft. Doch was immer sich machen lässt – ich will mich bemühen.

Schließlich ist der Text aller Texte über Frohsinn in Dresden geschrieben worden. Friedrich Schiller verbrachte die glücklichsten Jahre seines Lebens hier, in dem gastfreundlichen Haus seines Gönners Christian Gottfried Körner. Durch Beethovens Vertonung sind die Strophen aus seiner Ode *An die Freude* wohl bis heute die meistgesungenen deutschsprachigen Verse. Da müsste doch guter Rat billig sein, zumindest im irdischen Teil der Verheißung.

Freude heißt die starke Feder
In der ewigen Natur.
Freude, Freude treibt die Räder
In der großen Weltenuhr.

---

[1] In der Reihe *Zur Sache, Deutschland* sprechen im Schauspielhaus Dresden seit zehn Jahren im Februar Redner aus Politik und Kultur über ihr persönliches Verhältnis zu Deutschland und seiner Geschichte. Im Jahr 2002 war es der Wunsch der Veranstalter, auch die Sicht auf Amerika und die Terrorismusbekämpfung einzubeziehen.

Freude kann man es schon nennen, was die Uhr treibt, aber Freude woran? An Macht? An Reichtum? An Geltung? Unter dem Einfluss des Kantianers Körner hatte Schiller seine von den «Räubern» gekrönte Sturm- und Drang-Phase hinter sich gelassen und die Lösung der Widersprüche mehr in die Welt der Ideen verlegt. In seiner Ode jedoch beschwört er die Utopie ins Reich des Möglichen zurück: *Alle Menschen werden Brüder* durch Liebe, Freundschaft, Sympathie, Wahrheit, Tugend, Rosen und Wein. *Seid umschlungen, Millionen!* Die ganze Welt ein Elysium, ein Land der Seligen.

Zumindest dieser umspannende Zugriff überzeugt: Froh sein können letztlich nur alle oder niemand. *Eine* Nation der Seligen in einem Meer von Unglück wird es nicht geben. Und mit Großdeutschland an der Spitze schon gar nicht. Deshalb war mir die Idee eines vereinigten Europas immer dringlicher als die eines vereinigten Deutschlands. Ich will meine nationalskeptischen Prägungen hier nicht gutheißen, ich will «nur sagen, wie es kam».

Der Generation zugehörig, die bereits im staatlich geteilten Land geboren und aufgewachsen ist, habe ich den Wert des Ganzen nie leben können. Den Unwert schon. Eine Großmutter im Westen, eine im Osten, die Mauer fast vor der Haustür, ging der Riss quer durch Kinderwünsche. Aber schon früh war klar: Dies ist nicht nur der Riss durch eine Familie oder ein Land – dies ist der Riss durch die Welt.

Im Februar 1961 fuhr meine Mutter mit meiner Schwester und mir in den Ferien nach Bayern, wo ihre Verwandten, Flüchtlinge aus Schlesien, in einer Kleinstadt hängen geblieben waren. Von einer kleinen Entschädigung hatten sie einen bescheidenen Passagen-Laden eingerichtet, aber in den Gesprächen ging es oft ums Sparen. Erst nach einer Woche Skifahren erfuhren wir Kinder von der Ehekrise meiner Eltern, die eine Rückkehr vorerst nicht möglich machte. Vor Heimweh heulte ich drei Tage, dann wurde ich in die 5. Klasse eines Mädchen-Realgymnasiums eingeschult. Alles war ungeheuer fremd. Die Gedichte verstand ich nicht. Zum Beispiel das mit dem Riesenfräulein, der Bauer war in der LPG sowieso kein Spielzeug, da brauchte kein Gott davor zu sein.

Die Hauptsorge meiner Mitschülerinnen schien darin zu bestehen, ob beim Beten vor jeder Stunde nun die katholischen oder die evangelischen an der Reihe seien. Eine betende Klasse war ein Novum für mich. So wie mein nachgesendetes Russisch-Lehrbuch für die bayerischen Mädchen. Sie gingen davon aus, dass man in der DDR nicht deutsch sprechen darf, und fragten mich, ob ich Chruschtschow schon oft begegnet sei. Stell dir vor, der erste Mensch umkreist die Erde im Kosmos, und deine Mitschüler freuen sich nicht. Jede Erklärung vertiefte die Fremdheit.

Nach der Schule verfolgten wir gespannt die Nachrichten. Einem gewissen Eichmann wurde in Jerusalem der Prozess gemacht, und ich begriff, weshalb das sehr im Sinne meines toten Großvaters gewesen wäre. Gleichzeitig Aufregung in Amerika: Das geplante Schlachtfeld für eine nicht gezügelte Kuba-Krise wäre Berlin gewesen, aber das erfuhr man erst später. Wir Kinder waren erst mal froh, als sich im Sommer die private Krise gelegt hatte und wir nach Ost-Berlin zurückkehrten. Am Sonntag nach unserer Ankunft erreichte uns die Nachricht vom Bau der Mauer. Zu dem Schreck und der diffusen Ahnung, was für einschneidende Begrenzungen unser Leben erfahren würde, mischte sich bei mir aber auch Erleichterung: Da kann mich keiner mehr hinschicken! So untypisch kann das Leben sein.

Jahre später wurde die Bezeichnung *Deutschland* kommentarlos aus den Namen öffentlicher Einrichtungen und Organisationen getilgt. Nicht dass der Begriff mich je gestört hätte, aber sein Verschwinden störte mich ebenso wenig, er interessierte mich nicht. Mit ihm verbanden sich für mich mehr Gefühle des Verlustes als des Gewinns. Gut, der Rhein wäre eine Bereicherung des Erfahrbaren gewesen, aber nicht mehr als die Seine oder der Mississippi.

Die deutsche Klassik war für mich der Teil der Weltliteratur, der glücklicherweise in meiner Sprache verfasst war. Sicher, ich liebte die Brüder Mann und Feuchtwanger und Brecht, aber das bedeutete nicht zwangsläufig, dass diese Autoren mir näher gewesen wären als Dostojewski oder Camus. Die Welt war absurd, und imponieren konnte am besten, wer sie als solche beschrieb. Kafka – auch nur bedingt ein Deutscher. Und Beckett nicht mal das.

Die DDR mit ihrer Provinzialität und Enge konnte selbstverständlich auch nicht die Endstation Sehnsucht sein. Aber sie war Teil einer Dimension, die durchaus aufregend war – Osteuropa, der groß angelegte Versuch einer alternativen Antwort auf die soziale Frage. «Sozialismus und Kapitalismus, die beiden genial missratenen Kinder der Aufklärung», wie Günter Grass sie unlängst nannte, okkupierten Bindungskräfte meiner Generation auf beiden Seiten. Sie waren genial, weil es beiden gelungen war, wenigstens eines der großen Ideale der Aufklärung weitgehend herzustellen – der eine Gleichheit, der andere Freiheit. Sie sind missraten, weil beide nicht wahrhaben wollten und wollen, dass das eine ohne das andere seinen Wert verliert.

In der DDR hat die Unterdrückung beinahe aller alternativen und kreativen Ansätze, die Verfolgung Andersdenkender und die allgemeine Gängelung und Bevormundung schließlich zu einer so spürbaren Beeinträchtigung durchaus vorhandener Leistungspotenzen geführt, dass die Menschen den permanenten Mangel an Waren und an Glaubwürdigkeit satt hatten. Ihre weitgehende soziale Gleichheit in Form von Existenzsicherheit war kein hinreichender Trost mehr.

Wenn der Realsozialismus trotz aller Deformationen dennoch eine wahrlich historische Leistung vollbracht hat, dann die, dem Kapitalismus Grenzen gesetzt zu haben. Von der mehr oder weniger friedlichen Konkurrenz der Systeme hatten beide Seiten nicht nur Nachteile. Der Westen, der am meisten davon profitiert hat, hat am wenigsten davon begriffen. Nun fällt die Aufgabe, den Kapitalismus zu zähmen, an die Sozialdemokratie zurück. Der Beweis, ob sie damit allein fertig wird, steht noch aus.

Nach dem Fall der Mauer wurde ich als engagierte Beteiligte an der Wende, mit all ihren Chancen und Irrtümern, öfter in die USA eingeladen als nach Westdeutschland oder auch nur Westberlin. Die Germanistik- und Politik-Departments der Universitäten waren begierig, etwas über die unerhörten Vorgänge im Demokratischen Aufbruch, im Unabhängigen Frauenverband, in den Unabhängigen Untersuchungskommissionen oder im PEN zu hören. Ich gewann den angenehmen Eindruck einer toleranten, multikulturellen Atmosphäre, in der Studenten und Professoren aus aller Welt aufgeschlossen und vorurteilsfrei diskutierten. Ich begann, mich wohl zu fühlen, auch wenn mir die sozialen Brüche zwischen Uni-Campus und umgebender Stadt nicht entgingen.

Einer privaten Begegnung sah ich jedoch mit einer gewissen Befangenheit entgegen. Unweit der kalifornischen Stanford University, in Saratoga, der Gegend, die man heute Silicon Valley nennt, lebt seit nunmehr fast siebzig Jahren eine Cousine meiner Mutter. Vor der Abreise hatte ich es mir nochmal erklären lassen: Marianne ist die Tochter der Schwester meiner verstorbenen Großmutter. Niemand aus unserer Familie hatte sie seither besucht, und auch sie hatte Deutschland gemieden. Eine ungewöhnliche Familienpremiere also.

Auf dem Beifahrersitz meines Mietwagens lag die gezeichnete Wegbeschreibung. Amerikanische Orte sind meist sehr übersichtlich. Das Garagentor war empfangsbereit geöffnet, aber ich fand es angemessener, in der Einfahrt zu parken.

Ich klingelte, und eine beklommene kurze Ewigkeit lang regte sich nichts. Plötzlich öffnete sich die Tür, und ich glaubte meinen Augen nicht zu trauen. Diese zierliche kleine Person mit den dunklen Augen und den drahtigen, grau melierten Locken schien niemand anderes als meine aus einem Jungbrunnen auferstandene Großmutter. Die verblüffende Ähnlichkeit setzte sich bis in die Mimik und Gestik, ja bis zum markanten Zucken der Mundwinkel fort. Die Wiedererkennungsillusion wurde durch die herbeieilende, perfekt amerikanische Familie schnell aufgehoben: *nice to meet you.* Kein Wort Deutsch.

Mein Englisch genügte, um uns über äußere Stationen der Familiengeschichte zu verständigen, sobald wir aber in sensible Bereiche kamen, fand ich meine Sätze holzschnittartig. Marianne war neun Jahre alt, als die Familie Deutschland verließ. Ihr Vater, ein angesehener jüdischer Arzt, hatte gerade Werfels «40 Tage des Musa Dagh» gelesen, als Hitler an die Macht kam. «Das tue ich meiner Familie nicht an», soll er gesagt haben, und zum Kummer seiner Patienten und seiner Frau, der es um die gut gehende Düsseldorfer Praxis Leid tat, orderte er schon vierzehn Tage nach der Wahl eine Überseepassage. Verladen wurden auch die Stilmöbel und die gesamte Bibliothek. Zwischen denen saß ich nun und blickte auf die in Leder gebundenen deutschen Klassiker. Der komplette Schiller war auch dabei, mit seiner Dresdner Ode:

Freude sprudelt in Pokalen,
In der Traube goldnem Blut
Trinken Sanftmut Kannibalen,
Die Verzweiflung Heldenmut.

Marianne war Englisch-Lehrerin geworden. Am zweiten Tag fragte ich, ob es ihr recht sei, wenn ich deutsch redete. Sie nickte. Am vierten Tag, dem Tag meiner Abreise, begleitete ich sie auf ihrem einstündigen Spaziergang, den sie noch jeden Morgen vor dem Frühstück macht. In der Nacht hatte es einen warmen Regen gegeben, und an den üppigen amerikanischen Vorgärten vorbeilaufend konnte man geradezu hören, wie die Knospen aufplatzten. Wie merkwürdig das Leben doch war. Vierzehn Flugstunden von zu Hause entfernt ging ich, im subtropischen Klima dieses fremden Landes, in seiner fremden Sprache schweigend, mit dieser fremdvertrauten Frau über den dampfenden Asphalt – und alles wegen Deutschland. Unvermittelt begann Marianne plötzlich deutsch zu reden, vollkommen akzentfrei, fast ohne Fehler. Mit der Sprache kamen ihre Erinnerungen an Kinderspiele in Düsseldorf, gelegentlich auch mit den Cousinen. Dann daran, wie oft sie später mit ihrer in tiefe Depressionen verfallenen Mutter hier langgegangen sei, die die Trennung von all dem heimatlich Vertrauten nie überwunden hatte, während es ihrem Vater gelungen war, wieder zu wissenschaftlichen Ehren zu kommen.

Und schließlich, nunmehr quasi als Deutsche, die besorgte Frage nach den rechtsradikalen Umtrieben, von denen man so viel höre. Ich erzählte, wie unmittelbar vor meiner Abreise eine Liste über den *«Verjudeten roten Schriftstellerverband der DDR»* in Umlauf gekommen war, mit lauter falschen Namen, während sie die Namen derer, die sie wohl meinten, meist nicht kannten. Wenn es einmal anders kommt, gibt es ja immer noch die Vereinigten Staaten, versuchte ich zu scherzen. *Yes,* sagte Marianne kommentarlos.

In den letzten Monaten ist für mich die tröstliche Gewissheit, die Vereinigten Staaten von Amerika könnten im Fall der Fälle wieder ein Hort der Toleranz und Rechtsstaatlichkeit sein, sehr brüchig geworden. Der totale Unwille der Regierung Bush, die Ursachen des tragischen Hasses auf Amerika auch nur zu einem winzigen Bruchteil in der eigenen Politik zu orten und stattdessen die wenigen, die es versuchen, rüde auszugrenzen, wäre noch nicht das Schlimmste. Wirklich beunruhigend ist, soweit ich das von hier beurteilen kann und von verzweifelten Freunden in Amerika bestätigt bekomme, wie sehr die patriotische Gleichschaltung gelingt. Ein wenig Druck genügt, und die Medien unterwerfen sich der Selbstzensur.

Nach einer USA-Reise 1995 zitierte ich aus einem Essay von Norman Mailer in der Zeitschrift *New York*, in dem er einräumte, die Amerikaner hätten erst nach dem Zusammenbruch der Sowjetunion gemerkt, dass diese nicht in der Lage gewesen wäre, die Weltherrschaft zu übernehmen. Stattdessen hätten die Menschen dort versucht, ihren miserablen Lebensstandard zu verbessern und es nicht geschafft, weil sie zu viel in die Rüstung stecken mussten. «Wir haben nicht den kalten Krieg gewonnen, wir haben die Russen ruiniert», sagte er. «Es war, als ob wir 40 Jahre lang magnetisierte Feilspäne gewesen wären, alle aufgereiht in dieselbe Richtung. Da waren wir – vereint gegen das Reich des Bösen. Jetzt ist es, als ob ein großer Schalter abgestellt wurde. Das magnetische Feld brach zusammen. All die Späne sind verstreut. Wir haben keinen Feind mehr, den wir hassen können. Aber wir haben noch 40 Jahre Hass und Angst in uns.»

Nun ist ein noch größerer Schalter angestellt, und das Aufreihen funktioniert unter Hochspannung. Einheitsdenken in der Demokratie? *It Can't Happen Here* – wird ein Nachkomme von Sinclair Lewis einst eine Fortsetzung schreiben?

Im Internet erfahre ich, es gingen schon wieder schwarze Listen für unamerikanisches Verhalten um. Wozu etwa die Äußerung von Jesse Jackson vor angehenden Juristen an der Harvard University gehört, Amerika müsse «Brücken und Beziehungen herstellen und nicht nur Bomben werfen». Und da man weiß: das FBI darf jetzt die gesamte E-Mail-Kommunikation überwachen, ertappe ich mich bei Rücksichtnahmen gegenüber meinen Uni-Freunden. Darf ich ihnen die Frage zumuten, weshalb offenbar niemand einen Zusammenhang zu einem anderen 11. September herstellt? An dem ebenfalls durch einen Angriff aus der Luft, geheimdienstlich gelenkt, ein Regierungspalast folgenreich in Brand gesteckt wurde und längst nicht nur der Präsident umkam? 1973 in Santiago de Chile.

Das alles gehört zur *Sache Deutschland* – wie bin ich auf dich zurückgeworfen. Zumindest auf Europa und das Zutrauen in seine Tradition der Aufklärung. Und über die Sprache, das einzige Werkzeug in meinem Metier, eben doch ganz auf Deutschland. Kein anderer Ort. Nirgends. Wer jetzt kein Haus hat, baut sich eines hier. Wohl wissend: *It can happen everywhere.* Noch erzählen Zeitzeugen von Alfred Rosenbergs Genugtuung, der Nationalsozialismus sei der Sieg über die jüdisch versippte Aufklärung. Und noch sind auch in uns nicht alle Schalter des kalten Krieges ausgeknipst. Aber das zusammengerückte Europa, erst recht das vereinte Deutschland, ist so real mit sich selbst konfrontiert und in sich verwoben, dass Vorurteile, Fehlinformationen, Überlegenheitsphantasien und Feindbilder sich schneller abschleifen. Ausgerechnet zu einer Zeit, da man das Gefühl nicht loswird, es habe seit langem nicht so viel Anlass zu Sorge gegeben, auch die Ahnung: Wenn überhaupt, entgegen besserer Einsicht, unter Umständen, zumindest eventuell, vielleicht der Hauch einer Chance auf Einmischung, dann hier.

Und so spüre ich plötzlich dankbar die Gunst, hier stehen zu dürfen, wissend um die gemeinsame Überzeugung: Kritisieren heißt sich verantwortlich fühlen. Gerade wenn wir bereit sind, die permanente Unzulänglichkeit als den Zustand anzunehmen, der uns gegeben ist, sollten wir nicht so tun, als wäre das nichts. Denn was uns überantwortet wurde, markiert unsere *Zuständigkeit.* Kein geringes Gut. Keine geringe Last. Nur kann man sie nicht einfach ausschlagen wie eine ungeliebte Erbschaft. Wer nie versucht hat, sich einzumischen, soll nicht behaupten, es ginge nicht.

Sich schreibend einmischen heißt stören. Wer zufrieden ist, schreibt nicht. Schreiben heißt abweichen und rebellieren, attackieren und ironisieren. Schriftsteller sind nicht dazu da, Harmoniebedürfnisse zu erfüllen. Sie müssen auch keine Hoffnungen machen und Lösungen anbieten. Dafür haben wir Politiker. Schriftsteller sollten mit künstlerischen Mitteln das Problembewusstsein schärfen und die Sensibilität füreinander wach halten. Nur wer so gezielt zuspitzt, dass er einen empfindlichen Nerv trifft, wird überhaupt gehört. Und muss dann selbst mit Angriffen rechnen.

Wer immer sich auf seine Art eingemischt hat, kennt den Zweifel, ob denn das Maß an erwünschter Wirkung das Maß an eingesetzter Kraft rechtfertigt. Auch wenn dies fast immer verneint wird, bleibt die Hoffnung auf ein unbestimmtes Manchmal. Die Freude, die die Räder der Weltenuhr treibt, ist die Freude von Sisyphus. Eine dankbarere Rolle ist uns hienieden nicht zugedacht.

Ich erinnere mich gut, welche großen Erwartungen viele DDR-Bürger in die Demokratie gesetzt haben. Zu den wichtigsten Forderungen aus der Wendezeit gehörte das Recht auf freie Wahlen. Bei den letzten Kommunalwahlen in Thüringen betrug die Wahlbeteiligung 45 Prozent. Der Selbstentmachtung der Politiker folgt zwangsläufig die Selbstentmachtung der Wähler. Dieses Verhalten ist enttäuschend. Man kann es kritisieren, aber hilfreicher ist wohl, es erklären zu wollen.

Nach fast 12 Jahren Einheit ist die Bilanz durchaus widersprüchlich. Die gute Hälfte der befragten Ostdeutschen, darunter viele Rentner, gibt an, ihre persönliche materielle Situation habe sich im Vergleich zur DDR verbessert. Das bezieht sich vor allem auf den Wohnkomfort, auf Konsum- und Reisemöglichkeiten. Für westliche Beobachter überraschend stieg aber das Wohlwollen gegenüber Politik und Gesellschaft nicht proportional. Eine Zwei-Drittel-Mehrheit ist erheblich unzufrieden mit der gesamtwirtschaftlichen Situation, aber auch mit den Chancen demokratischer Mitgestaltung, mit der Verfassungswirklichkeit, kurzum mit dem marktwirtschaftlichen Rechtsstaat.

Dies ist jedoch keine generelle Demokratiefeindlichkeit und Ablehnung marktwirtschaftlicher Steuerung, sondern eine Kritik daran, wie marktradikal und lobbyistisch das System im Osten übertragen wurde. Die neuen Chancen durch den Hinzugewinn von klassischen freiheitlichen Rechten werden durchweg gewürdigt, der weitgehende Verlust von modernen sozialen Grundrechten ist für viele jedoch ein zu hoher Preis. Eine Verfassung soll den Einzelnen vor dem Staat schützen. Das schließt aber nicht aus, dass der Staat dennoch auch den Einzelnen schützt. Erst diese Dreieinigkeit ist für die meisten Ostdeutschen die ganze Freiheit: Die Freiheit *vom* Staat (also die Abwehrrechte), die Freiheit *im* Staat (die Partizipationsrechte) und die Freiheit *durch* den Staat (die sozialen Menschenrechte).

Der Gesetzgeber hat jedoch in den Augen vieler Ostdeutscher ihre Freiheitsrechte auf bestimmten Gebieten eingeschränkt. Denn das wichtigste Freiheitsrecht ist in der Marktwirtschaft das Eigentum. Ludwig Erhard kannte die Spielregel seines Systems: «Nur Eigentum gewährleistet persönliche Sicherheit und geistige Unabhängigkeit.» Die größte Enteignung, die es je im Kapitalismus gab, haben die Ostdeutschen angesichts ihres nicht nur entschädigungslos, sondern sogar mit Schaden, nämlich mit Schulden, geschluckten Volkseigentums erleben müssen. Dass dieses nicht ganz wertlos gewesen sein kann, ergibt sich schon daraus, dass die Deutsche Bank 1990 das beste Geschäftsjahr in ihrer hundertjährigen Geschichte verbuchen konnte.

Es gibt Fehler, die sind so gravierend, dass ihre Folgen irreparabel sind. Dazu gehört das Anzetteln von Eroberungskriegen – das muss man hier in Dresden nicht erklären. Nach dem Ersten Weltkrieg sank die Industrieproduktion Deutschlands auf 60 Prozent. Nach dem Zweiten Weltkrieg sank sie auf 40 Prozent. Auf 30 Prozent sank die Industrieproduktion Ostdeutschlands nach dem Beitritt. «Die Wirkung der *Währungsunion* zu den Bedingungen von Kanzler Kohl war vergleichbar mit einer ökonomischen Atombombe», konstatierte der Wirtschaftskolumnist des *Guardian* im April 1991. Hinzu kam die Schocktherapie der *Treuen Hand*, die 95 Prozent des Volkseigentums in westliche Hände übergab. Und wenn die Ostdeutschen heute die Bevölkerung in Europa sind, der am wenigsten von dem Territorium gehört, auf dem sie lebt, so verdankt sie das dem Prinzip *Rückgabe vor Entschädigung*. Immobilien und Betriebe wurden unter Konditionen verteilt, von denen die Ostdeutschen weitgehend ausgeschlossen waren. Der Prozess dauert gegenwärtig bei der Vergabe des Bodenreformlandes an, wo Alteigentümer ebenfalls begünstigt werden.

All diese Verfahren haben das Gefälle zementiert. Die heutigen Differenzen lassen sich nicht allein aus der früheren Kluft des Lebensstandards erklären. Wenn die Formel von Ludwig Erhard stimmt, so haben die Ostdeutschen, da sie im Pro-Kopf-Vergleich zu den Westdeutschen nur noch über ein Viertel des Eigentums verfügen, auch nur ein Viertel an persönlicher Sicherheit und geistiger Unabhängigkeit. Das mag manche Verhaltensweise erklären, die mehr zu Zweiheit als zu Einheit tendiert.

Der für einen historischen Augenblick mündige Bürger wurde unter eine durch Marktgesetze bestimmte neue Vormundschaft gestellt. Von Arbeitslosigkeit sind alle betroffen, besonders die, die Arbeit haben. In der DDR hatten Abweichler Angst. Heute kennen dieses Gefühl Abweichler und Nichtabweichler. Verbreitet ist die Sorge, den gewohnten Standard nicht halten zu können. Die Transfergelder sind eine Art innerdeutscher Ablasshandel, um sich von demonstrativer Unzufriedenheit freizukaufen.

Das Problem ist beileibe nicht, dass der Osten noch nicht den Wohlstand des Westens erreicht hat, sondern dass die ökonomische Leistungskraft der vermeintlich neuen Bundesländer bis heute weit unter der liegt, die selbst die marode DDR am Ende noch aufzuweisen hatte. Die politische Vereinigung hat die ökonomische Spaltung vertieft. Es ist freilich ein Bankrott auf hohem Niveau: Im Osten fährt man neuere Autos auf neueren Straßen als im Westen. Aber all die schöne Infrastruktur erfüllt hauptsächlich den Zweck, westliche Waren ins Beitrittsgebiet zu karren. Märkte schaffen ohne Waffen.

In Fachgutachten über die östliche Million leer stehender Wohnungen lese ich von «flächendeckendem Abriss der Stadtbrachen» und, wo auch dafür das Geld fehlt, von Vierteln, die «ausgebucht und eingemottet» werden. Bewohner, die das gleiche Schicksal vermeiden wollen, suchen das Weite. Selbst in der Leuchtburg Dresden – Sie wissen es – steht bald jede fünfte Wohnung leer. Das Stadtumbauprogramm Ost ist ein rühriger Versuch der Bundesregierung, das Desaster abzuwenden. Aber die Mittel sind doch nur ein Tropfen auf den kalten Stein.

Die beabsichtigte schöpferische Zerstörung der überindustrialisierten DDR hat das Gebiet zu einem strukturschwachen Entwicklungsland gemacht, in dem von fernen Zentralen fremdbestimmte Montagebetriebe einsame Hoffnungsträger sind. Kein einziges der 190 größten deutschen Unternehmen hat seinen Sitz im Osten. Den verlängerten Werkbänken aber droht bei abschwächender Konjunktur als Erstes der Abbau. Eine Allianz böser Zungen behauptet, was dann noch blühe, seien Sondermülldeponien und überdimensionierte Klärwerke. Fachleute gehen inzwischen davon aus, es werde 80 Jahre dauern, bis sich der Lebensstandard in beiden Teilen des Landes angeglichen habe. Setzt sich diese Tendenz fort, wird es wohl niemanden mehr überraschen, wenn demnächst erklärt wird, die Kluft werde überhaupt nie eingeholt werden.

Was mich dabei amüsiert, ist der an die Ostdeutschen gerichtete Vorwurf der Staatsgläubigkeit. Erst lässt der oligarchische Überbau so gut wie keinen Fehler aus, und wenn man ihn verantwortlich machen will, zuckt er mit den Schultern und verweist an die freie Marktwirtschaft. Und dort lacht man sich über die Fehlerdiskussion ins Fäustchen, denn es lief doch alles nach perfekter innerer Logik. Zumindest zunächst. Die Sektkorken knallten damals nicht nur bei der Deutschen Bank, sondern auch bei der Allianz und in vielen anderen Konzernen. Die Vereinigung war eine feindliche Übernahme auf Wunsch der Übernommenen. Und allem Anschein nach werden dieselben, fragwürdigen Spielregeln auch bei der Osterweiterung der Europäischen Union akzeptiert.

Die Rechnung für die denkbar teuerste Art der Vereinigung wird den Menschen auf beiden Seiten untergejubelt. Dabei wird der Reichtum immer unverschämter, die Armut immer verschämter. Werden wir eines Tages fragen müssen, ob der Westen auf der Kippe steht? Und ob wir schließlich im Abschwung vereint seien? Dagegen anzugehen liegt längst im gemeinsamen Interesse der Betroffenen in Ost und West. Noch brodelt es nur anderswo. Hierzulande liegen die Zeiten des Aufruhrs lange zurück.

«Die Nachricht, daß der Würgengel da sei, der die Volksbedrücker mit Feuer und Schwert verfolge, hatte ganz Dresden, Stadt und Vorstadt, auf die Beine gebracht; man mußte die Haustür vor dem Andrang des neugierigen Haufens verriegeln, und die Jungen kletterten an den Fenstern heran, um den Mordbrenner, der darin frühstückte, in Augenschein zu nehmen.» Da kommt uns also noch ein Dichter in die Dresdner Quere, wenn auch ein weniger glücklicher. Vorübergehend hier lebend, hat Heinrich von Kleist Ihnen, Sie wissen es, den gefürchtetsten Terroristen der deutschen Klassik ins städtische Nest gelegt: Michael Kohlhaas.

Dieser außerordentliche Mann galt «bis in sein dreißigstes Jahr für das Muster eines guten Staatsbürgers»: wohltätig, gerecht, arbeitsam, ein gottesfürchtiger, treuer Familienvater. Aber gerade sein ausgeprägtes Rechtsgefühl machte ihn absolut unduldsam gegenüber Zuständen, unter denen er seine Würde verletzt sah. Die «landesherrlichen Privilegien», vergeben nach für das Volk undurchschaubaren Kriterien, waren geeignet, Existenzen zu zerstören. Ein launiger Klüngel, in dem Korruption und Vetternwirtschaft herrschte, verweigerte ihm sein Recht. Es war zuerst Kohlhaas, der vor Rechtsbeugung, Erpressung und Arroganz weichen musste. So wurde er zum «Schläfer».

Vordergründige Parallelen zwischen klassischer Fiktion (nach authentischem Vorbild) und moderner Realität verbieten sich, aber große Literatur ist gültige Literatur. Kohlhaas findet sich von der Obrigkeit betrogen und verraten. Nach individueller erlebt er nun strukturelle Gewalt. Lange war er bereit, die Ordnung nicht infrage zu stellen. Erst als er sie als «ungeheure Unordnung» erfährt, entwickelt er ein «Gefühl der allgemeinen Not der Welt». Die klassische Voraussetzung für Rebellion.

«Ich gönne mir die Freiheit, mir mein Recht zu verschaffen», verkündet Kohlhaas und ist selbst überrascht von dem Zulauf, den er hat. Ein Gradmesser für die allgemeine Demütigung, die nach Rache verlangt. In diesem Rausch verlieren nun die Gepeinigten bei Kleist jedes Maß, legen Stadtteile in Schutt und Asche, werden zu verbrecherischen «Mordbrennern».

Terrorismus als wahnsinnig überzogenes, fehlgeleitetes, verletztes Rechtsgefühl? Das ungerecht werden lässt? Kleist lässt Martin Luther in diesem Sinne argumentieren, der dem sächsischen Kurfürsten nahe legt, dass er «in diesem außerordentlichen Fall, über die Bedenklichkeit, mit einem Staatsbürger, der die Waffen ergriffen, in Unterhandlung zu treten, hinweggehen müsse», da auch die Obrigkeit ein ärgerliches Verfahren geboten habe. «Die öffentliche Meinung, bemerkte er, sei auf eine höchst gefährliche Weise, auf dieses Mannes Seite, dergestalt, daß selbst in dem dreimal von ihm eingeäscherten Wittenberg, eine Stimme zu seinem Vorteil spreche.»

Der Kurfürst in seiner Not holte nun seine Berater zusammen, und die beiden Fraktionen, die sich damals bildeten, ähneln den heutigen Grundmustern von Argumenten frappierend. Großkanzler Graf Wede «bemerkte, mit einem bedeutenden Blick auf den Zulauf, den der Roßhändler fortdauernd ... fand, daß der Faden der Freveltaten sich auf diese Weise ins Unendliche fortzuspinnen drohe, und erklärte, daß nur ein schlichtes Rechttun, indem man unmittelbar und rücksichtslos den Fehltritt, den man sich zuschulden kommen lassen, wiedergutmachte, ihn abreißen und die Regierung glücklich aus diesem häßlichen Handel herausziehen könne».

Prinz Christiern von Meißen hingegen wandte sich gegen ein juristisches Vorgehen, da es Wittenberg und Leipzig und das ganze durch Kohlhaas «mißhandelte Land, in seinem gerechten Anspruch auf Schadenersatz, oder wenigstens Bestrafung, beeinträchtige. Die Ordnung des Staates sei, in Beziehung auf diesen Mann, so verrückt, daß man sie schwerlich durch einen Grundsatz, aus der Wissenschaft des Rechts entlehnt, werde einrenken können. Daher stimme er dafür, … einen Kriegshaufen von geeigneter Größe zusammenzuraffen, und den Roßhändler, der in Lützen aufgepflanzt sei, damit aufzuheben oder zu erdrücken.»

Ein Kriegshaufen also, das alte und das neue Muster, Gewalt gegen Gewalt. «Aber was gebe es denn für eine Alternative … verstünden Terroristen denn eine andere Sprache?», fragt Christa Wolf in einem noch unveröffentlichten Text und fährt fort: «Auf diese Frage habe ich gewartet. Zu gut kenne ich das Gefühl, zwischen falschen Alternativen mit dem Rücken an der Wand zu stehen und mich nur noch für Falsches entscheiden zu können, zu genau weiß ich: Dies ist ein sicheres Symptom dafür, dass eine Gesellschaft sich in einer grundlegenden Krise befindet, und dass es lebenswichtig wäre, dieses Signal nicht wieder zu übersehn und zu überfahren.»

Unmittelbar nach Abschluss seiner Novelle gab Kleist an, er habe sich «erkoren» gefühlt, seine Zeitgenossen «aus der wunderlichen Schlafsucht» zu erwecken, «in welcher sie befangen liegen». Doch seine Weckrufe fanden kein Gehör. Ein knappes Jahr später, wenige Tage bevor er sich erschoss, resümierte er: «Es fehlte mir … an Kraft, die Zeit wieder einzurücken.»

Sind wir nicht immer noch der Schlafsucht erlegen? Haben wir wenigstens eine Vorstellung davon, was da einzurücken wäre? Ahnen wir auch nur, dass die sich auf Amerika konzentrierenden Vorwürfe der Globalisierungsgegner natürlich auch uns Westeuropäer belasten? Weil auch wir das Leben des wirtschaftlich Schwächeren wie ein schwächer zu schützendes Leben behandeln?

All das ist nicht nur wegen des Kanzlerwortes von der uneingeschränkten Solidarität auch eine Deutschland angehende Sache, sondern aus zwei wesentlicheren Gründen: Da wäre die Frage nach der deutschen Mitschuld am Zustand der Welt. Und die Frage nach der deutschen Souveränität angesichts nötiger Veränderungen des Zustandes der Welt.

Während wir im eigenen Land höchste Sicherheit zur Norm machen, verseuchen wir durch Missachtung einfachster Umweltstandards die Lebensgrundlagen ärmerer Nachbarn. Nur ein Beispiel:[2] Der zunächst auch mit deutscher Beteiligung operierende Konzern Euro-Gold hat in über 500 Orten der Türkei Abbaulizenzen. Dabei wird zum Zwecke der Profitmaximierung das Gestein mit Zyanid, diesem hochgiftigen Salz der Blausäure, ausgelaugt. Unlängst konnte ich mir bei einem internationalen Treffen in Pergamon, einst das kulturelle Zentrum des Hellenismus, selbst ein Bild vom Kampf der Kulturen machen: Unser Konzern hat dort verseuchtes Grundwasser, abgestorbene Bäume, kranke Haustiere und – insbesondere bei Kindern – signifikant gestiegene Krebsraten hinterlassen.

Worüber man hierzulande nichts erfährt: Die Bauern von Pergamon (Bergama) werden in der Region wie Gladiatoren umjubelt, denn sie waren gegen Euro-Gold, also gegen uns, vor das türkische Verfassungsgericht gezogen und haben vorerst einen Sieg errungen. Unsere Räder stehen nun still. Den starken Bauern sei Dank. Übrigens besonders ihren Frauen. Während die Männer die Felder be-

---

2 Siehe dazu ausführlicher den folgenden Text: Wem gehört die Welt?

stellten, gingen sie erstmalig wie selbstverständlich in die Cafés und organisierten den Widerstand. Und am Abend kamen die Männer dazu und unterstützten sie. (Unter Emanzipation habe ich nie verstanden, gegen Männer zu kämpfen, sondern sich in die von ihnen dominierten Themen einzumischen und dann gemeinsam vorzugehen.)

Leider ist längst nicht überall von solchen Heldentaten zu berichten. Auf dem Treffen legten die Teilnehmer aus aller Welt erschütternde Zeugnisse vor von ähnlichen Verheerungen durch Zyanid in Griechenland, in Mazedonien und Rumänien, in Kirgisistan, in der Dominikanischen Republik, in Venezuela und Mexiko. Auf dem Weltsozialforum in Porto Alegre wurde soeben gegen den in Brasilien geplanten Bau des Siemens-Atomkraftwerks Angra 3 demonstriert. Französische Chemikalien haben in jüngster Zeit im Kongo ebenso eine tödliche Giftspur hinterlassen wie schwedische in Brasilien oder der Shell-Konzern in Nigeria. Und der Konzern Union Carbide im indischen Bhopal.

Der fundamentalistische Terrorismus ist ein Krebsgeschwür – aber nicht das einzige. Die Privatisierung von Gewalt hat lange vor ihm der *Terror der Ökonomie* praktiziert. Mit angesehen zu haben, wie ausgerechnet diese ebenfalls todbringenden Terroristen sich zu Verteidigern westlicher Grundwerte ernannt haben – darin liegt unsere verdrängte Mitverantwortung. Was wir nicht begreifen wollen: Der Terrorismus ist kein Angriff auf westliche Grundwerte, sondern auf deren Nichteinhaltung. Er ist kein Angriff auf die Zivilisation, sondern auf deren unzivilisierte Kehrseite.

Wir haben nicht länger das Recht, für unseren Wohlstand die Verletzung des Menschenrechts auf Leben in ärmeren Ländern billigend in Kauf zu nehmen. Genau diese gottlose Demütigung ist eine Ursache für fundamentalistische Wut. Wir müssen für eine Welt sorgen, in der kein Terrorist Anlass hat zu behaupten, er nähme nur das «Recht auf Selbstverteidigung» in Anspruch.

Terrorismus ist ein Schrei, der gehört werden will. Aus den merkwürdigen Interviews von Osama Bin Laden, dieser verstoßenen Kreation der CIA, wird gern herausgehört, er wolle die Muslime gegen die Ungläubigen verteidigen. Noch lieber wird sein Vorwurf überhört, die Amerikaner würden den Muslimen das Erdöl stehlen, und gegen diesen größten Terrorismus der Welt helfe nur, mit gleicher Münze heimzuzahlen. Auf diese Gewaltanmaßung muss selbstverständlich reagiert werden, sonst ist die Zivilisation gefährdet. Eine falsche Reaktion gefährdet die Zivilisation allerdings mehr als keine.

Wo also wären die Alternativen? Eigentlich liegen sie doch auf der Hand: Westliche Grundwerte verteidigt man am besten, indem man sie selbst einhält. Ich will gar nicht zur Besinnung auf unsere angeblich moralisch überlegenen christlichen Werte mahnen. Obwohl es da zu einer merkwürdigen Berührung zwischen den einst in Dresden dichtenden Schiller und Kleist kommt. Die letzte Botschaft der sterbenden Frau Kohlhaas an ihren Mann ist der eindringliche Verweis auf einen Bibelvers: «Vergib deinen Feinden; tue wohl auch denen, die dich hassen.» Und wissen unsere militäreinsatzfreudigen Parlamentarier eigentlich, welcher Text sie beim obligatorischen Abhören der 9. Sinfonie da stets begeistert?

Groll und Rache sei vergessen,
Unserm Todfeind sei verziehn,
Keine Träne soll ihn pressen,
Keine Reue nage ihn.
Unser Schuldbuch sei vernichtet!
Ausgesöhnt die ganze Welt!
Brüder – überm Sternenzelt
Richtet Gott, wie wir gerichtet.

Wie wir gerichtet – was hieße das anderes als: Handle so, dass die Maxime deines Richtens jederzeit zugleich als Prinzip einer allgemeinen Gesetzgebung gelten könnte. Die durch terroristische Gewalt herausgeforderte demokratische Welt kann keine undemokratische Antwort geben, ohne ihr Gütesiegel zu verlieren.

Die Schuldbücher der Terroristen zu vernichten wäre der christlichen Nächstenliebe sicher zu viel abverlangt. Im Gegenteil, sie sollten, so man denn welche hat, vor der Weltöffentlichkeit ausgebreitet werden und zu einem rechtsstaatlichen Tribunal führen. Das hat auch der Papst als angemessene Reaktion angesehen. Ob die Taliban ihre vor Kriegsbeginn gegebene Zusage, Osama Bin Laden bei Vorliegen von Beweisen auszuliefern, eingehalten hätten, mag fraglich sein. Wenn die USA und ihre Verbündeten aber ihre Vergeltung mit verdachtbegründenden, internationalen Haftbefehlen eingeleitet hätten, könnte ihnen heute niemand vorwerfen, die zivilen Mittel der Terrorbekämpfung nicht ausgeschöpft zu haben. Ja, die weltweiten Gegner von Gewalt (wie ich) hätten dann schon damals gegen gezielte, militärpolizeiliche Verhaftungsaktionen kein Argument mehr gehabt.

Aber das sind Erwägungen bloßer Ohnmacht. Wer die alleinige Macht hat, pfeift auf Argumente. Der demonstriert, dass er machen kann, was er will. Der erfindet für sich das Recht auf Rache an Unschuldigen. Man musste nicht Pazifist sein, um zu sehen: Ein Luftkrieg mit Streuminen und Benzinbomben, die bei ihrer Explosion im Umkreis von Kilometern den Sauerstoff zum Atmen verbrennen, ist zum Ergreifen von Terroristen ungeeignet. Krieg ist kein Mittel der Strafverfolgung. Die Anzahl der vorverurteilten, getöteten Taliban- oder Al-Qaida-Kämpfer soll im Verhältnis zu den zivilen Todesopfern bei unter einem Prozent liegen. Ein zynischer Beleg für die angemaßte Kompetenz zum Rechtsbruch. Und während Bin Laden über alle Berge ist, darf man gespannt sein, zu welchen Konditionen der einstige Berater des US-Ölkonzerns UNOCAL und jetzige Statthalter in Kabul, Hamid Karsai, den Bau der vom Konzern lange erstrebten Pipeline von den Ölfeldern des Kaspischen Meers durch Afghanistan zum Arabischen Meer genehmigt.

Ich weiß, so manche regierende Politiker in Deutschland sehen das gar nicht sehr anders. Dennoch halten sie die Auffassung vieler meiner Schriftstellerkollegen, man hätte nur bedingte Solidarität anbieten dürfen, für naiv. Allein inmitten der weltweiten Koalition gegen den Terrorismus hätte man sich hoffnungslos isoliert, von allem künftigen Einfluss selbst ausgegrenzt. Die Ironie ist nur: Ausgegrenzt sind wir Europäer angesichts der amerikanischen Alleingänge sowieso. Und wenn schon ausgegrenzt, dann doch lieber mit seinen Überzeugungen als ohne sie.

Die evangelische und katholische Kirche sind ja auch nicht isoliert, nur weil sie diesen Krieg als Versagen von Politik verurteilen. Um die aufschlussreiche Erfahrung, welche Wirkung ein nein zum Luftkrieg sagendes Deutschland auf das übrige Europa gehabt hätte, hat man uns gebracht. Männerstolz vor Königsthronen? Politik ist angeblich ein Ergebnis des Kalküls zwischen Interessen und Macht. Nach der Einheit wurde Deutschlands wiedergewonnene Souveränität bejubelt. Heute gilt schon wieder nur als Realist, wer die Nichtsouveränität Deutschlands anerkennt. Für mich eher ein Kneifen vor Verantwortung.

Ich und du, Müllers Kuh … raus ist Deutschland, raus ist Europa, ja selbst die Nato wird von den USA vorgeführt. Dabei haben sie alle ihre Entmachtung durch bedingungslose Devotheit selbst exekutiert. Und nun fehlt es uns an Kraft, die Zeit wieder einzurücken …

Der Friede als Ernstfall – so hat Gustav Heinemann 1964 die eigentliche Herausforderung benannt. Deutschland, von dessen Boden zwei Weltkriege ausgingen, sollte sich mehr als alle anderen Nationen darauf besinnen: Es gibt auch eine Mitverantwortung für Kriege, die nicht von eigenem Boden ausgehen. Die Vernachlässigung der Nation durch die Linke mag ein gefährliches Versäumnis sein. Aber die Vernachlässigung der Internationale durch die Linke ist noch gefährlicher. Heute scheinen es vor allem die französischen Sozialisten zu sein, die Europa als politisches und ökonomisches Zentrum einer Gegenmacht zum Unilaterismus vorantreiben wollen. Weil die Welt im Gleichgewicht der Kräfte erwiesenermaßen besser im Lot ist. Bei diesem Vorhaben könnte ich mir beherzte deutsche Solidarität gut vorstellen.

Verkommt die Globalisierung immer mehr zur Colarisierung? Auf dem Weltwirtschaftsgipfel in New York waren soeben neue Töne zu hören, die erkennen ließen, was nicht überrascht: Viele Politiker wissen, wo der Hase im Pfeffer liegt. «Terrorismus und Armut sind Zwillinge», warnte die philippinische Präsidentin Gloria Arroyo. Und selbst US-Außenminister Colin Powell gestand ein, der Terrorismus blühe «in Regionen der Verzweiflung, in denen Menschen keine Hoffnung haben». Doch inzwischen ist auch er auf Linie gebracht und macht sich angesichts der europäischen Angst vor einem permanenten, globalen Krieg lustig über das «Gewinsel der Gerechten».

Die Crux scheint mir: Solange der Kampf um Naturschätze mit Waffen ausgetragen wird, solange sich mit Bombern, Minen und Panzern und der langwierigen Beseitigung ihrer Zerstörungen mehr verdienen lässt als mit Bewässerungstechnik, Mähdreschern, Schulen und Krankenhäusern, ist jeder moralische Appell für die Katz. Solange wir uns in der Logik des Kapitals, also des Maximalprofits bewegen, und ich sehe keine andere Logik, dürfen die Lösungsvorschläge nicht unlogisch sein. Daraus folgt, dass wir aufgerufen sind, Bedingungen zu schaffen, unter denen Frieden ein besseres Geschäft ist als Krieg. Uns zwingt doch niemand, Regierungen zu wählen, die mit unsern Steuergeldern Schwerter sponsern statt Pflugscharen.

Oder doch? Wer von uns hat ein persönliches materielles Interesse am Agieren der deutschen Firmen, die sich jetzt in Afghanistan die Klinke in die Hand geben sollen? Wer an den gestiegenen Rüstungsaktien? Warum schweigt die Deutsche Bank über Insidergeschäfte, die in großem Umfang unmittelbar vor dem 11. September über ihre US-amerikanische Tochter Bank's Trust abgewickelt wurden? Warum ist unter den deutschen Aufbauhelfern kein einziger Kameramann der ARD, der uns spendenwirksam Anteil nehmen lässt an den Folgen der Bombardements? Zeugt die deutsche Präsenz von Flottenverband und Spürpanzern im arabischen Raum von der Bereitschaft, sich in einen verbrecherischen Krieg um Ressourcen hineinziehen zu lassen? Eine exakte Analyse über die ökonomischen Gewinner und Verlierer von Terror und Krieg ist Voraussetzung einer nachhaltigen Friedensordnung.

Der US-Analytiker Ethan B. Kappstein hat vor fünf Jahren in der Zeitschrift *Foreign Affairs* verzweifelt vorausgesagt: «Die Welt treibt auf einen dieser tragischen Momente zu, die später Historiker zu der Frage veranlassen werden: Was hielt die Eliten davon ab, eine globale soziale Krise zu verhindern?» Die eigentliche Tragik liegt wohl darin, dass diese Frage spätestens von den Historikern und Philosophen des 19. Jahrhunderts abschließend geklärt wurde. Von Karl Marx erwartet man nichts anderes als die Erkenntnis vom «allgemeinen Gesetz der kapitalistischen Produktion», wonach Bedingung für die Akkumulation von Reichtum auf dem einen Pol zugleich die «Akkumulation von Elend, Arbeitsqual, Hunger, Unwissenheit, Brutalisierung und moralischer Degradation auf dem Gegenpol» ist.

Aber selbst Friedrich Nietzsche, offenbar unter dem bedrohlichen Eindruck der Pariser Kommune, fand seine Überlegungen menschlich, allzu menschlich: «Das einzige Mittel gegen den Sozialismus, das noch in eurer Macht steht, ist: ihn nicht herauszufordern, das heißt selber mäßig und genügsam leben ... und dem Staate zu Hilfe kommen, wenn er alles Überflüssige und Luxusähnliche empfindlich mit Steuern belegt. Ihr wollt dies Mittel nicht? Dann, ihr reichen Bürgerlichen, die ihr euch ‹liberal› nennt, gesteht es euch nur zu … nur der Besitz unterscheidet zwischen euch und ihnen … Damit der Besitz fürderhin mehr Vertrauen einflöße und moralischer werde, halte man alle Arbeitswege zum kleinen Vermögen offen, aber verhindere die mühelose, die plötzliche Bereicherung; man ziehe … namentlich den Geldhandel aus den Händen der Privaten – und betrachte ebenso die Zuviel- wie die Nichts-Besitzer als gemeingefährliche Wesen.»

Nietzsche verurteilte die Existenz dieser «zwei unerlaubten Menschenklassen, an deren Beseitigung die Demokratie ständig arbeiten muß – weil diese Klassen die Aufgabe der Demokratie immer wieder in Frage stellen».

Nie gab es so viel gemeingefährliche Wesen, nämlich extrem Reiche und Arme, wie heute. Und wie erfüllt die Demokratie ihre Aufgabe? Statt ihre Geld- und Kornspeicher für die Bedürftigen zu öffnen, geben die USA nach Angaben von Expräsident Clinton täglich über eine Milliarde Dollar für die Kriegführung aus. Auch der deutsche Verteidigungsetat ist drastisch erhöht worden. Steuern zu Schwertern also. Statt Steuern zu Pflugscharen!

Wo das Erbauliche bleibt? Ob denn da nicht Hoffnung sei auf eine soziale Bewegung der Gewaltlosen am Horizont von Seattle, Prag, Genua und Porto Alegre? Steckt etwa keine Emanzipation hinter dem Wandel des Slogans von *Wir sind das Volk* zu *Wir sind die Demokratie*? *We're democracy?* Habenichtse aller Länder vereinigt euch? Alle Menschen werden Brüder? Da fühle ich mich aufgehoben in einer Stimmung, die Gramsci für sich beschrieb:

Pessimismus der Intelligenz, Optimismus des Willens.

WEM GEHÖRT DIE WELT?

Vom Kampf gegen die Terroristen der Ökonomie

Seit einigen Jahren erleben wir – offenbar ohnmächtig – die feindliche Übernahme der Politik durch die Wirtschaft. Dabei ist die Umschreibung «Wirtschaft» für das Subjekt dieses Vorganges eher ein Euphemismus, der «Wohlstand» suggerieren könnte. Warum sollte, so neoliberale Scheinnaivität, nicht staatliche Bürokratie von ökonomischer Prosperität verdrängt werden? Wenn dem so wäre, könnte man sich die Sache ja gefallen lassen. Tatsächlich aber wird das Zentrum der Gesellschaft, die Volkswirtschaft, demokratischer Kontrolle mehr und mehr entzogen, mit dem Ergebnis zunehmender sozialer Polarisierung.

Der jüngste Armuts- und Reichtumsbericht der Bundesregierung könnte offenbarender kaum sein: Auf die vermögendsten zehn Prozent der Haushalte «entfallen» hierzulande 42 Prozent des gesamten Privatvermögens, während sich die untere *Hälfte* der Haushalte 4,5 Prozent der Bestände teilen muss. Versteht sich diese Tendenz in den reichen Ländern noch als Reprivatisierung, so erweist sie sich in den armen Ländern bereits als Rekolonialisierung. Was natürlich auch Politik ist.

In Wahrheit wird also eine Politik von einer anderen übernommen. In Wahrheit werden demokratische Strukturen durch diktatorische ersetzt, das Ideal der Volksherrschaft durch das Diktat der Geldeigner. Globalisierung als «Imperialismus des Ökonomischen», wie Ulrich Beck es nannte. Was mit anzusehen wir hinnehmen sollen, sind permanente Attentate auf das Leben durch die *Terroristen der Ökonomie.* Allein wer sich beispielsweise mit dem weltweiten Goldbergbau befasst, kann zu keinem anderen Schluss kommen.

«Nach Golde drängt, am Golde hängt doch alles. Ach, wir Armen!» Diese Gretchenweisheit hat nicht erst Mephisto zu nutzen gewusst. Die gegenseitige Bedingtheit von Gold und Abhängigkeit ist auch heute noch das sinnfälligste Paradigma dafür, *was die Welt im Innersten zusammenhält.*

«Die deutsche Regierung als einer der Hauptkreditgeber der australischen GAG ist dafür verantwortlich, uns die Gewissheit zu geben, dass diese Bergbau-Gesellschaft uns nicht umbringen wird», sagt Daniel Owusu-Koranteng vom Bündnis der Goldminenopfer Ghanas aufgebracht zum Vertreter der Deutschen Investitions- und Entwicklungsgesellschaft (DEG). Der sich immerhin als einziger Geldgeber auf das von NGOs organisierte Internationale Symposium «Umwelt- und sozialverträglicher Umgang mit Gold» im Juni 2002 nach Bonn gewagt hatte. Die DEG, eine Gründung der Bundesregierung mit dem Auftrag, aus Steuertöpfen privatwirtschaftliche Projekte zu fördern, hat sich beim Goldabbau in Ghana mit 20 Millionen Euro engagiert, in Papua-Neuguinea mit 40 Millionen und in Peru mit 4,5 Millionen.[1] Um zu verstehen, weshalb bei den Teilnehmern aus diesen Ländern angesichts solcher Hilfsbereitschaft wenig Freude aufkam, muss etwas ausgeholt werden.

Gold wird seit Jahrtausenden abgebaut und ausgewaschen. Doch die Zeiten, als man in Alaska oder Kalifornien noch größere Goldnuggets im Fluss oder Sand fand, die nur auszusieben waren, sind längst vorbei. Auch mit Wasser, Feuer und Essig ist den verbliebenen Lagerstätten nicht mehr beizukommen. Seit etwa 200 Jahren wird im Kleinbergbau mit Goldpfanne und Brenner das Gold unter

---

[1] Goldrausch, Dokumentation von FIAN, Internationale Menschenrechtsorganisation für das Recht, sich zu ernähren. Herne 1997, S. 19

Zusatz von Quecksilber aus dem Erz gelöst. Dieser Abbau war immer ungesund und mühsam und dennoch lohnend.

Als aber vor etwa 30 Jahren das herkömmliche Amalgamieren vielerorts durch das Zyanidlaugen ersetzt wurde, brach – weitgehend unbemerkt von der Kettchen tragenden Öffentlichkeit – ein neues Goldfieber aus. Mit diesem wahnwitzigen Verfahren, nach dem heute etwa 70 Prozent aller Goldminen arbeiten, konnte die Effektivität vervielfacht werden, allerdings unter Zurücklassung chemischer Massenvernichtungsbomben mit Zeitzünder:

Selbst wenn eine Tonne Gestein nur ein einziges Gramm Gold enthält, gilt das schon als Lagerstätte. Die reichsten Vorkommen haben heute etwa 20 Gramm pro Tonne. Das Material wird aus dem Berg gesprengt und zerkleinert. Zehn Meter hohe Hydraulikbagger (entwickelt u. a. von der Orenstein&Koppel AG Dortmund) laden die Brocken auf riesige Kipplaster, deren Reifen allein drei Meter hoch sind. Von dort wird der Abraum auf eine feste Plastikplane geschüttet, die dabei dennoch nicht selten beschädigt wird. Diese Halde wird nun wochenlang durch eine Sprinkleranlage von oben mit einer hochtoxischen Zyanidlösung berieselt. Ein Teelöffel mit einer nur zweiprozentigen Zyanidlösung genügt, um einen Menschen zu töten. Das harte Gold löst sich allmählich aus dem Gestein. Die goldhaltige Giftlauge wird nun in einen «schwangeren Teich» geleitet, dort wird das Edelmetall abgetrennt und danach zu Barren geschmolzen.

Um sich die Dimension des Eingriffs in die Natur bewusst zu machen, muss man sich vorstellen, dass ein solches Speicherbecken zum Beispiel in der Mine des Yanacocha-Konzerns in Peru allein zehn Quadratkilometer groß ist. Eine Fläche, auf der einst Kokospalmen wuchsen. In Papua-Neuguinea ließ das US-Unternehmen Freeport McMoran gar den 3500 Meter hohen Nebengipfel des 5000 Meter hohen Mount Jaya abtragen. Von diesem einst majestätischen, schneebedeckten Teil des Bergpanoramas, das den Ureinwohnern heilig war, sieht man nur noch ein mit Giftwasser gefülltes Loch.[2]

Was bleibt, sind tote Mondlandschaften und Megatonnen hochgiftiger Schlacke, die auf jenen Planen gelagert werden. Würde man die Schlackenrückstände einer Jahresproduktion der Goldminen der Welt nebeneinander abkippen, so würde der Giftgürtel von 650 Millionen Tonnen Abraum um den ganzen Äquator reichen.[3] Dass das Grundwasser vor solchen Mengen auf früher oder später verrottenden Kunststoffbahnen nicht dauerhaft zu schützen ist, kann jeder Laie nachvollziehen. Zumal diese so genannten Schlammbecken durch Schmelzwasser und Regengüsse, durch Erdrutsche und Erdbeben zusätzlich gefährdet sind.

Doch damit nicht genug. Ein Teil des Zyanids verdunstet als Cyanwasserstoff (Blausäure) in die Atmosphäre. Um diesen Anteil gering zu halten, muss ständig Kalk zugeführt werden. Dennoch schätzen Fachleute, dass jährlich 20 000 Tonnen Blausäure als recht stabile, giftige Dämpfe in die Atmosphäre entweichen.[4] Die Bewohner im Umkreis von 60 Kilometern um die Minen sind davon akut gesundheitsgefährdet, wir übrigen latent. Um die Bevölkerung zu schützen, müsste die Entlaugung eigentlich in Hallen stattfinden, was aber die Produktion angeblich unrentabel machen würde.

Zunächst bedienten sich dieser Technologie die fortschrittsgläubigen USA und UdSSR, Südafrika und Australien. Die Zyanidhersteller expandierten, so Dupont in den USA und die deutsche Degussa. Unfälle und Umweltverseuchung wurden weitgehend geheim gehalten. So flossen nach heftigen Regenfällen im Oktober 1990

---

2 Inter Press Service (IPS), Hintergrunddienst, Bonn 19. 8. 1995

3 Der Preis des Goldes – Food First Information- & Aktions-Netzwerk, Herne 2000, S. 4

4 FIAN-Dokumentation, a. a. O., S. 31

38 Millionen Liter zyanidhaltige Abwässer aus einem Schlammbecken in South Carolina, USA, aus. Tausende Tiere starben, Menschen erkrankten.

In letzter Zeit wurde diese Technologie vorzugsweise in dünn besiedelten Indiogebieten wie Nevada oder, besser noch, im Ausland angewendet. Internationale Konzerne sind erst in einen Goldrausch verfallen, als dazu übergegangen wurde, unter Missachtung einfachster Sicherheitsstandards und unter Zahlung niedrigster Löhne die Goldreserven der ärmsten Länder auszubeuten. Hunderttausende Menschen wurden seither vom Gold aus ihrer Heimat vertrieben. Genauer: nicht vom Gold, sondern von den Minenbesitzern.

Die sich wiederum auf IWF und Weltbank verlassen können, deren Shareholder unsere Regierungen sind: Ihre mit Staatsgeldern finanzierten Kredite verpflichten die armen Empfängerländer, das Geld zur Subventionierung privater, ausländischer Unternehmen einzusetzen. Die zentralen staatlichen Geldinstitute des globalen Kapitalismus verfolgen eine strikte Begünstigung der Privatwirtschaft, in deren Interesse wiederum niedrige Umwelt- und Sozialstandards liegen. So empfehlen zum Beispiel die Weltbankberater der Regierung in Ghana, diese Standards beim Goldabbau zu senken, weil die Investoren sonst nach Tansania gehen würden. Folgt die verschuldete Regierung dem notgedrungen, wird die ghanesische «Strukturanpassung» in Tansania als Druckmittel bei Verhandlungen verwandt. All die neoliberalen Muster, wie Landprivatisierung, Steuererleichterung, unbeschränkter Gewinntransfer, Versicherung gegen Verluste durch Streiks, haben nicht nur die Verschuldung der ärmsten Länder verschlimmert, sondern die Korruption begünstigt, viele Menschen von ihren Feldern vertrieben, die Natur zerstört und den Vorwand geliefert, Proteste gewaltsam zu unterdrücken.

- In Papua-Neuginea sind noch 97 Prozent des Bodens im Besitz der Ureinwohner. Bei Protesten nahe der Mine am abgetragenen Nachbarberg des Mount Jaya wurden vom Sommer 1994 bis zum Frühjahr 1995 37 Zivilisten und Rebellen von indonesischen Sicherheitskräften und Leuten der US-Betreiberfirma getötet.[5] Wer sich wehrt und sein Grundrecht auf gesundes Leben verteidigt, wird nicht selten als Terrorist verfolgt. So mussten die Bewohner zunächst mit ansehen, wie die internationalen Betreiber der berüchtigten Mine Ok-Tedi jährlich 70 Millionen Tonnen vergifteten Abraum (dessen Rückstände die deutschen Grenzwerte um das 15fache übersteigen) in den Fly-Fluss oder ins Meer kippten. Und das in einem Projekt, das nicht nur von der Deutschen Entwicklungsgesellschaft (DEG), sondern auch von der vom Bund und den Ländern finanzierten Kreditanstalt für Wiederaufbau mit 100 Millionen Dollar gefördert wurde, wie die Vertreterin der NGO *urgewald* auf dem Bonner Symposium belegte.
  Im März 1997 sind nach einem Transportunfall nahe der Ok-Tedi Mine 150 Kilo reines Zyanid vom Regen aufgelöst und in einen Bergfluss gespült worden. Trotz dieses hohen Preises an Naturzerstörung, den Papua-Neuguinea zahlt, konnte es seine Schulden nicht abbauen, sondern sie haben sich sogar erhöht. Inzwischen haben 30 000 Anwohner, unterstützt von NGOs, 6000 Klagen gegen die Betreiber der Mine erhoben. Der australische Bergbaukonzern mit dem sinnfälligen Namen *Broken Hill Propriety* hat daraus gelernt und ein Gesetz eingebracht, welches den Bewohnern das Recht nimmt, Schadensersatzklagen wegen Umweltzerstörung zu erheben.
- Ähnliches berichtete Miguel Palacin von der bergbaukritischen Conacami-Organisation auf dem NGO-Symposium: Peru hat

---

5 IPS 19.8.1995

eine Auslandsverschuldung von 93 Prozent des Bruttosozialproduktes. Ausländische Investoren wurden von der Regierung mit dem Versprechen angelockt, sämtliche Staatsbetriebe aufzugeben. Auch die DEG stieg mit 10 Millionen Euro Kredit in den Zyanid-Goldabbau ein. Davon betroffen sind 18 Regionen mit 3000 Orten – 70 Prozent des Landes. Kleinbergbau gibt es seit 400 Jahren im Land, aber seit vier Jahren finanziert die Weltbank drei große Minen. «Sie sollte lieber in Fisch und Landwirtschaft investieren», findet Miguel. «Nur ein Prozent der Peruaner arbeiten in diesen Minen, durch die wir alle ärmer geworden sind. Denn die Konzerne müssen keine Steuern zahlen, solange die Investitionen nicht herausgeholt sind, und das können wir nicht kontrollieren.» Im Juni 2001 gerieten in der peruanischen Yanacocha-Mine (Hauptaktionär New Mond, USA) 50 Kilo Gift in den Rio Llavano. 10 000 von Landwirtschaft lebende Menschen hatten kein Wasser mehr, für 50 000 tote Forellen will die Minengesellschaft keine Entschädigung zahlen, die Zucht musste aufgegeben werde. 900 Menschen erlitten Vergiftungen, es kam zu Fehlgeburten und chronischen Beschwerden. Staunend betrachte ich das von Miguel mitgebrachte Foto von Bürgermeister Lot Saavedra, einem 26-Jährigen mit fast kindlichen Zügen, der die Verseuchungen öffentlich gemacht hat und gegen den jetzt ein Prozess läuft. «80 Prozent der Bevölkerung sind gegen den Bergbau, aber den NGOs wird vorgeworfen, dass wir keine wirtschaftliche Entwicklung wollen, dass wir Terroristen seien, die dagegen sind, dass die Menschen der Armut entkommen», erzählt Miguel Palacin eher leise und traurig. «Die Weltöffentlichkeit zeigt sich an all diesen Katastrophen erstaunlich desinteressiert.»

- Größter Tagebau in Südamerika ist die Omai Mine in Guyana. Nach einem Dammbruch im August 1995 ergossen sich innerhalb von zwei Tagen vier Milliarden Liter Zyanidbrühe in die beiden Hauptflüsse des Landes: Omai und Essequibo. 50 Meilen zum Teil durch Regenwald führender Fluss wurden verseucht und die Region zum Katastrophengebiet erklärt. 18 000 Menschen durften das Wasser nicht berühren, geschweige denn trinken. Sie sahen, was passierte: Die Fische, Krebse und Lurche verendeten, außerdem Vögel, weidende Rinder und Wasserschweine.

- Im Jahr zuvor hatten Wolkenbrüche einen Damm der Harmony-Mine in Südafrika unterspült, 2,5 Millionen Tonnen Giftschlamm ergossen sich auf eine Siedlung, 17 Bewohner starben. Selbst wenn man die Becken dicht bekäme, was offensichtlich nirgends gelingt – Havarien und Unfälle ereignen sich bereits bei der Produktion, Lagerung und dem Transport von Zyanid.
- Im Mai 1998 kippte in Kirgisistan ein mit zwei Tonnen Zyanid beladener Lkw in den Barskaun-Fluss, der in den bis dahin glasklaren Bergsee Issy-Kul mündet. Es gab eine nicht genannte Zahl von Toten. Dieses mir aus eigener Anschauung bekannte, wohl temperierte «Berg-Meer» (250 km lang und 60 km breit), dessen gegenüberliegende Ufer nur durch die ewig schneebedeckten Berggipfel des 4000 Meter hohen Tienschan-Gebirges zu erkennen sind, gehört zu den schönsten und bisher unberührtesten Landschaften der Welt. Dort Goldminen zu eröffnen war eine von der Europäischen Bank für Wiederaufbau und Entwicklung und der Weltbank finanzierte Idee. Und das, obwohl Gutachten voraussagten, dass für die Kirgisen aufgrund der hohen Investitionskosten der Gewinn nahe null liegen werde.[6]
- Im Oktober 2001 ereigneten sich gleich zwei Unfälle am Asuman-Fluss bei der Ashanti-Goldmine in Ghana. Auch hier waren ungezählte Menschen wochenlang ohne sauberes Trinkwasser, ohne das Geld zu haben, ihren Wasserbedarf durch Mineralwasser decken zu können. Bis 1975 war der Bergbau staatlich. Inzwischen

---

[6] CEE bankwatch network, NGOs Issue Paper, Budapest, June 2002

gehören 75 Prozent ausländischen Investoren, die kaum Steuern zahlen. Daniel Owusu-Koranteng und seine Frau Hannah haben beide im Landwirtschaftsministerium gearbeitet. Sie haben nichts gegen verantwortungsbewussten Bergbau. Als sie aber 1999 dabei waren, als Tausende Demonstranten gegen die Praxis auf den Goldfeldern protestierten, verloren sie ihre Jobs. Neun Menschen wurden erschossen, viele verwundet und verhaftet. Hannah zeigt mir ein Foto von zehn Männern und einer Frau, die hinter Gittern eines vielleicht zwei Quadratmeter großen Verschlages stehen. So mussten sie eine Woche ausharren, ohne Hygiene, kaum Nahrung. Vor ihrer Freilassung wurden sie gequält und geschlagen, einem Mann wurde ein Auge ausgebrannt. Das Foto vom Anblick dieser Menschen nach ihrer Entlassung ist kaum zu beschreiben.

Nun endlich mag man die Vorbehalte von Daniel gegenüber dem anwesenden DEG-Vertreter verstehen. «Es gibt eine starke Komplizenschaft der Regierung mit der Privatwirtschaft», klärt er den offenbar Ahnungslosen auf. Der behauptet, sie hätten als Darlehensgeber so gut wie keinen Einfluss auf die konkrete Verwendung vor Ort. Obwohl doch die «Grundsätze» vorsehen: «Von DEG-mitfinanzierten Projekten dürfen keine Wirkungen ausgehen, die die Menschen oder die Umwelt über zulässige Grenzen belasten.» Was ist wo zulässig? Eigentlich macht der Vertreter einen gutwilligen Eindruck: «Wir lernen viel von den NGOs, weil hier Überlegungen gemacht werden, die in unseren technokratischen Abläufen nicht vorkommen. Ich hoffe immer, unsere Umweltgutachten kommen auch den NGOs in die Hand.» Ist man dafür auf Hoffnung angewiesen?

Im August 1998 wurde ich zu einem internationalen Treffen nach Bergama eingeladen, auf dem die Schäden dieser Art Goldabbau thematisiert wurden. Einst war Pergamon mit seinem großen Zeusaltar eines der bedeutendsten kulturellen Zentren des Hellenismus – heute ist Bergama zum Symbol des erfolgreichen Widerstandes der türkischen Bauern dieser Region gegen das internationale Firmenkonsortium Euro-Gold geworden. Dieser inzwischen unter dem Namen des australischen Mutterkonzerns Normandy-Ovacik agierende Konzern hatte bereits Abbaulizenzen in 532 Orten der Türkei. Man hatte einen Gewinn von 320 Millionen Dollar erhofft, von denen 40 Millionen an den türkischen Staat gehen sollten.

Aber nach neun Jahren Abbau in Ovacik, nahe Bergama, konnten die Einwohner nachweisen, dass der giftige Staub das Grundwasser verseucht hat, 3000 Bäume abgestorben sind, die Oliven-, Baumwoll- und Tabakernte beeinträchtigt wurden. Eine Fotoausstellung zeigte Krankheitssymptome bei Vögeln und Haustieren. Die Krebsrate war in der Region signifikant gestiegen, insbesondere bei Kindern.

13 Bürgermeister der Bucht von Edremit an der türkischen Ägaisküste, unweit von Troja, ließen von Prof. F. Korte von der TU München 1993 ein Gutachten erstellen, in dem dieser auch zu dem Schluss kommt, dass offene Zyaniddeponien langfristig nicht undurchlässig gemacht werden können und ein Restrisiko immer bleibe. Deshalb wäre diese Technologie in Deutschland nicht denkbar. Er stellte die «Frage an die Weltöffentlichkeit, ob sie gewillt ist, fruchtbaren Boden für Generationen aufzugeben, um einige Gramm Gold zu gewinnen».

Wegen der deutschen Anteile am Unternehmen beantragten einige Bürgermeister 1995 für die 300 000 Einwohner der Region medienwirksam Massenasyl in der Bundesrepublik. Das Europäische Parlament forderte die Bundesrepublik sogar in einem Antrag auf, «den Einsatz des Giftstoffes Zyanid durch deutsche Firmen, der gravierende ökologische und gesundheitliche Schäden für die Westküste der Türkei zur Folge haben wird, zu verbieten und deutsche Firmen und Banken zu verpflichten, die Normen der Bundesrepublik und der Union auch außerhalb der EU einzuhalten».[7] Daraufhin sahen sich Dresdner Bank, Preussag und Metallgesellschaft, die zu den Initiatoren des Projektes gehörten, gezwungen, nach und nach ihre Anteile zu verkaufen.

1997 fand die Klage der 700 Bauernfamilien beim türkischen Verfassungsgericht Gehör: die Goldgewinnung mit Zyanid sei nicht im öffentlichen Interesse. Dem Konzern wurde der weitere Abbau untersagt. Die Drohungen, Bauernland zu enteignen, wenn es nicht billig an die Minenbetreiber verkauft würde, wurde zurückgezogen. Wie siegreiche Gladiatoren wurden die Bauern, Dorfschullehrer, Taxifahrer aus Bergama bei jenem Treffen im Camp von uns ausländischen Gästen empfangen. In den Dörfern erzählten uns die Einwohner, was für einen Lebenswandel der gemeinsame Widerstand gebracht hatte. Während die Männer arbeiteten, gingen Frauen und Kinder plötzlich wie selbstverständlich in die Cafeteria, um zu debattieren und zu organisieren. Religiöse und ethnische Spannungen wurden während des demokratischen Engagements nebensächlich.

Ich werde die fassungslos betroffenen Gesichter der Dorfbewohner nicht vergessen, als ihnen während einer Podiumsdiskussion ein Juraprofessor der Universität Istanbul klar machte, dass ihr Sieg vor dem Verfassungsgericht nur so lange Bestand habe, wie eine neue Variante des MAI-Abkommens verhindert werden könne. Denn dann würde nationale Rechtsprechung auf internationale Konzerne keinen Einfluss mehr haben. Es war physisch nachempfindbar, wie diese mutigen Geschädigten, die einen für ihre Verhältnisse so ungewöhnlichen Schritt gewagt hatten, sich in ihre Ohnmacht zurückgeworfen sahen.

Inzwischen ist eine andere Variante eingetreten: Nationale Rechtsprechung hat auch auf die türkische Regierung keinen Einfluss –

---

7 FIAN-Pressemitteilung 25.11.1994

sie setzte sich selbstherrlich über alle Gerichtsurteile hinweg und genehmigte im April 2002 den Goldabbau angeblich per Ministerratsbeschluss. Den aber niemand gesehen hat. Was man sieht, ist, dass die Mine wieder arbeitet und von den Behörden nicht daran gehindert wird.

Nun fürchtet man auch an der «Oliven-Riviera» in Kücükdere, der Stopp der Abbaugenehmigung könne rückgängig gemacht werden. Bei einem Goldgehalt von drei Gramm pro Tonne würden für ein Paar Eheringe etwa zehn Tonnen Erz bewegt werden müssen. Der Geschäftsführer der Preussag-Tochter Tüprag, Rellensmann, hatte die Hoffnung dennoch nie aufgegeben: Es sei nicht vorstellbar, dass eine Lagerstätte wie diese im Boden bleibt. Man könne sogar davon ausgehen, dass der Bergbau eine Attraktion für Touristen werde.[8]

Doch Touristen haben bereits Erfahrung: Anfang 2000 löste ein Dammbruch in der rumänischen Goldmine Aurul schwerste Zyanidvergiftungen in der ganzen Region aus. Die Genfer Zentrale des Word Wild Fund for Nature stellte fest, dass die Theiß durch das Gift «auf einer Länge von 400 Kilometern von Leben befreit wurde». Der Fluss führte die blausäuresalzhaltige Brühe durch Weinbaugebiete Ungarns bis zur Donau, wo sie durch Trinkwasserreservoire Serbiens und Tourismuszentren Bulgariens und Rumäniens ins Schwarze Meer gelangte. Man sprach von dem schlimmsten europäischen Umweltdesaster seit Tschernobyl.

Ein internationales Greenpeace-Team kam nach Analysen vor Ort zu dem Schluss, dass von der Goldmine seit ihrer Eröffnung ständig akute Gefahr ausgeht, und forderte die Einstellung des Betriebes, solange Zyanid verwendet wird. Der Betreiber der Mine, das australische Bergbauunternehmen Esmeralda, beschloss dennoch, die Produktion wieder aufzunehmen, weil das Fischsterben angeblich nicht

---

8 ARD-Magazin Monitor vom 16.2.1995

durch die 100 000 Kubikmeter ausgetretenen Zyanidschlamm ausgelöst wurde, sondern durch das Natriumhypochlorid, das zum Neutralisieren des Zyanids benutzt wurde! So beschuldigte man indirekt auch noch diejenigen, die, wie die Europäische Union, Mittel für die Reinigung der verseuchten Flüsse bereitgestellt hatten. Über Kredite beteiligt an dem australischen Unternehmen ist neben der Londoner Rothschild-Bank auch die hundertprozentige Dresdner-Bank-Tochter Dresdner-Kleinwort-Benson.

Die international verheerenden Folgen der Goldgewinnung werden umso unverantwortlicher, wenn man sich bewusst macht, wozu dieses Metall eigentlich gebraucht wird: 75 Prozent für Schmuck, nur 15 Prozent werden industriell genutzt. Hinzu kommt, dass das meiste je auf der Welt geförderte Gold noch vorhanden ist in Form von ungenutzten Barren. Man stelle sich vor, wie Gold unter größtem Kraftaufwand ausgegraben wird, um anschließend in den Kellern der Banken wieder eingegraben zu werden.

Schon 1976 hat der IWF beschlossen, die letzte juristische Bindung der Währungen an das Gold aufzuheben. Die Demonetarisierung des Goldes hat dazu geführt, dass ein Drittel der Reserven verkauft wurde. Aber die Deutsche Bundesbank ist zögerlich. Sie verfügt mit mehr als 3400 Tonnen, nach den USA, über die zweitgrößten Goldreserven der Welt. Angesichts der in der Flut versunkenen Werte gefragt, ob man jetzt nicht Gold verkaufen könne, antwortete der Bundesfinanzminister: Die Goldmärkte würden zusammenbrechen. Also die Goldminen. Statt die Fluten als Tränenmeer der geschundenen Erde zu begreifen, gelten Gewinneinbußen beim Raubbau der Naturressourcen immer noch als größtmögliches Schreckensszenario.

Die Internationale Menschenrechtsorganisation FIAN sieht es dennoch als Erfolg ihrer hartnäckigen Aufklärungsarbeit an, dass der Bundestag im Januar 2002 einem Antrag von SPD und Grünen zustimmte, der feststellt, dass die Goldgewinnung im offenen Zyanidlaugungsverfahren zu gravierenden Umweltschäden und Menschenrechtsverletzungen führt und in Deutschland nicht genehmigungsfähig wäre.[9] Dass allerdings deutsche Steuer- und Unternehmensgelder in ebendiese Technologie fließen, wurde nicht thematisiert.

Was sind realistische Forderungen? Zunächst muss durchgesetzt werden, dass im Ausland nichts praktiziert wird, was zu Hause verboten ist. Das heißt, das offene Zyanidlaugungsverfahren darf nicht mit öffentlichen Mitteln gefördert werden. Es gibt immer wieder Proteste gegen diesen Effektivitätswahn, aber sie sind nur in einem losen Bündnis von erwähnten NGOs, Greenpeace und Menschenrechtsorganisationen vernetzt. Wissenschaftliche Einrichtungen sollten alternative Technologien vorantreiben, wie das Thioharnstoff-Verfahren. Ähnlich wie beim Engagement zur Ächtung von Personenminen wäre es hilfreich, wenn für diese Aufgabe auch prominente Politiker, Wissenschaftler und Künstler gewonnen werden könnten.

Manchmal besteht ein Fortschritt schon in der Einsicht, dass eine vermeintlich effektive Technologie mehr Schaden als Nutzen bringt und deshalb ein Ausstieg die beste Lösung ist. Beim Atom hat eine hartnäckige Anti-Bewegung zu ersten Konsequenzen geführt. Beim Zyanid, dem hochgiftigen Salz der Blausäure, stehen wir noch ganz am Anfang. Gebraucht wird ein internationales Netzwerk zur Ächtung des Goldabbaus mit Zyanid mit dem Ziel einer Konvention zum Verbot dieser Technologie.

Das eigentlich zu bekämpfende Gift ist nicht das Zyanid, sondern die totalitäre, tödliche Gier nach Gold und Macht.

---

9 Bundestagsdrucksache 14/7076

NOTSTAND OHNE NOT

Rückblick auf Genua:
Eine internationale Kommission ermittelt

Am Flughafen in Genua holte mich ein Anwalt ab, in Begleitung einer kleinen, zierlichen Frau mit nach hinten gesteckten Haaren. Zwar wurde sie mir vorgestellt, aber da ich des Italienischen nicht mächtig bin, bekam ich nicht gleich mit, dass es sich um die Mutter von Carlo Giuliani handelte. Des 23-jährigen Jungen, dessen Foto mit den sensiblen, ernsten Augen um die Welt ging, nachdem ihn ein Polizist, der sich angeblich bedroht fühlte, erschossen hatte. Ein etwa gleichaltriger Carabiniere, der offenbar von der massiven Sicherheitshysterie zur Abschirmung des Gipfeltreffens der G-8 ergriffen wurde und am berüchtigten 20. Juli 2001 in Genua nicht mehr angemessen handeln konnte. Berlusconi war gerade einen Monat im Amt, als seine Regierung mit einem gigantischen Sicherheitsaufgebot die «rote Zone» absperrte, in deren am Hafen gelegenen Palästen der Altstadt die Staatschefs tagten und wohnten. Als sich die aus vielen Ländern angereisten, etwa 200 000 Demonstranten friedlich dieser Zone näherten, begannen die Polizisten die Stadt in ein blutiges Schlachtfeld zu verwandeln. Amnesty International kam später zu dem Schluss, in Genua sei es «zu Menschenrechtsverletzungen gekommen, die in der jüngsten europäischen Geschichte ohne Beispiel sind».

Und warum? Weil eine neue Generation für globale Wirtschaftsdemokratie eintritt? Zwei Monate nach den Ereignissen versuchte ein Untersuchungsausschuss des italienischen Parlamentes Licht in das Dunkel der bislang schlimmsten Repressionen gegen Kritiker des unzivilisierten Kapitalismus zu bringen. Zerstritten in parteipolitischem Kalkül, scheiterte er, sich widersprechende Deutungen hinterlassend.

Auf Initiative von drei internationalen Juristenorganisationen[1] konnte sich im Frühjahr 2002 endlich die Ermittlungskommission «Grundrechte und Globalisierung» konstituieren. Die für diese Aufgabe delegierten Anwälte und Juraprofessoren des 17-köpfigen Ausschusses kooptierten durch Mehrheitsbeschluss auch einige Kulturschaffende aus aller Welt, unter ihnen der italienische Literatur-Nobelpreisträger Dario Fo und der argentinische Friedens-Nobelpreisträger Adolfo Perez-Esquivel.

Dass Heidi Giuliani mich als Mitglied dieser Kommission persönlich am Flughafen empfing, war nicht nur eine überraschende Ehre. Es war, wie ich bald begriff, auch Ausdruck der Konsequenz, mit der diese leidgeprüfte, eigentlich eher zurückhaltende Frau sich des Anliegens ihres Sohnes angenommen hat. Unter den Teilnehmern und Sympathisanten der Protestbewegung ist sie wegen ihrer emotionalen und gleichzeitig von faktischer Genauigkeit geprägten Auftritte beinahe zu einer Kultfigur geworden.

Unliebsame Filme werden verboten, Fotos verfälscht, Fakten verdreht oder frei erfunden – dies seien nach den Ereignissen die üblichen Mittel der Desinformation, berichtet Heidi Giuliani am nächsten Vormittag vor der im Teatro Modena öffentlich tagenden Kommission. Zu dem Schmerz um den verlorenen Sohn kam gleichzeitig noch der Kampf gegen fingierte Anschuldigungen. Die Freunde von Carlo wurden des versuchten Mordes bezichtigt, um die schuldhafte Überreaktion des Polizisten als «Notwehr-Überschreitung» verharmlosen zu können. «Warum sind Sie so herzlos, warum können Sie nicht korrekt sein?», hatte Carlos Vater, ein Ge-

---

1 Internationale Vereinigung Demokratischer Juristen (IVDJ), Europäische Vereinigung von Juristinnen und Juristen für Demokratie und Menschenrechte e. V. (EJDM), Anwälte Europas für Demokratie (EDA).

werkschaftsfunktionär, in einem Anruf bei der Tageszeitung *Repubblica* verzweifelt gefragt. Dort waren zuerst jene Fotos veröffentlicht worden, deren durch Teleobjektive verfälschte Perspektive suggeriert, Carlo und seine angeblich angreifenden Begleiter hätten sich gefährlich nahe am Polizeiwagen befunden, was Augenzeugen widerlegen.

Die etwa 300 Besucher der Tagung verfolgen angespannt, wie Sachverständige und Betroffene die Ereignisse beurteilen. Uns Kommissionsmitglieder interessiert besonders, weshalb sich der Einsatz der «Ordnungskräfte» zum großen Teil gegen vollkommen gewaltfreie Demonstranten gerichtet hatte, während es unterlassen wurde, gegen Hunderte brutaler Randalierer vorzugehen.

Zeugen und Videos belegen: Als schwarz Vermummte Autos umstürzten, Schaufenster einschlugen, eine Bank anzündeten, einen Kindergarten zerstörten, schaute die Polizei aus Nebenstraßen zu, ohne sie «zu belästigen». Doch damit nicht genug: Während einreisende Jugendliche an der Grenze schon wegen eines Taschenmessers oder eines schwarzen Badeanzuges Scherereien bekamen, konnten am helllichten Tag, mitten in der Stadt, unter den Augen der Polizei, aus einem Lkw Stahlstangen verteilt werden, an junge Männer, die sich anschließend schwarz einkleideten. Vor versteckter Kamera unterhalten sich black-block-Leute innerhalb des abgesperrten Bereiches kollegial mit Polizisten, ein Vermummter gibt den Carabinieri sogar gestikulierend Befehle, und sie gehorchen. Die ungeheuerliche Vermutung, dass hier unter den Augen des anwesenden Innenministers, ausgerüstet von der Polizei, *agents provocateurs* die demokratisch Protestierenden unterwanderten, um sie zu diskreditieren und die ganze Demo wie einen schwarzen Block zu behandeln, ist mehr als nahe liegend.

Besonders erschütternd sind die Schilderungen über die mitternächtlichen Torturen in der Schule *Diaz* und der Kaserne *Bolzaneto*. Nachdem die Demonstrationen bereits beendet waren, stürmte

Polizei die Unterkunft von noch nicht Abgereisten. In Schlafsäcken auf dem Schulboden Liegende wurden so lange verprügelt und getreten, bis ihre Knochen gebrochen und ihre Zähne ausgeschlagen waren. Andere wurden mit dem Kopf mehrfach gegen die Wand gestoßen. Videos zeigen Verwüstungen wie nach einem Bombenangriff, Fußböden und Wände voller Blut und Ausscheidungen. Nach diesem Überfall wurden alle in die Kaserne verschleppt, wo man ihnen mit Vergewaltigung und Tod drohte und sie zwang, faschistische Lieder zu singen. Gegen alle Festgenommenen wurden Ermittlungen wegen Mitgliedschaft in einer kriminellen Vereinigung eingeleitet. Erst nach Monaten konnte zweifelsfrei nachgewiesen werden, dass die Rechtfertigungsgründe für diese Einsätze, wie angeblich beschlagnahmte Waffen und Molotowcocktails, inszenierte Vorwände waren. Im Laufe unserer Anhörung verfestigt sich der Verdacht, dass es für die staatskriminellen Rollkommandos unmissverständliche Befehle gegeben hat, die aber nicht schriftlich vorliegen und deshalb schwer beweisbar sind.

Der Arzt Costantini aus Genua zeigt sich noch jetzt schockiert, wie sehr das Recht auf Gesundheit verletzt wurde. Es habe über 500 Einlieferungen in Krankenhäuser gegeben, oft seien chirurgische Eingriffe nötig gewesen. Er wolle keine Kollegen anzeigen, aber viele Ärzte hätten die Demonstranten ihre Abneigung leider spüren lassen, hätten unterschrieben, dass alles okay sei. So habe er vor Ort ein Mädchen mit Nasenbeinbruch und Blutungen einweisen wollen, aber sie habe sich geweigert, sich von «diesen Ärzten» behandeln zu lassen. Selbst der Hinweis, dass sie eine lebensgefährliche Embolie bekommen könne, habe nichts genutzt. Körperverletzung sei zu einer üblichen Waffe gegen Demonstranten geworden, zum einzukalkulierenden Teil der Strafe.

6200 Patronen Tränengas sind in jenen drei Tagen in Genua abgeschossen worden, berichtet nun Anwalt Canestrini, der neun Personen mit schweren Gesundheitsschäden vertritt. Schon 1981 hat das Oberste Gericht Italiens Patronen mit CS-Gas als chemische Waffen eingestuft. Die Pariser Konvention, der auch Italien beigetreten ist, hat 1993 die Entwicklung, Herstellung, Lagerung und den Einsatz chemischer Waffen im Krieg verboten. Ein klares Gesetz für Friedenszeiten zu erlassen, ist allerdings versäumt worden. Juristisch gesehen muss man also selbst den kriegerischen Feind vor Vergiftungen schützen, nicht aber den eigenen Bürger, der friedfertig ein von der Verfassung garantiertes Grundrecht auf Meinungs- und Versammlungsfreiheit wahrnimmt. So habe man den größten Einsatz chemischer Kampfstoffe nach Kriegsende über sich ergehen lassen müssen.

Niemand weiß genau, wie toxisch, also wie giftig das verwendete Gemisch von CS und anderen, unbekannten Stoffen ist. Die Zusammensetzung des Gases gilt als Militärgeheimnis. Betroffene haben zu spüren bekommen, dass es nicht nur vorübergehend Tränen bildend, Blasen und Juckreiz auslösend wirkt, sondern auch irreversibel Dermatitis und Lungenkrankheiten auslöst, wahrscheinlich das Immunsystem angreift und Krebs erregend ist.

Zur Erwiderung bekommt nun Luigi Notari, Sekretär einer der vielen Polizeigewerkschaften, das Mikrophon. Aber wer vor dieser Kommission spricht, ist freiwillig da, also von sich aus kooperativ. Wir haben nicht die Befugnis, jemanden vorzuladen, so wie ich es aus der Wendezeit der DDR kenne. Hier findet gerade keine Wende zu mehr Demokratie statt, sondern zu weniger. Auch der Polizist beklagt die zunehmend hierarchischen Strukturen. «Die derzeitige Tendenz der Regierung empört mich», sagt er. «Brauchen wir amerikanische Polizisten, die uns lehren, wie man prügelt?» Die Arbeit engagierter Katholiken unter seinen Kollegen sei in Frage gestellt. Auf der Polizeischule lerne man jetzt hauptsächlich Konformität gegenüber der Obrigkeit und Feindbilder gegenüber der Opposition. Auf die eigentliche Aufgabe des Schutzes und der Deeskalation sei man indes schlecht vorbereitet gewesen. Nach dem Tränengas befragt, winkt er jedoch ab: «Wenn wir die Stoffe kaufen, berücksichtigen wir die Toxidität, schon weil ja nicht auszuschließen ist, dass auch die Polizei etwas davon abbekommt. Auch wir wollen keine Berufskrankheiten.»

Es ist nicht das erste Mal, dass ich in einer Untersuchungskommission zu Übergriffen von Polizei und Sicherheitskräften sitze und solche Beschwichtigungen zu hören bekomme. Damals im Herbst 89 ging es auch um Machterhalt, sogar um das letzte Aufbäumen der Machthaber des untergehenden Realsozialismus. Hunderte Demonstranten wurden geprügelt, inhaftiert und misshandelt, ein Wasserwerfer kam zum Einsatz. Tränengas nicht, auch Blut floss nicht. Dennoch waren wir entschlossen, ein öffentliches Zeichen zu setzen: bis hierher und nicht weiter. Es mögen damals viele Gründe zusammengekommen sein, weshalb sich Derartiges tatsächlich nicht wiederholt hat. Etwa die wachsende Stärke der Demokratiebewegung, die im umgekehrt proportionalen Verhältnis zur schwindenden Stärke der Volkswirtschaft stand. Selbst die von uns vorgeladenen Parteifunktionäre räumten damals ein, es sei ein tragischer Irrtum gewesen, politische Probleme mit polizeilichen Mitteln lösen zu wollen. Geschichte wiederholt sich nicht – aber ihre Irrtümer offenbar doch.

(Immerhin hat die Arbeit der Anwälte der Kommission inzwischen bewirkt, dass auch jene Polizeigewerkschaft gegen den Einsatz von CS-Tränengas protestiert und die Staatsanwaltschaft von Genua die Beschlagnahme und Analyse der Patronen beantragt hat.)

Mit Spannung wird der Auftritt von Genuas Bürgermeister Pericu erwartet, dem in jenen Tagen das Kommando über sein Hoheitsgebiet aus der Hand genommen war und der unsere Zusammenkunft nun ermöglicht hat. «Wir haben in diesen Tagen als Stadt gelitten», sagt er. Eine Stadt, geteilt in die von 20 000 Polizisten abgesperrte «rote Zone» der Mächtigen und in den Teil, in dem nach monatelangen Querelen mit der damaligen Mitte-links-Regierung, und nur auf Druck der internationalen NGOs, wenigstens ein eingeschränktes Demonstrationsrecht bestand. «Die Grundrechte waren erheblich in Frage gestellt», beklagt Pericu und erhält viel Beifall für diese klaren Worte. Und Vizebürgermeister Montaldo ergänzt: «Wir hatten nicht erwartet, dass die ganze Stadt ohne Bewegungs- und Meinungsfreiheit sein würde, dass es grünes Licht für Gewalt gab. Das hatte mit einem Rechtsstaat nichts mehr zu tun.»

Im Laufe der nachmittäglichen Befragung wird uns klar, dass Genua nicht allein eine italienische Angelegenheit war: Die Schengener Verträge sind eigens für den G-8-Gipfel außer Kraft gesetzt worden. Hunderte, die sich durch ihre Teilnahme an früheren Demonstrationen «verdächtig» gemacht hatten, wurden, unter anderem in Deutschland, vorsorglich schon im eigenen Land an der Ausreise gehindert. 2093 Personen sind an der italienischen Grenze oder am Flughafen abgewiesen worden. Darunter ein Übersetzer der Europäischen Union. Und eine Britin, die zu Hause an einem Sit-in gegen Kernkraft teilgenommen hatte. All diese Aussperrungen, die einer politischen Strafe gleichkommen, ergingen ohne Urteil.

Unterstützt wurde dieses Vorgehen durch den Rat der Europäischen Union. Justiz und Polizei sind bekanntlich noch Länderhoheit, unterliegen keinen europäischen Maßgaben. Das in einer Grauzone operierende EU-Projekt *Eurojust* sieht eine Art freiwilligen Datenaustausch von Staatsanwälten und Richtern der Mitgliedsländer vor. Das Risiko liegt darin, dass hier Lobbygruppen ermächtigt wurden, personenbezogene Daten zu erfassen, ohne Vorkehrungen zu treffen, mit denen der Missbrauch dieser Informationen zur Schikanierung von Andersdenkenden vermieden werden kann. Eine gemeinsame europäische Definition von «gefährlichen Individuen» gibt es bisher nicht.

Nach ihrer Rückkehr sind die verletzten, traumatisierten, zum Teil von Prozessen bedrohten Jugendlichen auch von ihren heimischen Behörden meist nicht gerade mitfühlend behandelt worden. Auch in Deutschland nicht.

«Wir Bürger müssen gegen die totalitäre Versuchung des Staates angehen», mahnt anschließend ein Anwalt aus Frankreich, «weil sonst die Gefahr besteht, dass dieser Krebs die Demokratie zersetzt.» Nur zehn junge Franzosen hätten den Mut gehabt, Anzeige wegen Freiheitsberaubung und Körperverletzung zu erstatten – sie seien wie Aussätzige behandelt worden.

Erleben wir auch eine Globalisierung von Repressionen? Der Präsident der katalanischen Anwälte zum Schutz der Menschenrechte, Sabata, schildert ein Beispiel:. 8000 Polizisten hatten im März Barcelona gegen eine halbe Million Globalisierungsgegner abgesperrt. Ein neues Gesetz erlaube, insbesondere minderjährige Teilnehmer von Kundgebungen, die als «Angriff auf die öffentliche Ordnung» angesehen werden, vor außerordentliche Gerichte zu stellen, in Sondergefängnisse mit «erziehender Gehirnwäsche» einzuweisen und ihnen die Bürgerrechte bis zu zehn Jahren abzuerkennen. Dagegen könnten Polizisten im Falle von Übergriffen praktisch von Straffreiheit ausgehen. Wann werden andere europäische Staaten nachziehen? «Die Repressionen beginnen mit den Gesetzen. Die Rechte müssen globalisiert werden, nicht deren Einschränkung», fordert er.

Erst gegen Abend kommen unsere Gastgeber dazu, uns durch das mittelalterliche Zentrum zu führen, von dem behauptet wird, es sei die größte erhaltene Altstadt Europas. Die höchste ist es bestimmt. Nie zuvor sah ich so enge Gassen, deren Häuserfassaden gleichzeitig so weit nach oben ragen. Malerisch eingeklemmt zwischen Mittelmeer und Apenninen, konnte sich Genua schon sehr früh nur himmelwärts ausdehnen. Bereits im 16. Jahrhundert, so werden wir aufgeklärt, baute man hier zwei Stockwerke höher als in Rom oder Florenz. Eine weitere Besonderheit ist augenfällig: Nicht nur um die Piazza San Matteo beeindrucken die schwarz-weiß gestreiften Marmorfassaden der Häuser aus dem 13. Jahrhundert. Dieses typisch romanische Stilelement, so auffällig und ausgewaschen wie Häftlingskleidung, nur viel formbewusster und kleidsamer, schmückt auch den ungewöhnlichen Dom San Lorenzo.

Als «romanischer Edelstein» gilt die Kirche San Donato, in deren linkem Seitenschiff mit den kleinen Fenstern ein Computer für Touristen mit seinem blauen Bildschirm das Licht dominiert. Das tut dem gegenüber hängenden, wunderbaren Triptychon des flämischen Renaissancemalers Joos van Cleve keinen Abbruch, in dessen feinsinnigen Frauengesichtern ich die Ahnung von Vergeblichkeit wahrzunehmen glaube.

Genua war nie ein beschauliches Städtchen. Der Hafen zog Kreuzfahrer an, mit Aufruhr an Bord. Die herrschenden Familienclans haben sich bekämpft bis zum Untergang. Der berühmteste Sohn der Stadt, Kolumbus, hatte Gründe, hinterm Horizont auf einen Seeweg zu hoffen. 1992, zum 500. Jahrestag seiner Landung in Amerika, durfte Stararchitekt Renzo Piano im Hafen bleibende, postmoderne Akzente setzen. Doch die Licht- und Wasserspiele täuschen nicht darüber hinweg, dass Genua mit der zeitweilig «verbotenen Zone» rings um den Palazzo Ducale und den ärmlichen Gassen der Industriearbeiter eine Stadt sozialer Gegensätze geblieben ist.

Von einem Volksaufstand unterstützt, befreiten Partisanenverbände im April 1945 die Stadt von den Faschisten, noch ehe die Alliierten einmarschierten. Und im Juli 1960 ging von Genua der Generalstreik aus, der zum Sturz der rechtsnationalen Regierung Tambroni führte. Auch während unseres Aufenthaltes liegt die Nervosität vor einem angekündigten Generalstreik gegen die Politik Berlusconis in der Luft ...

Am nächsten Morgen erinnern mich Fotos und eine Überschrift in der Zeitung daran, dass die Unterzeichnung des für manche skandalösen, für alle aber umstrittenen Vertrages von Rapallo gerade 80 Jahre zurückliegt. Wie unschwer zu erkennen ist, lag im April 1922, als die Delegationen der Konferenz von Genua zum Gruppenbild antraten, Schnee auf der Piazza de Ferrari. Was mich über den jetzt anhaltenden Dauerregen mit eisigen Windböen nur unzureichend hinwegtröstet. Was ich nicht wusste: der Vertrag wurde gar nicht in Rapallo, sondern im Imperiale Palace Hotel des vorgelagerten Badeortes Santa Margherita unterzeichnet, keine Stunde von hier entfernt.

Ich nehme den beliebten Vorortzug, der direkt an der meist steilen Küste entlangschaukelt. Vorbei an den zu Touristenmagneten gewordenen Fischerdörfern am Golfo Paradiso: Bogliasco, Sori und Camogli. Am Leuchtturm von Portofino vorbei nach Santa Margherita, wo das aristokratische weiße Palast-Hotel, auf einem Hügel über der Küstenstraße, nicht zu übersehen ist.

Auf dessen «Terrasse Paraggi» umspringen vier Oberkellner ein deutsches Ehepaar, dessen lautstarke Auseinandersetzungen mit dem trotzigen Söhnchen alle Bemühungen um Vornehmheit zunichte machen. Bei diesem Wetter die einzigen Hotelgäste, wie mir bestätigt wird. So hat der perfekt deutsch sprechende Direktor Zeit, mir den im pompejanischen Stil gehaltenen Vertragssaal zu zeigen. In der Mitte des runden, nur von einer Glaskuppel beleuchteten Raums ein goldverzierter Tisch, von acht weißen Sesseln umstellt. Hier also unterzeichneten der sowjetrussische Volkskommissar für Auswärtiges, Tschitscherin, und der deutsche Außenminister Rathenau den Vertrag, dessen zweisprachige Kopie an der Wand hängt. Dazu Fotos von der russischen Delegation. Von der deutschen existiert keines, weil Rathenau, statt zum Fototermin zu erscheinen, einen Freund besuchte, wie es heißt.

Der Direktor freut sich, dass sich mal jemand für diese Zeit interessiert, und schleppt noch eine unverkennbar eingestaubte Mappe mit weiterem Material an. Die von den Siegermächten einberufene Konferenz von Genua sollte zur Überwindung der Nachkriegsdepression beitragen. Erstmals war auch eine sowjetische Delegation geladen, die aber isoliert blieb. Die angereiste deutsche Delegation wurde wiederum von den Beratungen zum künftigen Verhältnis zu Russland ausgeschlossen. Daraufhin zogen sich beide gemiedenen Abordnungen zu nächtlichen Geheimverhandlungen nach Rapallo zurück. Sie beschlossen die Aufnahme diplomatischer Beziehungen, den Verzicht auf Erstattung von Kriegs- und Revolutionsschäden und Meistbegünstigung im beiderseitigen Handel.

Die Veröffentlichung schockierte nicht nur die Konferenzteilnehmer. Die konservative *Preußische Zeitung* vom 18. April 1922 verdammte den Vertrag, während *Die Rote Fahne* ihn am gleichen Tag unter der Schlagzeile «Deutsch-russischer Friedensvertrag, Verwirrung in Genua / Abbruch der Konferenz?» begrüßte. Auch wenn sie zu wissen glaubte, dass «die Sicherung Sowjetrusslands nicht in Verträgen mit bürgerlichen Staaten besteht ... Die Sicherung der ersten proletarischen Republik besteht in der Sicherung der Lebensexistenz des westeuropäischen Proletariats, der Revolution in Westeuropa.»

Prompt beschimpfte vier Tage später der «Völkische Beobachter» Rathenau als «Börsen- und Sowjetjuden», der nun als Anhänger eines «schleichenden Bolschewismus» galt. Womit man ihn absichtlich missverstand, denn er hatte sich oft deutlich von den revolutionären Methoden distanziert: «Der russische Gedanke ist Zwangsbeglückung, im gleichen Sinne und mit gleicher Logik wie die gewaltsame Einführung des Christentums und die Inquisition.» Rathenau bevorzugte stattdessen damals schon eine gemischte Wirtschaft, ein System zwischen Kapitalismus und Sozialismus, etwas, das man später «dritten Weg» nennen würde.

Der Vertrag sei wohl in Deutschland nicht sehr beliebt gewesen, meint der Direktor, denn Walther Rathenau sei doch wenig später ermordet worden. Diesen Zusammenhang hatte ich bisher nie gesehen, aber er ist verblüffend nahe liegend. Die «Organisation Consul», finanziert von der Schwarzen Reichswehr und mit geheimdienstlichen Aufgaben betraut, wollte mit dem Mord offenbar die Linke zum Aufstand provozieren, um dann als Retter von rechts putschen zu können. Diesen nie ganz aufgeklärten Vorgang nannte Georg Lukács einst die «Zerstörung der Vernunft».

Die Geschichte wäre anders verlaufen, wenn der sozial denkende Unternehmer Rathenau, zu dessen Begräbnis Zehntausende Menschen auf der Straße waren, wie gehofft Reichskanzler hätte werden können. Goldene Zwanziger? Selbst sie waren von erbärmlichen terroristischen Attentaten geprägt, ausgeführt von jungen Leuten aus gutbürgerlicher Familie. Immer sind es gefährdet geglaubte Besitzstände, die der Terror verteidigt, Besitzstände von Haben und Sein. Oder von Nicht-mehr-Haben und Noch-nicht-Sein.

In der Bellevue-Etage des Hotels ist im Gang gerade neues Parkett verlegt worden, man erwartet demnächst Putin zu Besuch bei Berlusconi. In der Saison kostet die Imperial Suite 657 Euro pro Nacht, ein normales Doppelzimmer mit Meeresblick 367 Euro. Jetzt, im leeren Haus, frage ich spaßeshalber nach dem schönsten Einzelzimmer. Der Direktor fragt zurück, wie viel ich zu zahlen bereit bin. Es ist unanständig wenig, aber er ist nicht abgeneigt. Doch ich muss ja zurück, nach Genua.

Am späten Nachmittag denkt die Kommission über die weitere Arbeit nach: Auch wenn die für die Übergriffe Verantwortlichen fast alle noch im Amt sind – wir wollen und können kein Gericht sein, keine Urteile fällen. Aber wir können dazu beitragen, die Deutungshoheit nicht den affirmativen Medien zu überlassen. Die staatliche Gewalt in Genua war Ausdruck der wachsenden Furcht der Mächtigen vor der sich vereinenden Opposition von Seattle, Nizza, Prag,

Davos, Göteborg, Barcelona, Porto Alegre und Neapel. Ohne Not wurde Notstand simuliert. Die Vermutung, es habe ein Komplott zwischen extremkonservativen Politikern und rechten «Sicherheits»kräften gegeben, um der No-G-8-Bewegung ein für alle Mal eine abschreckende Lektion zu erteilen, wird leider immer plausibler.

Wir dürfen uns nicht daran gewöhnen, dass weltweit eine Art von permanentem Kriegszustand herrscht, in dem die Grundrechte ausgesetzt sind. Dies käme einer erneuten «Zerstörung der Vernunft» gleich. Einer Vernunft, die den gesichert geglaubten Grundsatz bewahrt, dass Menschenrechte universal sind und nicht vom erpresserischen Recht des wirtschaftlich Stärkeren auf dem Müllhaufen der historischen Errungenschaften entsorgt werden dürfen.

Unsere Kommission muss gerade nach dem 11. September auch verstärkt mit Juristen aus den USA und Kanada zusammenarbeiten, um der Gefahr entgegenzuwirken, dass unter dem Deckmantel der «Abwehr terroristischer Gewalttaten» oppositionelle Proteste gegen den Status quo kriminalisiert werden.

«Genua ohne Antworten», der aus 290 Stunden Videoaufnahmen von 33 Regisseuren zusammengeschnittene Film, ist vom Staatsfernsehen nicht gesendet worden. Aber unterstützt von den Vertretern der Region, wird zum Jahrestag des Traumas im Palazzo Ducale die Fotoausstellung «Ihr G-8, wir 6 Milliarden» zu sehen sein. Subversiv sind im Film und auf den Fotos nicht nur die Szenen, in denen wehrlose Personen verprügelt werden, sondern gerade auch die Lebensfreude und Ausgelassenheit, das originelle, kulturvolle Gegenangebot der tanzenden, musizierenden und singenden Menge. Die spürbare Präsenz von Anwälten, Künstlern und Ärzten als Zeugen und Aufklärer vor Ort hat sich als hilfreich erwiesen. Es gibt Überlegungen, sie künftig als «Weißhelme» kenntlich zu machen. Ermutigend wäre es, wenn sich auch Pfarrer, Gewerkschafter und Wissenschaftler für diese Aufgabe bereit fänden.

Nicht nur, weil oft auch Anwälte verteidigt werden müssen, da sie wegen ihrer spezifischen Rolle nicht selten selbst Repressionen ausgesetzt sind. (Wie beim gewaltsamen Eindringen der Polizei in den Sitz des 800 Gruppen vertretenden *Genua Social Forum*, bei dem alle Dokumente und Dateien beschlagnahmt wurden, oder der Durchsuchung des unabhängigen Medienzentrums Indymedia, in dem das Internet als neue Barrikade ausprobiert worden war.)

Breite Solidarität ist auch deshalb unerlässlich, weil die Menschenrechte nicht Folge abstrakter Juristerei sind, sondern opferreich erkämpfte Menschlichkeit, hinter die zurückzufallen den Weg in die Barbarei freimachen würde. Wir hoffen immer noch, keine Narren zu sein, wenn wir davon ausgehen, dass die Transparenz von Kommandoketten künftig *ein* Gradmesser für den praktizierten Rechtsstaat sein muss und die Machtübernahme von postfaschistischen Allianzen durch globalisierte Demokratie abzuwenden ist.

GOTT MUSS DEMOKRAT SEIN

Kleine Rede in großer Kirche

Afghanistan werde nun die Großzügigkeit der USA kennen lernen, hat der amerikanische Präsident George W. Bush zu Beginn der nächtlichen Bombardierung mit Blick auf die nebenbei abgeworfenen Tabletten verkündet. Die antike Tragödie kennt die läuternde Wirkung durch Erregung von Furcht und Mitleid. Die moderne Tragödie unseres täglichen Lebens scheint vernünftige Einsicht zu verkleistern. Terrorismus ist Verbrechen. Er muss als solches bestraft werden. Ja, er ist ein Krebsgeschwür, das Demokratie und Rechtsstaatlichkeit zu überwuchern droht. Aber wie jede Krankheit hat er Ursachen. Wer den Terrorismus ausmerzen will, indem er den Nährboden für sein Wuchern düngt, ist ebenfalls ein Verbrecher.

Während der britische Premierminister Tony Blair den Terrorismus als Angriff auf unsere Seele bezeichnet, macht man sich im deutschen Fernsehen jenseits aller Heuchelei Gedanken über die Auswirkungen auf das Weihnachtsgeschäft. Das Geschäft ist zur Seele der westlichen Zivilisation geworden. Für unseren Lebensstandard lassen wir ohne Wenn und Aber andere einen hohen Preis zahlen. Während wir im eigenen Land höchste Sicherheit zur Norm machen, verseuchen wir durch Missachtung einfachster Umweltstandards die Lebensgrundlagen unserer ärmeren Nachbarn.

Der zunächst auch mit deutscher Beteiligung operierende Konzern Euro-Gold zum Beispiel hat Abbaulizenzen in mehr als fünfhundert Orten der Türkei. Dabei wird zum Zwecke der Profitmaximierung das schwach goldhaltige Gestein in riesigen, offenen Becken wochenlang mit hochgiftiger Zyanidlauge beträufelt. Ein Verfahren, das in Deutschland niemals genehmigungsfähig wäre, weil etwa ein Drittel des Giftes als stabiler Cyanwasserstoff in die nähere Atmosphäre entweicht und zudem die Kunststoffplanen in den Schlammteichen das Grundwasser unzureichend schützen.

Die Dorfbewohner sterben seither deutlich öfter an Krebs, ihre Haustiere sind krank und ihre Olivenbäume vertrocknen. Genau wie im nordgriechischen Naturschutzgebiet Olympia, wo die Kassandra-Mines der kanadischen Firma TVX vierzehn Quadratkilometer mit drei Millionen Tonnen zyanidhaltigen Abfällen bedeckt und alle Gewässer im Bereich verseucht haben. Wenn so etwas in Europa passiert, kann die betroffene Bevölkerung wenigstens versuchen, vor Gericht dagegen vorzugehen, was in beiden Fällen auch seit Jahren geschieht.

Arundhati Roy hat zur Charakterisierung des Umgangs der so genannten Ersten mit der Dritten Welt an die bewiesene Schuld des US-Konzerns Union Carbide für die Katastrophe in Bhopal erinnert. Waren uns die 16 000 Toten damals auch nur eine Kerze wert? Französische Chemikalien haben in jüngster Zeit im Kongo ebenso eine tödliche Giftspur hinterlassen wie schwedische in Brasilien. Und der Shell-Konzern in Nigeria. Für das Öl der arabischen Länder haben wir uns bis heute mehr interessiert als für ihre Kultur. Im Gegensatz zu unserer Regierung hoffe ich: Jetzt endlich kommt die Zeit des ***Wenn und Aber***.

Der fundamentalistische Terrorismus ist ein Krebsgeschwür – aber nicht das einzige. Die Privatisierung von Gewalt haben lange vor ihm die *Terroristen der Ökonomie* praktiziert. Mit angesehen zu haben, wie ausgerechnet diese ebenfalls todbringenden Terroristen sich zu Verteidigern westlicher Grundwerte ernannt haben – darin liegt unsere Mitverantwortung.

Schluss jetzt mit Verdrängung und Verlogenheit. Wir haben nicht länger das Recht, für unseren Wohlstand die Verletzung des Menschenrechts auf Leben in ärmeren Ländern billigend in Kauf zu nehmen. Genau diese gottlose Demütigung ist die Ursache für fundamentalistische Wut. Wir müssen für eine Welt sorgen, in der kein

Terrorist Anlass hat zu behaupten, er nähme nur das «Recht auf Selbstverteidigung» in Anspruch.

Westliche Grundwerte verteidigt man am besten, indem man sie selbst einhält. Krieg ist schon deshalb kein geeignetes Mittel zur Beförderung von Demokratie, weil er ihre elementare Voraussetzung untergräbt: die Informationsfreiheit, die Rechenschaftspflicht der Regierenden, der Öffentlichkeit die Wahrheit zu sagen. Das nachträgliche Aufdecken der Rechtfertigungslügen aller Kriege kam für die Opfer immer zu spät. Um sich den Vorwürfen der Manipulation zu entziehen, haben die USA diesmal von vornherein ehrlich angekündigt, dass sie lügen werden. Wir wissen also: Nichts und niemandem ist zu glauben: keinem Bild, keiner Zahl, keiner Karte, keinem Argument und schon gar keinem Video. Unwahr ist das Versprechen, dieser Krieg richte sich nicht gegen die Zivilbevölkerung, wie es unbewiesen bleiben wird, dass die Ausweitung des Krieges auf andere Länder einen ursächlichen Zusammenhang mit dem Anschlag in New York hat. Wie viel Rache wird unsere uneingeschränkte Solidarität hochschaukeln helfen? Wann dürfen wir *Aber* sagen – wenn ein Teil der Welt dem World Trade Center gleicht?

Unser Außenminister, einst Pazifist, hält ausschließlich friedliche Maßnahmen gegen den Terrorismus für eine Unterreaktion. Die rechtsstaatliche Verurteilung der New Yorker Attentäter von 1993 habe nichts genutzt. Ich kann da nur eine Unterreaktion im Denken diagnostizieren. Denn auch nach 1993 haben es die reichen Länder nicht für nötig befunden, die eigentliche Ursache für den Terrorismus zur Kenntnis zu nehmen: ihre permanente, arrogante Unterwerfung der armen Länder.

Um sich Demokratie nennen zu dürfen, genügt es künftig nicht mehr, diejenigen gewählt zu haben, die unsere Privilegien am profitabelsten verteidigen wollen. Der Wert eines Menschenlebens darf nicht mit dem Pro-Kopf-Einkommen verwechselt werden. Nur wenn das christliche Abendland tatsächlich anerkennt, dass vor Gott alle Menschen gleich sind, werden wir uns künftig Rechtsstaat nennen dürfen. Auch der Demokratiebegriff sprengt den nationalen Rahmen und fällt der globalen Logik anheim: Demokratie als Herrschaft der Völker der Welt. Gott hat nur als Demokrat eine Chance. God bless America.

GESCHICHTE, DER NIEMAND ENTKOMMT

55 Jahre Ende des Zweiten Weltkrieges

Was hat dieses Datum für meine Generation, einige Jahre nach dem Krieg geboren, für eine Bedeutung? Vom Krieg, wie auch von seinem Ende, haben wir in Geschichtsbüchern gelesen. Und natürlich von den Älteren erzählt bekommen. Zugehört mit großen staunenden Augen, ein wenig wie Märchenerzählern, die die gruseligen Stellen bevorzugen.

Doch die Kulissen zu diesen Geschichten standen ja noch weitgehend, da mussten wir unsere Phantasie nicht überstrapazieren. Unsere Spielplätze – Ruinen. Die schwankenden Restmauern waren in den 50er Jahren zwar schon abgetragen, aber die Keller, die Fundamente, die unterirdischen Gänge lagen bloß wie Gedärme. Die Wunden des Krieges – die waren ganz die unseren. Von schlecht genährten Müttern geboren, mit Magermilch bekocht, Obst und Fleisch eher selten, so waren wir vorherbestimmt, keine Kinderkrankheit auszulassen. In mangelhaft ausgerüsteten Krankenhäusern kümmerte man sich um unsere Gelbsucht und Rachitis.

Buddeleimer und Kuchenform? Das ganze Land war ein Sandkasten. Unsere Eierpampe rührten wir in gefundenen Stahlhelmen an.

Unsere Väter waren immerhin zurückgekehrt, vom Volkssturm, aus der Kriegsgefangenschaft, aus den Lagern und Zuchthäusern, aus der Emigration, einige wenige aus dem Widerstand, noch weniger aus der Résistance. Ihre so verschiedenartigen Geschichten erzählten sie oft vereinfacht oder gar nicht, den Blick nach vorn. Unsere Mütter gehörten zu den Frauen, die sich glücklich schätzen konnten, angesichts der notorischen Männerknappheit einen abbekommen zu haben. Zumindest vorerst. Denn die Männer konnten sich einiges herausnehmen in dieser privilegierten Situation. Viele unserer Kindergärtnerinnen, Lehrerinnen, Ärztinnen und späteren Schwiegermütter waren Kriegerwitwen oder Alleingebliebene, zu einem verbitterten Leben ohne Mann und komplette Familie verdammt. Unsere Großmütter erzählten nicht nur von vermissten Männern, sondern auch von gefallenen Söhnen.

Die Bäume in meiner Straße, einem Berliner Vorort, steckten so voller Munition und Granatsplitter, dass kein Sägewerk sie später haben wollte. Die beschädigten Dächer im Ort waren noch jahrelang undicht. Im Gedächtnis bleibt das im Halbschlaf wahrgenommene Geräusch von Wassertropfen, die in bereitgestellten Zinkschüsseln aufgefangen werden ... Und der Anblick gesprengter Brücken. Die Schule lag jenseits des Kanals, erreichbar nur über eine schmale, notdürftig zusammengezimmerte Fußgängerbrücke aus Holz, wie man sie sonst eher aus Dschungelbildern kennt. Die Fahrräder mussten darüber geschoben werden, 30 Jahre lang. Leben in Provisorien.

Bis Ende der 50er Jahre standen noch russische Posten an allen Brücken rund um Berlin, selbst an dieser. Junge Kerle, die froren und sich langweilten. Wenn wir kleinen Mädchen ein wenig herumstanden und lächelten, hatten wir manchmal Glück und bekamen ein glitzerndes Abzeichen mit rotem Stern geschenkt. Die Jungs aus der höheren Klasse interessierten sich mehr für die umgehängten Maschinengewehre. Ein Posten ließ sich durch Gesten überreden, die Funktionsweise zu demonstrieren. Dabei löste sich eine Salve und durchlöcherte das Bein des Jungen. Der Posten ward nicht mehr gesehen, der Junge kam nach Monaten mit steifem Bein aus dem Krankenhaus. Beide taten uns Leid. Kriegsbedingte Verletzungen selbst noch im Frieden.

Die Gewalt, die den Städten beim Wiederaufbau angetan wurde. Und die Schmach, wenn die weithin sichtbaren Lücken offen blieben. Das Zentrum Halberstadts beispielsweise war rund um den einst gotischen Markt mit seinen prächtigen Fachwerkhäusern zwei

Generationen lang nichts als Wiese und betonierter Parkplatz. Und erst die zubetonierten Leerstellen im geistigen und kulturellen Leben. Den Mangel konnte nur empfinden, wer den Reichtum noch gekannt hatte oder sich nachträglich bewusst machte: Deutschland ohne Juden – Bernt Engelmanns Buch wurde zum prägenden Grunderlebnis. Allgegenwärtig das Gefühl von unwiederbringlichen und ganz und gar widersinnigen Verlusten, die künftig nur durch ewigen Frieden vermieden werden können.

Wie sollte da die Nachkriegsgeneration nicht mehr vom Krieg und seinem Ende betroffen gewesen sein? Angesichts der verpfuschten Teilung und der kaum besser gelungenen Vereinigung? Leben im Schatten von Geschichte, der niemand entkommt. Außer den meisten Verantwortlichen. Jeder Krieg wirkt viel länger nach, als diejenigen, die daran schuld waren, zur Rechenschaft gezogen werden können. Deshalb heißt es alarmiert sein, wenn Deutschland im Schulterschluss mit der Nato sich wieder anschickt, Brücken zu bombardieren und Einflusssphären zu sichern. Die Entscheidungen fällen von Waffenhändlern umworbene Politiker. Die Konsequenzen tragen die Kriegs- und Nachkriegsgenerationen. Und deshalb dürfen sie nicht müde werden, ihre Erfahrungen den ganz Jungen zu übermitteln, damit diese sie niemals mehr am eigenen Leibe machen müssen.

KRIEG ALS PERVERSION AN SICH

Wer will reden?

Es waren wohl die schauerlichsten Geständnisse, die ich seit langem gehört und gesehen habe. Nicht, weil andernorts nicht ebensolche Gräueltaten passiert wären, sondern weil hier über 80-jährige Männer offenbar freiwillig in einer Detailtreue über ihre Verbrechen erzählen, dass es einem den Atem verschlägt. Nicht wenige Zuschauer, besonders Frauen, konnten es nicht ertragen und verließen das Kino, als gegen Ende der Berlinale im Forum der japanische Film «Riben Guizi» (Japanische Soldaten des Teufels) Weltpremiere hatte.

Vierzehn Veteranen der kaiserlichen Armee, vom einfachen Soldaten bis zum Offizier, vom Militärarzt bis zum Militärpolizisten, schildern, wozu sie während des Eroberungskrieges und des Besatzungsregimes zwischen 1931 und 1945 in China und der Mandschurei fähig waren. Der Regisseur Minoru Matsui: «Kriegsopfer sprechen oft über ihre Erlebnisse, während die Täter schweigen. Aber gerade aus den Worten der Täter können wir wichtige Erkenntnisse über menschliche Verhaltensmuster in Kriegssituationen gewinnen. Es ist wichtig, jetzt zu erfahren, wie normale Menschen, wie unsere eigenen Großväter und Väter selbst zu Tätern, zu Kriegsverbrechern wurden und was sie wirklich taten.»

Das japanische Militär verstand sich als eine dem göttlichen Tenno verpflichtete Armee und war daher von der Einzigartigkeit und Überlegenheit der japanischen Rasse überzeugt. Die Chinesen galten absurderweise als *Schlitzaugen*. Und Schlitzaugen waren *aus japanischer Sicht* keine Menschen, mussten nicht als solche behandelt werden. Der Film schildert anschaulich die Übergänge vom zivilen Alltag über die hart machende Ausbildung in der eigenen Armee, die Hemmungen angesichts erster Befehle zum Töten bis zur Eskalation perversester Gewalt, die wiederum kriegerischer Alltag wurde.

Die jungen Rekruten, so berichten die alten Männer, wurden von ihren Vorgesetzten gedrillt, brutal geschlagen und verhöhnt, wenn sie auch nur Anzeichen von Zurückhaltung und Bedenken erkennen ließen. «Wer eine Frau nicht vergewaltigen konnte, wer nicht plünderte und tötete, wurde von den anderen ausgeschlossen.» Und ausgeschlossen zu sein kommt in Zeiten des Krieges einem Todesurteil gleich. Wer anfangs vor einem Chinesen stand mit dem Befehl, ihm den Kopf abzuschlagen, wer das Schwert erhob und wieder sinken ließ, wem übel wurde, wenn der Hieb misslang, der musste Mutproben bestehen. Etwa auf einen an einen Pfahl gebundenen Chinesen so lange mit dem Taschenmesser einstechen, bis der endlich zu jammern aufhörte. Oder Frauen in eine Grube stoßen und bei lebendigem Leibe begraben. Schreiende Babys ins Feuer werfen. «Nach zwei-, dreimal Töten denkt man sich nichts mehr dabei. Die anderen waren ja keine Menschen. Das Töten wurde um so interessanter, je öfter man es tat. Die meisten Soldaten waren in einer perversen Stimmung. Mord als Leistung. Lustmord. Was zu Hause ein Verbrechen war, wurde hier belohnt.»

Orden gab es zum Beispiel für den Einsatz bakterieller Waffen. Die Japaner leiteten gezüchtete Ruhr- und Typhusbazillen in Flüsse und erprobten dann die Wirkung des verseuchten Wassers an gefangenen Chinesen, geimpften und ungeimpften. Ein Massensterben setzte ein, aber die Aktion galt selbst dann noch als gelungen, als sich auch immer mehr Japaner ansteckten. Ein Militärmediziner schildert, wie er und seine Kollegen sich daran aufgegeilt haben, Menschen bei lebendigem Leibe, ohne Narkose, zu Tode zu sezieren.

Andere wurden ausgezeichnet, weil sie chinesische Kulis über Minenfelder trieben, sie also als zunächst noch lebende Minensuchgeräte zu nutzen wussten.

Kaum wiederzugeben sind die geschilderten Verbrechen an Frauen. «Wir wussten, dass wir nach Lust und Laune vergewaltigen durften. Keiner würde dafür vor ein Kriegsgericht kommen.» Allerdings schien es doch angeraten, die Missbrauchten nicht als Zeuginnen am Leben zu lassen. Beim Abschlachten war der Phantasie keine Grenze gesetzt. Ein heutiger Großvater schildert, wie er der von ihm Vergewaltigten einen benzingetränkten Lappen in die Scheide stopfte und diesen anzündete. Ein anderer warf die Geschändete in einen tiefen Brunnen. Als ihr vierjähriger Sohn, Mama schreiend, auf den Brunnenrand kletterte, wurde er hinterhergestoßen. Als aus dem Brunnen noch Geräusche drangen, bekam er einen Anflug von schlechtem Gewissen und warf aus Mitleid eine Handgranate hinterher. Das war sehr hart, sagt er heute. An diese Szene habe er oft denken müssen, als später seine Enkel aufwuchsen. Und selbst das wird dem Zuschauer nicht erspart: Als einmal für zwei Wochen die Fleischversorgung in der Armee zusammengebrochen war, erschoss der Berichtende die von ihm Vergewaltigte vor den Augen ihres kranken Vaters. Vor dem Haus zerlegte er sie und übergab die besten Stücke der Feldküche. «Es schmeckte besser als Schweinefleisch.» Der, die andere als Tier.

Ich will hier abbrechen wiederzugeben, was da zwei Stunden und vierzig Minuten lang zu hören war. Historiker schätzen, dass die Japaner in diesen Jahren etwa vier Millionen Chinesen massakriert haben. Die Vorstellung, man könne den Krieg verlieren und eines Tages zur Verantwortung gezogen werden, war ausgelöscht. Nachzutragen wäre nur noch die Aussage eines offensichtlich belesenen Professors, dessen Taten sich von denen einfacher Soldaten nicht unterschieden: «Ich als Humanist hatte Kants ‹Kritik der Urteilskraft› gelesen. Flüchtig dachte ich, ob so was wohl erlaubt sei. Aber ich durfte nicht versagen.» Für Kant, der in dieser Schrift über das *Prinzip der inneren Zweckmäßigkeit in organisierten Wesen* reflektiert hatte und wegen *der Eigentümlichkeit des menschlichen Verstandes* auf den *Nutzen des moralischen* (göttlichen) *Argumentes* hoffte, war es noch unvorstellbar, zu welcher Raserei die ANGST ZU VERSAGEN selbst in zivilisierten Gesellschaften befähigt. Etwa eine Million dieser Art von damaligen Tätern sollen heute in Japan noch leben.

Während ich den Film sah, schien es mir vollkommen rätselhaft, wie es den Filmemachern gelungen war, zu solchen Aussagen zu kommen. Denn vor laufender Kamera eigene, schwerste Schuld einzugestehen ist ein Tabu, das Dokumentaristen nicht nur in Japan kennen. Auch ich hatte in tiefen DDR-Zeiten, lange vor der Wehrmachtsausstellung, versucht, im Gespräch mit einstigen Soldaten herauszubekommen, wie und ob das Bewusstsein eigener Schuld verarbeitet wird. An diesem Punkt wurde stets abgeblockt. Nur ein Hartgesottener schilderte ungerührt, wie seine Truppe bei der Einfahrt in russische Dörfer auf alles, was sich regte, mit Flammenwerfern zielte. Sie hätten bis zur Unkenntlichkeit Verkohltes zurückgelassen. Auf meine Frage, ob er bereit wäre, dies vor einer Kamera zu schildern, warf er mich hinaus, und ich gab auf. Als 1992 auf der Berlinale Taverniers Interview-Film «Krieg ohne Namen» lief, in dem Franzosen über die Gräuel der eigenen Leute im Algerienkrieg berichten, schrieb ich darüber voller Respekt, wenn auch mit einer kleinen Einschränkung, in der *Berliner Zeitung*: «Alle Befragten haben von den Grausamkeiten gehört oder sie gar gesehen, unmittelbar beteiligt war keiner. Und doch – ich wünschte, wir wären in Deutschland so weit wie dieser Film. Zeit ist es. Wer will reden?» Niemand meldete sich. Sechs Jahre später wiederholte ich diese Frage in einem meiner Bücher. Niemand meldete sich.

Die «Soldaten des Teufels» deuten am Ende des Films eine überraschende Erklärung für ihre Gesprächsbereitschaft an. Alle Interviewten waren zunächst sechs Jahre in sowjetischer Kriegsgefangenschaft und wurden dann an die Chinesen ausgeliefert. Sie rechneten mit ihrem sicheren Tod. Aber sie wurden in den chinesischen Lagern menschlich behandelt, im Rahmen des Möglichen gut ernährt, durften Sport treiben und chinesische Tanz- und Kulturdarbietungen besuchen. Von vielen Tausenden gefangenen Japanern wurden nur etwa 40 in Musterprozessen des Kriegsverbrechens angeklagt. Sie waren geständig. Die Höchststrafe betrug acht Jahre. Und selbst die Verurteilten wurden vorfristig entlassen, mit der Maßgabe, gesunde Familien zu gründen und nie wieder Krieg zu führen.

Als die Heimkehrer davon zu Hause erzählten, wurden sie behandelt wie Leute, die nach einer totalen Gehirnwäsche einen bleibenden Schaden zurückbehalten haben und die wie gefährliche Verrückte von der Gesellschaft ausgegrenzt werden müssen. Als dieser Zustand anhielt, gründeten sie später die «Vereinigung von Soldaten in chinesischer Gefangenschaft» und konnten nur noch untereinander Verständnis finden. Wie im Anschluss an die Vorstellung im Gespräch mit den Filmemachern zu erfahren war, hat sich diese Organisation, die heute noch 400 Mitglieder hat, selbst um ein Filmteam bemüht. Denn das sei, wie einer sagte, «das Mindeste, was ich vor meinem Tod an Buße tun kann». Die Filmemacher und erst recht die vierzehn ausgewählten Protagonisten werden heute in Japan angefeindet. Der Film hat dort keine Chance, im Kino oder gar im Fernsehen gezeigt zu werden.

Es wäre gut, wenn das Berliner Antikriegsmuseum eine Kopie anfordern würde. Noch besser wäre es, wir Deutschen würden endlich unseren eigenen Film zustande bringen. Ich frage noch einmal: Wer kennt SS- oder Wehrmachtsangehörige, die Buße tun wollen? Wer will reden?

WENN VERNUNFT DURCH MORAL ERSETZT WIRD

Zivile Gedanken am Ende des Jahrhunderts (April 1999)

Das einstige Gleichgewicht des Schreckens ist nun vollends zu einem schrecklichen Ungleichgewicht geworden. Die Nato hat zu ihrem 50. Geburtstag versucht, sich handstreichartig an die Stelle der Uno zu setzen. Ein Blitz-Triumph ist nicht gelungen, nun sind die Militärs zum Siegen verdonnert. Heute die Nato-Staaten, morgen die ganze Welt ein nordamerikanisches Protektorat?

In einer solchen Konstellation ist es höchst gefährlich, wenn Vernunft durch Moral ersetzt wird. Also Gesetze, Charten, Verträge, Verfassungen, Statuten – durch Empörung. Denn die Moral ist ein Ding, das per Definitionshoheit immer auf der eigenen Seite ist. Ausnahmslos alle Kriege haben mit einer moralischen Argumentation begonnen. Und dieser voraus ging immer eine propagandistische Aufrüstung: die publikumswirksame Installation eines Sündenbocks. So auch heute. Im serbischen Radio wird Clinton mit Hitler verglichen, im deutschen Milošević. Der angeblich so gefragte mündige Bürger muss sich durch ein Dickicht von Behauptungen, Informationen und Desinformationen, Lügen und Heuchelei eine Schneise schlagen, will er sich so etwas Gewagtes wie eine eigene Meinung bilden.

Misstraut er dem suggerierten Kolossalgemälde in Schwarzweiß, setzt er sich dem Vorwurf aus, den Feind zu verharmlosen: den «brutalen Schlächter», den «serbischen Irren», der «für unsere Gedankenwelt ein unzugängliches Gehirn» hat. Nein – niemand hier muss darüber belehrt werden, dass «ethnische Säuberungen» ethische Kloaken sind, stumpfsinnig, barbarisch, verbrecherisch. Die Betreiber verdienen keine Nachsicht, Dämonisierung aber zieht nur weitere Teufeleien nach sich.

«Nur einen legitimen Grund gibt es für die Bomben auf Jugoslawien: die Verhinderung eines Völkermordes», schreibt die *Frankfurter Allgemeine Zeitung*. Nach allem, was zu erfahren war, hat es aber im Kosovo keinen Völkermord gegeben. Nirgends sind Belege dafür, dass die Serben beabsichtigten, «ein Volk auszulöschen». Den feinen Unterschied zwischen *vertreiben* und *auslöschen* sollte man gerade Deutschen nicht erklären müssen. Und wenn Kanzler Schröder von Miloševićs «unglaublicher Brutalität» spricht, so sei er daran erinnert, dass die Wehrmacht in Serbien Maßstäbe für Unglaublichkeit gesetzt hat. Hierzulande sollten Politiker wenigstens durch sprachliche Zurückhaltung zu erkennen geben, dass ihnen das im Bewusstsein ist.

Seit zehn Jahren werden die Kosovo-Albaner von den Serben infam unterdrückt, ihrer Rechte beraubt, seit drei Jahren haben sich unter den Albanern diejenigen durchgesetzt, die sich mit auf demokratischem Weg erreichten Teilerfolgen nicht mehr zufrieden geben, sondern mit Waffengewalt die endgültige Abtrennung von Jugoslawien erreichen wollen. Seither tobt ein mit einseitigen Schuldzuweisungen nicht zu beschreibender Bürgerkrieg. Das UN-Flüchtlingshilfswerk hat angegeben, dass bis zum Einsatz der Nato etwa 200 000 Vertriebene und 3000 Todesopfer zu beklagen waren. Eine tragische Fortsetzung der Opfer des Bosnienkrieges, in dem wiederum 300 000 Serben von der USA-unterstützten kroatischen Armee vertrieben wurden. Eine Tragik, der man mit dem Befund *Völkermord* dennoch nicht näher kommt.

Und selbst wenn jemand glaubt, auf dieser Charakterisierung bestehen zu müssen, ist der Satz aus der *FAZ* falsch. Das UN-Genozidabkommen von 1948, das vorbeugend gegen völkermordende Systeme geschlossen wurde, rechtfertigt keinen selbst mandatierten Krieg. Damals war das Entsetzen noch frisch: Die Bombardements der Alliierten hatten kein einziges KZ befreit. Umso höhnischer ist Außenminister Joschka Fischers Rechtfertigungsversuch, seine Art von Auschwitz-Verharmlosung, indem er suggerierte, ohne militärisches Eingreifen im Kosovo drohe dort ein zweites Auschwitz. Als mildernden Umstand will ich dem Expazifisten nur zugestehen, dass seine Verzweiflung offenbar so groß ist, dass er schwerste rhetorische Abwehrraketen braucht, um die Legitimationslücke vor seinem Gewissen zu schließen.

Die Willkür politischer Schuldzuweisung zerschlägt jede Logik. Kurdenführer Öcalan wird in der Nato-Türkei als separatistischer Terrorist für alle 40 000 Toten des Bürgerkrieges verklagt. Clinton aber sieht die Verantwortung für die Opfer des Bosnienkrieges auch nicht anteilig bei Separatisten, sondern einzig bei Milošević. Ist ihm entgangen, dass es Anklagen wegen Kriegsverbrechen in Den Haag gegen bosnische Kroaten gibt?

Politik ist die Kunst, Alternativen zu schaffen. Wer behauptet, es habe keine gegeben, beweist nur seine Unfähigkeit. Nach allem, was zu erfahren war, erklärte sich Milošević im August 1989 bereit, dem Kosovo größere Autonomierechte einzuräumen. An diesem Punkt hätte man ihn beim Wort nehmen und unter politischen und ökonomischen Druck setzen müssen. Druck kann auch das Angebot von Integration bei Wohlverhalten sein. Aber der Westen rüstete vor und hinter den Kulissen die terroristische UÇK auf. Ohne Rücksicht auf den gewählten Präsidenten (und Dichter) Ibrahim Rugova, dessen friedvolle Strategie inzwischen unter vielen Albanern als Verrat gilt. Die Logik der Dichter stört die Macht. Thomas Mann: «Krieg ist nichts als Drückebergerei vor den Aufgaben des Friedens.»

Zu diesen Mindestaufgaben hätte ein für beide Konfliktparteien akzeptables Friedensangebot gehört. Es ist eben keine «unbestreitbare Tatsache, dass die Belgrader Führung, und nur sie, die diplomatischen Bemühungen hat scheitern lassen», wie Gerhard Schröder behauptete. Die Nato-Staaten haben gewusst, weshalb sie den Wortlaut des Rambouillet-Abkommens geheim gehalten haben. Erst nachdem Bomben drei Wochen lang vollendete Tatsachen geschaffen haben, sickert durchs Internet, welch unverhandelbares Diktat den Serben da im Anhang B zugemutet wurde: Die Nato wollte sich in ganz Jugoslawien, einschließlich des Luftraums, der Gewässer und Häfen, ungehindert, kostenlos und mit Priorität vor dem Zivilverkehr bewegen, was «das Recht auf Errichtung von Lagern» einschließen sollte. Sie verlangte obendrein Immunität vor jugoslawischen Gerichten für alle zivil- oder strafrechtlichen Vergehen, die ihre Angehörigen «möglicherweise in der Bundesrepublik Jugoslawien begehen». Unterhändler Petritsch zum geplanten totalen Nato-Besatzungsstatus für *ganz* Jugoslawien: «Das ist sozusagen nur der Entwurf gewesen, in den man alles hineinschreibt, was man sich wünscht.» Wer so etwas wünscht, will keinen gleichberechtigten Frieden.

Auch die Bedingungen zur Einstellung des Bombardements sind offenbar nicht so klar, wie getan wird. Wie soll sich eine Armee zurückziehen ohne verbindliche Garantien, dass Konvois nicht beschossen werden? Und ohne die Zusage, dass ihr Rückzug nicht mit dem Wiedereinzug einer hochgerüsteten UÇK, also dem Verlust ihres vermeintlich geheiligten Territoriums, belohnt werden wird? Sich auf solche Unwägbarkeiten nicht einzulassen, dafür scheint Milošević ein Mandat von seiner Bevölkerung zu haben. Wer in Kenntnis des auch aus den Leiden dieses Jahrhunderts erwachsenen, überhöhten Nationalstolzes der Serben Unklarheiten zum letzten Angebot erhebt, ist seiner Verantwortung nicht gerecht geworden. Wer nicht bereit ist, als Vorbedingung für neue Verhandlungen die Bombardierung einzustellen – der will Krieg. Warum? Eine andere Dichter-Logik in Brechts «Mutter Courage»: «Wenn man die Großkopfigen reden hört, führens die Krieg nur aus Gottesfurcht und für alles, was gut und schön ist. Aber wenn man genauer hinsieht, sinds nicht so blöd, sondern führn die Krieg für Gewinn.»

Um diesen nahe liegenden Verdacht zu widerlegen, beeilen sich die Börsen, uns zu versichern, die Rüstungs- und Ölaktien seien noch nicht gestiegen. Es wäre das erste Mal, dass Krieg die Konjunktur nicht belebt – eines hoffentlich nahen Tages werden die Jugoslawen Zement brauchen und Autos und Haushaltsgeräte und Telefonleitungen. Und die abgefeuerten Marschflugkörper, Stückpreis eine Million Dollar, müssen natürlich schnellstens ersetzt werden. Aber man sollte den *Gewinn* von Kriegen nicht zu eng auslegen. Ein oral gedemütigter Präsident holt sich angesichts eines finanziell gedemütigten Präsidenten Potenzbeweise. Der eigentliche Gewinn ist die Gewöhnung an eine Nato, die nicht mehr nur die eigenen Grenzen verteidigt, sondern weltweit die eigenen Interessen durchsetzt.

Wo Gewinn, da auch Verlust. Fachleute gehen davon aus, dass drei Wochen Nato-Krieg bereits mehr Todesopfer gekostet haben als drei Jahre Kosovo-Bürgerkrieg. Dem angefeuerten Hass des serbischen Militärs ausgeliefert, hat sich das Elend der Flüchtlinge potenziert. Mitleid mit der serbischen Bevölkerung angesichts ihres für Jahrzehnte ruinierten Landes wird zurzeit kaum artikuliert. Wer aber hat das Recht, auch die armen Nachbarvölker in Kollektivhaftung zu nehmen? Die Transitwege, die Wasserstraßen und Flugverbindungen auf dem Balkan sind nachhaltig gestört, was Tourismus und Handel blockiert.

Was zurzeit aufgegeben wird, das sind die Spielregeln der Nachkriegsordnung. Geopfert wird das Vertrauen in das Völkerrecht. Geopfert wird das Vertrauen in die Demokratie. Wenn es im (mitverschuldeten) Ernstfall (eines fremden, souveränen Staates) so einfach ist, die eigene Verfassung zu brechen, Wahlprogramme und Regierungsvereinbarungen in ihr Gegenteil zu verkehren, wer soll da jemals noch Versprechungen von Politikern glauben? Umso mehr, wenn es solche sind, über deren Wahlsieg man sich eben noch meinte freuen zu können?

«Die Gemeinschaft demokratischer Staaten», in deren Namen die Nato ständig glaubt sprechen zu müssen, hat einen fatalen Rückfall ins Naturrecht praktiziert, der die wichtigsten bisher verbindlichen Abkommen, wichtiges geltendes Recht über Nacht zu Makulatur gemacht hat. Was, wenn sich der «Rest der Welt», (neun Zehntel aller Staaten sind keine Nato-Mitglieder) dieser verantwortungslosen Praxis anschließt? Dieser Krieg beschädigt die mühsam errungene Zivilisation am Ende des Jahrhunderts. Der Preis für die «Erziehung eines Irren» ist zu hoch. Es zahlen ihn die Völker, deren Menschenrechte angeblich verteidigt werden.

LEBENSWERTER FRIEDEN IST DER SCHWERSTE SCHLAG GEGEN DEN TERRORISMUS

Laudatio zum Aachener Friedenspreis 2002

Kriege werden nicht von Völkern gewonnen. Nur von Regierungen. Eine Minderheit verdient dabei so viel, wie die Menge draufzahlt. Das war schon immer so. Warum lassen sich das die Menschen seit mehr als zwei Jahrtausenden gefallen?

Je länger man darüber nachdenkt, je weniger versteht man es. Weil Denken etwas ziemlich Rationales ist, Bekriegen aber etwas ziemlich Irrationales. Ohne die herrschende Paranoia, ohne die Mobilisierung von Hass und Rache, ohne die Lust auf Aggression und Tod, ohne den Missbrauch religiöser Gefühle oder patriotischer Ideen, ohne Unwissen und Desinformation – kurzum ohne Unaufgeklärtheit – wäre so viel Vernichtungswille nicht nachvollziehbar. «Eins (irgendwann) müt doch de Jungfern da oben mal alle sen!», wundert sich ein Mecklenburger Bauer über die anhaltende Zuversicht der Selbstmordattentäter. Alles beginnt mit dem Zweifel. Das war schon in der biblischen Geschichte so.

Doch Aufklärer sind die Minderheit der Minderheit geblieben. Denn in wohlig-taumeliger Verblendung werden Weckrufe als schmerzliche Störung empfunden. Aber Schmerz, das weiß man, ist ein hilfreiches Signal. So ist es mir eine große Freude, heute zwei solche aufklärerischen Zweifler würdigen zu dürfen: die kalifornische Kongressabgeordnete Barbara Lee, der das Abstimmungsergebnis zum Afghanistan-Krieg von 1:420 zu verdanken ist, und den Lehrer Bernhard Nolz, der mit seiner engagierten Friedensrede den Schulfrieden gestört hat.

Stein des Anstoßes war in beiden Fällen die ablehnende Antwort auf die Frage, ob ein Krieg gegen Afghanistan eine angemessene

Reaktion auf die mörderischen Terroranschläge gegen die Menschen im World Trade Center, im Pentagon und in den entführten Flugzeugen sein könne. Für die einen Grund zur Empörung, war die Ablehnung für den Verein des Aachener Friedenspreises, der heute zum 15. Mal vergeben wird, Anstoß zur Auszeichnung. «Ich spreche zu Ihnen schweren Herzens und voller Mitgefühl für die Opfer», hatte Barbara Lee in ihrer bewegenden Rede vor dem Repräsentantenhaus am 14. September 2001 gesagt. Zur Entscheidung stand die Resolution «Use-of-force», die Präsident Bush ermächtigen sollte, allein über Art und Umfang des Gegenschlages zu entscheiden. Der Senat hatte die Resolution bereits einstimmig beschlossen. «Ich weiß», sagte Barbara Lee, «dass die Resolution zur Ermächtigung militärischer Gewalt dieses Haus passieren wird ... aber einige von uns müssen auf Zurückhaltung drängen. Es muss einige unter uns geben, die sagen: Lasst uns für einen Moment innehalten und die Folgen unserer Taten bedenken – lasst uns die Konsequenzen genau überlegen ... Wir müssen aufpassen, dass wir nicht in einen endlosen Krieg ohne Ausstiegsszenario oder konkrete Zielvorgaben steuern. Wir dürfen die Fehler der Vergangenheit nicht wiederholen.»

Drei Tage später hat Bernhard Nolz auf einer Kundgebung vor 1500 Schülern in Siegen ganz ähnlich gesprochen. Er erzählte, was es bedeuten konnte, zu RAF-Zeiten an einer Demonstration teilgenommen zu haben – und sei es, wie in seinem Fall, auch nur für ein Schwimmbad: nämlich als Verfassungsfeind verfolgt zu werden. «Die Zeit der Verdächtigungen und Beschuldigungen, ein Terrorist zu sein, war furchtbar für mich. Ich möchte so etwas nicht wieder erleben. Deshalb wehre ich mich dagegen, dass zur Jagd auf Terroristen geblasen wird. Vielmehr sind Besonnenheit und Mäßigung gefragt, um die Spirale der Gewalt zu stoppen. Rachefeldzüge und Vergeltungsschläge machen alles nur noch schlimmer, und sie treffen Unschuldige!»

Mit ihrer Haltung jenseits des Mainstreams bedingungslosen Mitmachens haben beide Preisträger heftige Kontroversen ausgelöst. Aber Angriffe sind bekanntlich kein Beweis dafür, dass man etwas falsch gemacht hat. Nur dafür, einen empfindlichen Nerv getroffen zu haben. Den Sinn einer solchen Lobrede sehe ich vor allem darin, zu begründen, weshalb viele Menschen der Meinung sind, es war mutig, richtig und wichtig, wie Barbara Lee und Bernhard Nolz sich geäußert haben.

Haben sich die Befürchtungen der beiden bestätigt? Ist nach einem Jahr «alles nur noch schlimmer»? Nachdem viele bezweifeln, ob das Hauptkriegsziel, nämlich die Zerschlagung des Al-Qaida-Netzes, erreicht ist und jeder weiß, dass das Hauptpropagandaziel, nämlich die Festnahme von Osama Bin Laden und Taliban-Anführer Mohammed Omar, misslungen ist, wird der Krieg im Nachhinein gern als humanitäre Intervention gerechtfertigt. Und damit lassen sich angesichts des erlösenden Endes der Schreckensherrschaft der Taliban gerade auch friedvolle Menschen beschwichtigen.

Aber Krieg ist immer Versagen von Politik. Wie viel ist von der Fähigkeit von Politikern zu halten, die das Recht, Musik zu hören und Mädchen in die Schule zu schicken, nur herbeibomben können? Insbesondere seit man weiß, dass sie die Kultur- und Frauenfeinde durch jahrelange Unterstützung erst zu all den grauenvollen Menschenrechtsverletzungen ermutigt haben. In den 80er Jahren wurden an der Universität von Nebraska im Auftrag der CIA Schulbücher verfasst, die afghanische Flüchtlingskinder zur nächsten Generation fanatischer Kämpfer erziehen halfen.[1] In der größten verdeckten Operation ihrer Geschichte rekrutierte und finanzierte die CIA fast 100 000 radikale Mudschahedin aus den umliegenden

1 «Tal der Trauer, Aufstand der Frauen», in: Der Standard 13.7.2002

islamischen Ländern für den amerikanischen Stellvertreterkrieg gegen die Sowjetunion. Die Rechnung ging auf, aber den unumschränkten Zugriff auf Gas und Öl der Region wollten die Gotteskrieger nicht garantieren. Waren die Taliban, einst eine marginale Sekte, gegen die von den Vereinten Nationen in den Jahren 1999 und 2000 verhängten – inkonsequenten – Sanktionen nicht auch deshalb so resistent, weil die konkurrierenden Interessen der Großmächte eine konsequente internationale Koalition gegen den fundamentalistischen Terror wie in einem Nullsummenspiel blockierten?

Gegen die Verheerungen von einem Vierteljahrhundert Krieg und Verbrechen gab es keine einfache Lösung. Wer aber statt Besinnung, Demut und Menschlichkeit *Krieg* bevorzugt, muss sich am Ergebnis messen lassen. Sich ein realistisches Bild über den heutigen Alltag in Afghanistan zu machen ist schwer. Das hiesige Fernsehen sendet fast täglich eine in entlegensten Regionen stattfindende «Expedition ins Tierreich», eine «Expedition ins Menschenreich» Afghanistan ist meines Wissens von den Sendern schon lange nicht mehr finanziert worden. Sammelt man die in der internationalen Presse verstreuten Berichte, verfolgt Einschätzungen von NGOs *(Non Governmental Organizations)* und Aussagen von Augenzeugen, rundet sich ein erschütterndes Bild: Nach dem Sturz der totalitären Taliban haben sich die Strukturen der Bürgerkriegszeit wieder etabliert. Außerhalb Kabuls sind die Warlords, die alten, brutalen Kombattanten, die wahren Herrscher, die dem zwischen allen Stühlen sitzenden Chef der Übergangsverwaltung Hamid Karsei oft feindlich gegenüberstehen. Denn der Krieg ist ja nicht zu Ende.

Zwar beginnt die Ausgangssperre in Kabul inzwischen erst um 23 Uhr, aber schon zwei Stunden vorher sind die Straßen leer. Die großzügig mit amerikanischen Handys ausgestatteten Warlords missbrauchen die US-Forces für ihre eigenen Rivalitäten. Sie rufen bei den Militärs an und behaupten, Al-Qaida-Leute seien in diesem oder jenem Dorf, und schon werden Unschuldige bombardiert.[2] Oft folgt dann ein Trupp amerikanischer Soldaten, besessen von der Idee, endlich Terroristenführer dingfest zu machen.

Im Dorf Hajibirgit wurden im Mai 2002 bei einem solchen Überfall die als Sympathisanten verdächtigten Bewohner misshandelt, die Frauen gefesselt und Granaten in die Häuser geworfen, in denen man verschanzte Kämpfer vermutete. Dabei starben die dreijährige Zarguna und der 85-jährige Bauer Haji Birgit Khan, weitere Bewohner wurden verletzt. Alle Männer wurden in Handschellen und mit verbundenen Augen abtransportiert. Als sie Tage später nach schikanösen Verhören, die nichts ergaben, zurückkehrten, fanden sie ihre Häuser von Banditen geplündert und zerstört, die Familien in die Berge gejagt. Die im Geisterdorf gefundenen Granaten der Amerikaner trugen den Prägestempel der Hamburger Firma Nico-Pyrotechnik und das Herstellungsdatum März 2002.[3]

Ein Karsai-Soldat versucht das amerikanische Verhalten zu erklären: «Wenn wir in ein Dorf kommen und sehen einen Bauern mit einem Bart, dann sehen wir einen afghanischen Bauern mit einem Bart. Wenn Amerikaner in ein Dorf kommen und sehen einen Bauern mit einem Bart, dann sehen sie Osama Bin Laden.»

Auch wie dieser Krieg geführt wird, ist ein einziger Verstoß gegen geltendes Völkerrecht: Immer wieder kommt es vor, dass amerikanische Piloten auf dem Rückflug von Einsätzen wahllos Bomben abwerfen, um leichter landen zu können. Ob der Kajakai-Staudamm oder das Krankenhaus in Kandahar, Moscheen oder Rote-Kreuz-Unterkünfte, Büros für Minenräumung oder ein Lebensmittellager für 55 000 Menschen – all das ist bombardiert worden. Die

---

2 Siehe Financial Times vom 9. 7. 2002, S. 5

3 Robert Fisk: One Year On In Afghanistan, in: sysop@zmag.org

um Tora Bora zur Explosion gebrachten Benzinbomben haben im Umkreis von Kilometern jedes Lebewesen durch Verbrennung der Atemluft erstickt und Waldbrände entfacht, die lange nicht unter Kontrolle waren.

Ob die Gefahr einer radioaktiven Verseuchung durch abgereichertes Uran in Munition besteht, wurde bisher nicht untersucht. Ärzte beschreiben Sterbesymptome, die dafür sprechen. Die flächendeckend verstreuten, noch nicht explodierten Cluster-Bomben lassen – zusammen mit den Landminen früherer Kriege – jede Feldarbeit für die Bauern noch auf unabsehbare Zeit zum Himmelfahrtskommando werden. Jeden Monat sollen mehr als 300 Menschen durch diese Minen verletzt oder getötet werden.

Die Zwecklüge, Krieg sei beherrschbar, wird durch die zivilen Todesopfer immer wieder ad absurdum geführt. In Afghanistan geht man inzwischen von 5000 aus.[4] Die Verkrüppelten und Traumatisierten bleiben ungezählt. Alles bettelarme Menschen, die oft nicht einmal wussten, was am 11. September überhaupt passiert war. Die meisten Männer und fast alle Frauen sind Analphabeten. Millionen Menschen hungern und frieren in Höhlen und Ruinen. Strom gibt es gelegentlich in den privilegierten Stadtvierteln Kabuls, wo auch alle vier Tage für zwei Stunden Wasser fließt. Kaum beschädigte Häuser werden zu überhöhten Preisen an ausländische Geschäftsleute und Hilfsorganisationen vermietet. Dabei beschränkt sich der Wiederaufbau vorerst auf einige Prestigeobjekte. Die auf der «Geberkonferenz» im Januar in Tokio zugesagte Gabe von fünf Milliarden Dollar liegt auf Eis, bis absehbar ist, was nach der Loya Jirga, der Großen Ratsversammlung, kommen wird.

Natürlich sind die Wiederbelebungsversuche von Demokratie ermutigend. Aber die meisten Afghanen erfahren nichts davon. Sie

---

[4] Siehe Frankfurter Allgemeine Zeitung vom 23. 7. 2002, S. 3

können nicht lesen. Und das «friendly fire» der Amerikaner hat die beiden Kabuler Übertragungsstationen für Radio und Fernsehen zerstört; auch sind 15 der 22 Transmitter im Land in die Luft gesprengt worden. So gibt es kein Telefonnetz mehr und, mit Ausnahme von Kurzwellenradio, auch keine Anlagen für Massenmedien. «Ich habe keine Möglichkeit, mit meinem Volk zu kommunizieren», räumte Hamid Karsei gegenüber der BBC resigniert ein.

Umso erfreulicher, dass Mädchen nun wieder zur Schule und Frauen zur Arbeit gehen dürfen. Aber die meisten können davon keinen Gebrauch machen. Viele Eltern bringen nicht einmal das Passfoto zur Schulregistrierung ihrer Kinder auf. «Wir haben jetzt die Freiheit zu betteln», hört man verbittert. Eine Vertreterin des Hilfswerks *terre des hommes* hat beobachtet, dass 95 Prozent der Frauen in Kabul ihre Quartiere weiterhin nicht verlassen.[5] Selbst wenn ihre Männer es ihnen erlaubten, fehlt das Geld für Busse oder Dreiradtaxen. Damit sind sie auch von den Resten medizinischer Versorgung ausgeschlossen. Afghanistan hat nach wie vor die höchste Kinder- und Müttersterblichkeit der Welt.

Vor ausländischen Kameras wurden medienwirksam die Burghas abgelegt, aber im wirklichen Leben wagen besonders die jüngeren Frauen auf der Straße aus Angst vor Säuregüssen ins Gesicht, vor Vergewaltigung und Prügel die ungeschriebene Vorschrift des Vollschleiers nicht zu durchbrechen. Selbst bei 40 Grad im Schatten hängen sie sich immer noch die demütigenden Säcke um. Gäbe es Fernsehen, Sängerinnen dürften auch heute dort nicht auftreten, weil es als unislamisch gilt, klagt die junge Schauspielerin Zamzama. Einen Pass bekommen Frauen weiterhin nur, wenn ein männlicher Verwandter mit auf die Reise geht. Die erste Frauenministerin

[5] Siehe Neue Zürcher Zeitung vom 15.6.2002, S. 9

Sima Samar wurde abgesetzt, nachdem sie es gewagt hatte, das Tabuthema Geburtenkontrolle anzusprechen.[6]

Die Akzeptanz westlicher Werte lässt sich eben schlecht herbeibomben. War es zwangsläufig, dass diejenigen, die dies rechtzeitig vorausgesagt haben, so viel Anfeindung auf sich zogen? In seiner Gedenkrede zum 11. September hat Bernhard Nolz den Schülern Kriegsdienstverweigerung nach Artikel 4 des Grundgesetzes empfohlen. Legal war das sowieso, aber gemessen an den beschriebenen Folgen des Krieges war es auch legitim und weitsichtig. Dass dies und seine kritische Sicht auf amerikanische Gewaltpolitik Diskussionen auslösen würde, war erwünscht. Jedenfalls vom Lehrer Bernhard Nolz, seit Jahren ehrenamtlicher Geschäftsführer des Zentrums für Friedenskultur in Siegen. Denn Meinungsverschiedenheiten nicht vertuschen, sondern darüber reden, auch streiten, gehört zur Friedenskultur. Aber die Leitung seiner – ausgerechnet nach der Pazifistin Bertha von Suttner benannten – Gesamtschule sah das anders. Man beklagte, dass das Klima an der Schule durch «Unruhe, Unsicherheit und Auseinandersetzungen» geprägt sei – was doch die einzig normale Reaktion auf ein so unnormales Ereignis ist. Doch Nolz wurde in der Lokalpresse plötzlich schon wieder als Verfassungsfeind und Terroristenfreund verdächtigt.

Aus «Fürsorgepflicht gegenüber der Schule» hat dann die Bezirksregierung Arnsberg «dringend und unabweisbar geboten», Bernhard Nolz an eine von Siegen 50 Kilometer entfernte Schule zu versetzen, auch wenn der Personalrat für Lehrer an Gesamtschulen dem nicht zugestimmt hat. In Siegen aber gibt es Rüstungsindustrie, da war mit Kriegsakzeptanz zu rechnen. Der Kreisvorstand Hanau der Gewerkschaft Erziehung und Wissenschaft war besorgt: «Der Ver-

---

[6] Siehe Süddeutsche Zeitung vom 27. 6. 2002, S. 10

dacht drängt sich auf, dass es weniger um die Person Bernhard Nolz geht, als um die Abschreckung aller Lehrerinnen und Lehrer, die den Krieg in Afghanistan anders beurteilen als die Bundesregierung.» Ein deutscher Beamter hat nicht zu kritisieren und schon gar nicht die USA. Schließlich mussten sich auch die Mitarbeiter von *Bild* und *Welt* vertraglich zu positiver USA-Berichterstattung verpflichten.[7] Da wundert es schon kaum noch, wenn Kreisschulrat Mubatsch nach dem 11. September in einer Information des Schulamtes Prignitz die ihm unterstellten Lehrer entmündigt: «Es ist ihre Aufgabe, konsequent die Einschätzung der Landes- und Bundesregierung zu übermitteln. Die Freiheit der Lehrkraft geht keineswegs so weit, die eigene politische Einstellung in die Erziehungsarbeit einzubringen.»

Solch dreiste Gefolgschaftsforderungen verdeutlichen das Ausmaß an Zivilcourage von Bernhard Nolz. Als Bundesvorsitzender der Vereinigung «Pädagogen für den Frieden» verteidigt er zum Preis erheblicher persönlicher Repressionen unser aller Freiraum, abweichende Meinungen halbwegs unbeschadet vortragen zu können. Dass ihm heute der Aachener Friedenspreis verliehen wird, ist Ausdruck dafür, dass Bürger dies zu schätzen wissen und ihn nicht allein lassen.

Gleiches gilt für die unbeugsame Barbara Lee, deren Alleingang für sie noch dramatischere Folgen hatte. Dabei hatte sie schon Erfahrung als Außenseiterin: Ihre innenpolitischen Schwerpunkte als Abgeordnete sind der Kampf gegen die Armut, die Ausgrenzung von Minderheiten und Frauen, verbesserte Umweltstandards. Außenpolitisch hat sie sich neben der globalen Hilfe für Aids-Kranke immer für Gewaltprävention stark gemacht. Schon 1998 und 1999

---

[7] Siehe Interview mit Freimut Duve im Wiener Standard vom 19. 11. 2001

stand sie ganz allein auf weiter Kongressflur, als sie gegen die Bombardierung Iraks und Jugoslawiens stimmte, was ihr nicht nur Sympathien einbrachte. Doch im Klima patriotischen Vergeltungswillens nach dem 11. September wurden alle Kritiker des Krieges gegen Afghanistan unamerikanischer Umtriebe verdächtigt. Barbara Lee galt als «Verräterin an der amerikanischen Sache». Auf dem Anrufbeantworter ihres Büros ertönten Furcht erweckende Beschimpfungen, und ihr Faxgerät spuckte endlos Hasstiraden aus. Nach mehrfachen Morddrohungen musste ihr E-Mail-Zugang gesperrt und sie selbst ein halbes Jahr unter Polizeischutz gestellt werden.

Verständlich, wenn auch traurig, dass unter diesen Umständen viele Intellektuelle die seit McCarthy nicht mehr gekannte Angst ergriff, eine politisch nicht als korrekt geltende Meinung zu äußern. Das hat in Europa viele schockiert. Umso mehr sind wir angewiesen auf die Brücke, die Barbara Lee uns zum anderen Amerika gebaut hat. Ein Amerika, das für die Entwicklung des demokratischen Gedankens große Verdienste erworben hat und auf das wir unsere Hoffnungen setzen. In dem wir Menschen wissen, die unsere Ansichten teilen und die auf unsere Ermutigung genauso angewiesen sind wie wir auf ihre.

Krieg ist die exzessivste Form von Terrorismus. Ich sage dies nicht als Pazifistin. Ich akzeptiere Kapitel VII, Artikel 42 der UNO-Charta: Wer angegriffen wird, muss sich verteidigen dürfen und Verbündete hinzuziehen können. Ich weiß, dass dieser Punkt in der Bürgerinitiative zum Aachener Friedenspreis nicht unumstritten ist. Doch die Charta erhebt sehr, sehr strenge Voraussetzungen für die Anwendung von Waffengewalt, wohl wissend, dass Begriffe wie Angriff und Verteidigung, Diktator und Freiheitskämpfer, Gut und Böse Siegerdefinitionen sind. Alle präventiven, zivilen, diplomatischen Lösungsmöglichkeiten müssen ausgeschöpft sein, es muss einen gemeinsamen Plan für den auf militärische Ziele beschränkten Einsatz zugelassener Waffen geben. All das ist bisher in keinem einzigen Fall eingehalten worden. «Militärische Zwangsmaßnahmen», wie sie die UNO-Charta unter strengen Auflagen erlaubt, dürfen nicht in Kriege ausarten. Verteidigung ist Notwehr und nicht gestaltende Politik. Auch Verteidiger sind an das Kriegsvölkerrecht gebunden. Bei Verstoß dagegen ist die unbedingte Haftbarkeit unterschiedslos aller an dem Einsatz Beteiligten zu verlangen. Deshalb sollten nur solche Staaten in eine UNO-Mandatierung einbezogen werden, die sich der Rechtsprechung des Internationalen Gerichtshofes und des Internationalen Strafgerichtshofes unterworfen haben. Staaten, die den zu heilenden Konflikt zuvor selbst mitgeschürt haben, müssen unter allen Umständen von der UNO-Mandatierung ausgeschlossen werden. Großmächte sollen wissen, dass es sich nicht lohnt, demokratisch gewählte Regierungen zu stürzen und Diktatoren zu stützen, weil sie später keine Chance haben werden, unter dem Vorwand der Friedensstiftung ihre Interessen militärisch durchzusetzen.

Gleiches gilt für den Fall, dass der Weltfrieden nachweislich in Gefahr ist. Für den opferreichen Kampf der Alliierten im Zweiten Weltkrieg haben gerade wir Deutschen noch heute dankbar zu sein. Dennoch ist es verfehlt, diesen Kampf als rechtfertigende Parallele für den Afghanistan-Krieg zu missbrauchen. Bei aller Einigkeit darüber, dass es für Terrorismus keine moralische Rechtfertigung gibt, und bei allem Mitgefühl für die Opfer kann man den Überfall auf halb Europa doch nicht mit dem Überfall auf zwei Hochhäuser gleichsetzen. Aber wichtiger noch: Weder hatten die Alliierten die Nazis zuvor finanziert und ausgebildet, noch gab es den geringsten Zweifel an der Täterschaft und einem einmaligen Ausmaß an Schuld der Nazis.

Im «Friedensgutachten 2002», erstellt von den fünf deutschen Friedensforschungsinstituten, heißt es: «Ein militärisches Vorgehen der USA war nur gerechtfertigt, falls die USA über einen sicheren Nachweis verfügen, dass Al Qaida die Urheberin der Anschläge war. Der Öffentlichkeit ist ein solcher Nachweis bisher nicht vorgelegt worden.» Alles, was wir haben, sind dubiose, schwer verständliche Videos, bei denen verfälschende Übersetzungsfehler nachgewiesen wurden. Außerdem haben Techniker im Fernsehen demonstriert, wie man heute, hat man als Ton eine Stimme und als Bild ein sprechendes Gesicht, per Computer jede Mundbewegung und jedes Wort simulieren kann, das man haben will.

Ein Selbstverteidigungsrecht auf Verdacht gibt es nicht. Auch kein Auslieferungsrecht auf Verdacht. Krieg ist kein Mittel der Strafverfolgung, die nämlich kollektive Todesstrafe nicht kennt. Die Höchststrafe für Nichttäter ist durch keinerlei allgemeinen Nutzen gedeckt. Auch nicht den der Vergeltung. Dies wäre ein Rückfall in archaische Racherituale. Dem Islam wurde in jüngster Zeit oft nachgesagt, er sei im Mittelalter stehen geblieben und habe die Aufklärung noch vor sich. Doch was man aus den USA in letzter Zeit hört, fällt noch zurück hinter das Alte Testament, das mit seinem Auge um Auge und Zahn um Zahn immerhin ein Maß setzte, das nicht überschritten werden durfte.

Führende Politiker und Intellektuelle der USA machen sich inzwischen lustig über die Rechtsgläubigkeit der Europäer. Der Experte für US-Außenpolitik Robert Kagan spricht von «Europas neuem Idealismus», vom «postmodernen Evangelium», das in der «Entdeckung des ewigen Friedens» bestehe und in Amerika als «nervtötend, irrelevant, naiv und undankbar» empfunden wird. «Die Europäer wünschen sich heute … eine Welt, in der das einseitige Vorgehen von Supermächten untersagt ist und in der sich alle Staaten, ganz gleich, wie mächtig sie sind, an vereinbarte Verfahrensregeln halten … Wer machtpolitisch in der Lage ist, Unilateralismus zu praktizieren, für den ist er zwangsläufig attraktiver als für andere.»[8]

---

8 Siehe DIE ZEIT Nr. 29, 11.7.2002, S. 9

Und der Philosoph Michael Walzer behauptet, wir seien «mit einer abgespeckten, also minimalistischen Lesart der Menschenrechte am besten bedient: sobald menschliches Leben und menschliche Freiheit auf dem Spiel stehen». Dann «sollte jeder helfen, der helfen kann. Das klingt wie eine plausible Maxime für humanitär begründetes Eingreifen: Wer kann, der sollte.»[9] Das ist deutlich genug. Aber dieser Einzige soll auch noch «nach Maßgabe der eigenen Bewertung» handeln. Eine unreflektierte Apologetik von Naturrecht, die gewachsene Rechtskultur um Jahrhunderte zurückwirft.

Gerade angesichts des angekündigten Krieges gegen Irak muss wieder davor gewarnt werden, Vernunft durch Moral zu ersetzen, also Gesetze, Verträge, Charten – durch Empörung. Denn die Moral ist per Definitionshoheit aufs Angenehmste immer auf der eigenen Seite. Ausnahmslos alle Kriege haben mit einer moralischen Legende begonnen. Gesponnen aus Propaganda, Desinformation und Delegation des Übels an einen Sündenbock. Eben um die Gewähr zu haben, nicht wieder im Chaos der «gerechten Kriege» zu versinken, ist die aus den Erfahrungen zweier Weltkriege leidvoll erworbene Moral der Völker geronnen im modernen Völkerrecht. Ein gleiches Recht konsensgebundener Subjekte, mit dem Ziel, Gewalt- und Herrschaftsstrukturen in den internationalen Beziehungen zu nivellieren, also zu demokratisieren. Was eine ständige, kollektive Weiterentwicklung dieses Rechts nicht nur einschließt, sondern voraussetzt.

Helfen, sobald Freiheit und Leben auf dem Spiel stehen? Was für ein Hohn! Jährlich sterben mehr als 50 Millionen Menschen an Unterernährung, Seuchen und heilbaren Krankheiten. Das heißt,

---

9 Michael Walzer: Was heißt humanitär begründetes militärisches Eingreifen? Frankfurter Rundschau 22.1.2002

jedes Jahr kostet die Menschheit etwa so viel Opfer wie der Zweite Weltkrieg in sechs Jahren. Hier könnte Michael Walzer doch, nach eigener Maßgabe helfend, seine Autorität ins Spiel bringen. Etwa mit dem Hinweis, dass 40 Milliarden Dollar pro Jahr reichen würden, um die schlimmste Armut auf der Welt zu beseitigen. Wer kann, der sollte? Stattdessen wird das Zwanzigfache für Rüstung ausgegeben. Die USA sind stolz auf den höchsten Rüstungsetat ihrer Geschichte, und auch die Bundesrepublik gibt derzeit siebenmal mehr für Rüstung aus als für Entwicklungshilfe. Eine teuer erkaufte Freiheit vom Elend der Welt.

Max van der Stoel, Hoher Kommissar der OSZE: «Es ist meine feste Überzeugung, dass Kapital, das in Konfliktverhütung investiert wird (und ich sage absichtlich: ‹investiert›, nicht bloß ‹ausgegeben›), gut und sinnvoll investiertes Kapital bildet. Denn Konfliktverhütung ist preiswerter als friedenserhaltende Maßnahmen, und diese sind wiederum preiswerter als Krieg.» Für das Geld, das der Kosovo-Krieg gekostet hat, so haben Fachleute berechnet, hätte man jeder Familie im Kosovo ein neues Haus mit Swimmingpool bauen können.

Am Frieden und am Krieg verdienen nicht dieselben. Letztlich entscheiden aber Regierungen, wer woran verdient. Überlassen wir deren Beeinflussung nicht den Waffenlobbyisten. Lebenswerter Frieden ist der schwerste Schlag gegen den Terrorismus. Gehen wir mit dieser Überzeugung nach dem Vorbild von Barbara Lee und Bernhard Nolz an die Öffentlichkeit. Lassen wir Politiker wissen, dass wir Regierende und zu Wählende an diesem Maß messen werden.

Ich wünsche Bernhard Nolz weiterhin so viel Verständnis an seiner neuen Schule, so viel Solidarität seiner Gewerkschaft und viele Mitstreiter in der Friedensbewegung. Ich wünsche auch Barbara Lee Kraft und Zuspruch von Gleichgesinnten, die dafür sorgen mögen, dass sie im November wieder gewählt wird. Ich wünsche uns und allen Menschen, dass wir in Frieden leben können.

II. Fragile deutsche Einheit

Gefährdete Bürgerrechte

GERECHTIGKEIT IST GLEICHHEIT

Zwölf Jahre Grundgesetz in Ostdeutschland

Eine Verfassung mit vielen schönen Grundrechten zu haben ist für die Ostdeutschen nichts Neues. Enthielt doch die DDR-Verfassung von 1968, abgesehen vom Recht auf Ersatzdienstleistung sowie vom Recht auf die Gründung von Privatschulen, sämtliche Grundrechte, die auch das Grundgesetz garantiert, ja sogar einige mehr. Und was hat es genutzt? Etwa die «Unantastbarkeit der Freiheit jedes Bürgers», die Meinungs-, Presse-, Glaubens-, Versammlungs- und Vereinsfreiheit? Die Garantie des Post- und Fernmeldegeheimnisses, selbst der Freizügigkeit? Sogar «freie, allgemeine, gleiche und geheime Wahlen» sollen das angeblich gewesen sein. Die Verfassungsmäßigkeit von Gesetzen kontrollierte der Gesetzgeber selbst, also die Volkskammer – was blieb einem da an Einspruchsmöglichkeiten? Die meisten sahen keinen Grund, die Verfassung auch nur zu lesen. Ein besonderes Engagement für Verfassungsfragen kann man den meisten Ostdeutschen daher nicht nachsagen – schließlich haben sie auf zynische Weise die Erfahrung machen müssen, dass Papier geduldig ist. Massenhaft und öffentlich haben sich die Ostdeutschen erst- und letztmalig im Wendeherbst auf ihre verfassungsmäßigen Rechte berufen.

Zuvor und danach war für sie die *Verfassungswirklichkeit* der Gradmesser, nicht die Verfassung. Ich bin keinem DDR-Bürger begegnet, der seine Zustimmung zur Einheit von der Lektüre des Grundgesetzes abhängig gemacht hätte. Man glaubte ja, die Verfassungswirklichkeit zu kennen. Diese ist in dem den Ostdeutschen vielleicht wichtigsten Punkt sogar besser als die Verfassung: Kaum jemand hat zur Kenntnis genommen, dass die rechtlich garantierte Freizügigkeit im Grundgesetz, genau wie in der DDR-Verfassung, auf das eigene Staatsgebiet begrenzt ist. Der Parlamentarische Rat wollte den Artikel 112 der Weimarer Verfassung zur Ausreisefreiheit nach langen Diskussionen nicht übernehmen, da man im Nachkriegsdeutschland eine Auswanderungswelle befürchtete. Dank Marshallplan und Wirtschaftswunder gestaltete sich die Rechtspraxis großzügiger als das Recht – was aber bei niemandem das Bedürfnis weckte, das Recht nachzubessern, nur die Rechtsprechung.

Wer nicht einen speziellen Anlass hatte, wird auch das Grundgesetz bis heute kaum vollständig gelesen haben. So mag manchen entgangen sein, dass die nicht nur in der DDR-Verfassung, sondern weitgehend auch in der DDR-Wirklichkeit garantierten *sozialen Grundrechte* im Grundgesetz fehlen: «Frei von wirtschaftlicher Abhängigkeit» hatte früher jeder Bürger das Recht auf einen Arbeitsplatz, auf Freizeit und Erholung, auf Wohnraum entsprechend den volkswirtschaftlichen Möglichkeiten, unentgeltlich waren Schule, Studium, medizinische Betreuung und Medikamente, besondere Fürsorge galt werdenden und allein stehenden Müttern und kinderreichen Familien.

Die Einheit nach Artikel 146 GG, also über eine gemeinsame neue Verfassung, scheiterte bekanntlich hauptsächlich am westdeutschen Widerstand, aber auch am mangelnden Engagement der Mehrheit in der ersten frei gewählten Volkskammer. Angesichts der unverantwortlichen Gerüchte über eine unmittelbar bevorstehende Zahlungsunfähigkeit der DDR glaubten die Abgeordneten zu wissen, dass ihren Wählern die schnelle D-Mark wichtiger sei als langfristige Grundrechte. Damals hat wohl niemand für möglich gehalten, was später zahlreiche Umfragen belegten, dass nämlich eine Zweidrittelmehrheit in den neuen Bundesländern linke Werte als anstrebenswert verinnerlicht hatten. Das heißt, sie bevorzugen auch und gerade heute den Demokratietyp des demokratischen Sozialismus, wie er ja in den Programmen von SPD und PDS angestrebt wird.

Sie stehen der Demokratie keineswegs grundsätzlich ablehnend gegenüber, sind aber wach gegenüber den Defiziten *dieser* geldfixierten, bundesdeutschen Variante. Die Vorstellungen von Grundrechten sind im Osten umfassender – die neuen Chancen durch den Hinzugewinn an klassischen, freiheitlichen Rechten werden durchweg gewürdigt, der weitgehende Verlust der modernen, sozialen Grundrechte ist für viele jedoch ein zu hoher Preis. Eine Verfassung soll den Einzelnen vor dem Staat schützen. Das schließt aber nicht aus, dass der Staat dennoch auch den Einzelnen schützt. Erst die Dreieinigkeit ist für die meisten Ostdeutschen die ganze Freiheit: Die Freiheit *vom* Staat (Abwehrrechte), die Freiheit *im* Staat (Partizipationsrechte) und die Freiheit *durch* den Staat (soziale Menschenrechte). Letztere sind übrigens auch im Entwurf der EU-Grundrechte-Charta enthalten, den die Bündnisgrünen im EU-Parlament eingebracht haben.

Da nach Meinung der Mehrheit der repräsentativen Demokratie die Repräsentanten abhanden gekommen sind, wird für wichtige Entscheidungen mehr direkte Bürgerbeteiligung gefordert. Man nimmt eine schleichende Entmachtung der demokratischen Verfassungsinstitutionen wahr und fürchtet, dass die Parlamente zu Bestätigungsgremien werden für die angeblich alternativlosen Vorgaben der Wirtschaft oder des Bündnispartners. Was sind die Ostdeutschen während der Wende für ihre friedliche, reife und souveräne Art der Einmischung von den westlichen Eliten gelobt und hofiert worden! Und wie werden sie jetzt für ihre basisdemokratische Sentimentalität belächelt.

Zum Demokratietyp des demokratischen Sozialismus würde auch die Rückgewinnung des Primats der Politik gehören, also ein Rechtsstaat, der tatsächlich für Gerechtigkeit sorgt, unter anderem dadurch, dass er Handlungsspielräume durch ein ausreichendes finanzielles Polster hat. Da die Idee, man könne Politik allein mit Steuern steuern, eine Illusion geworden ist, wird man wohl oder übel, ganz im Sinne von Artikel 15 GG, einen Teil des Grund und Bodens, der Naturschätze und Produktionsmittel zum Wohle der Allgemeinheit vergesellschaften müssen. Selbst die Weimarer Reichsverfassung war da schon weiter; Grund und Boden, auch Bodenschätze, galten als nur bedingt handelbar. Die größte Enteignung, die es je im Kapitalismus gab, haben die Ostdeutschen ja angesichts ihres nicht nur entschädigungslos, sondern sogar mit Schaden (Schulden) geschluckten Volkseigentums erleben müssen.

Dabei ist von Privatisierung im Grundgesetz nicht ausdrücklich die Rede, von Sozialisierung durch Überführung in Gemeineigentum sehr wohl. Die Mehrheit der Ostdeutschen sieht in diesem Punkt nicht das letzte Wort gesprochen, genau wie das Bundesverfassungsgericht in den ersten Jahren: «Die gegenwärtige Wirtschafts- und Sozialordnung ist zwar eine nach dem Grundgesetz mögliche Ordnung, keineswegs aber die allein mögliche.» (Urteil des BVerfG vom 20. 7. 54). Und: «Das Prinzip des Sozialstaates ist ein der konkreten Ausgestaltung in hohem Maße fähiges und bedürftiges Prinzip.» (Urteil des BVerfG vom 17. 8. 56)

Die zunehmende Akzeptanz und Wertschätzung des Grundgesetzes durch viele Ostdeutsche beruht gerade auf der Einsicht, dass diese Verfassung viel mehr ermöglicht als begrenzt. Für den demokratischen Sozialismus etwa ist sie bestens geeignet. Nicht das Grundgesetz, sondern dessen zunehmende Aushöhlung wird beargwöhnt. Die über fünfzig Änderungen, die es bislang erfahren hat, haben in den allermeisten Fällen Grundrechte eher eingeschränkt als erweitert. Noch skeptischer als auf legale Verfassungsänderungen wird auf illegale Eingriffe in die Verfassungswirklichkeit reagiert. An ihr werden bestimmte Artikel sehr wörtlich gemessen. Und die Diagnose lautet: Abbau an Rechtsstaatlichkeit. Wird das Grundgesetz zum Schwundgesetz?

So war man zum Beispiel überzeugt, einem Staat beigetreten zu sein, in dem militärische Gewalt strikt auf den Verteidigungsfall begrenzt ist und die Regeln des Völkerrechts vorrangiger Bestandteil des Bundesrechts sind (Art. 25 und 26 GG). Während des Kosovokrieges, den 70 Prozent der Ostdeutschen ablehnten, waren die Neubundesbürger jedenfalls die besseren Verfassungspatrioten.

Ohne ausreichende parlamentarische Beratung wurde im Dezember 2001 handstreichartig das Anti-Terrorismusgesetz durchgebracht, mit dem über hundert Gesetzesänderungen verbunden waren. Es hat nicht das Empfinden von Sicherheit, sondern von Unsicherheit ausgelöst. Die Aufwertung und Vermischung von polizeilichen und geheimdienstlichen Kompetenzen ruft ungute Erinnerungen wach – jeder Bürger ein potenzielles Sicherheitsrisiko, das hatte man schon mal. Mit eineinhalb Millionen abgehörten Menschen pro Jahr hält Deutschland den Europa-Rekord, wahrscheinlich sogar den Weltrekord. Dass dafür die alten Stasi-Abhörzentralen mancherorts einfach weitergenutzt werden, löst ungemischte Gefühle aus.

Und auch das sowieso vorhandene Misstrauen gegenüber den Vertrauens-Leuten ist gewachsen, seitdem bekannt wurde, in welchem Maße ungute Aktivitäten der NPD Kreationen des Verfassungsschutzes sind. Angeblich um Straftaten aufklären zu können, wurde für die V-Männer eine straffreie Grauzone geschaffen mit dem staatlich finanzierten Auftrag, Straftaten anzustiften oder gar zu begehen. Diese Leute fühlen sich *dienstlich* befugt, jeden Unfug zu treiben. Es darf aber kein Unrecht im Recht geben. Es kann nicht im Sinne der Verfassung sein, sich als Zuhälter von Verfassungsfeinden zu profilieren. Die Idee, man habe eine Bewegung in der Hand, wenn man nur genügend IMs oder VLs hineingeschleust habe, dürfte doch hinlänglich widerlegt sein. Der zu Wendezeiten lautstark vorgetragene Wunsch nach Abschaffung aller Geheimdienste ist wieder geheimer geworden, nicht aber vergessen.

Ich habe bisher von reichlich zwei Dritteln der Ostdeutschen gesprochen. Umfragen belegen, dass etwa 20 Prozent ein rein zustimmendes, affirmatives Verhältnis nicht nur zum Grundgesetz, sondern auch zur Verfassungswirklichkeit haben. Sie bezeichnen sich oft als Gewinner der Einheit, sind etabliert und wählen meist konservativ. Da kann das Interesse, es möge alles so bleiben, wie es ist, nicht überraschen.

Etwa zehn Prozent der Ostdeutschen, darunter die Wähler und Sympathisanten von NPD, DVU und REP, kritisieren das Grundgesetz von rechts. Ihnen ist selbst das gekappte Asylrecht noch zu liberal, die Angebote der Demokratie angeblich nur formal und die Grundwerte nicht national oder völkisch genug. Diese Minderheit hat gottlob keinen direkten Einfluss auf die Gesetzgebung, aber atmosphärisch glauben nicht wenige Politiker, auf sie Rücksicht nehmen zu müssen.

Auch nach dem Beitritt gibt es also nicht den Einheits-Ossi. Ein aktives Verhältnis zum Grundgesetz konnte weder durch Teilnahme an Streitgesprächen und Kämpfen (wie zur Notstandsgesetzgebung) noch durch (mehr oder weniger offene) Debatten zu einem Volksentscheid (wie zur 68er DDR-Verfassung) gewonnen werden. Wenn es überhaupt eine Ostidentität stiftende Gemeinsamkeit gibt, dann ist es die Benachteiligung durch das **Sonderrecht Ost**.

Über die EX-DDR heißt es in Artikel 143 GG: *«Recht in dem in Artikel 3 des Einigungsvertrages genannten Gebiet kann längstens bis zum 31. Dezember 1992 von Bestimmungen dieses Grundgesetzes abweichen.»* Andere Abweichungen sind höchstens bis zum 31. 12. 1995 zulässig. Dennoch ist auch nach zwölf Jahren die Einheit juristisch nicht vollzogen. *«Alle Menschen sind vor dem Gesetz gleich»* – Artikel 3 des Grundgesetzes bleibt für Ostdeutsche auf immer noch unabsehbare Zeit ein schöner Traum. Am schmerzlichsten ist die Nichteinlösung des einst wichtigsten Grundsatzes der Arbeiterbewegung: «Gleicher Lohn für gleiche Arbeit». Aber auch das Prinzip «Gleiche Rente für gleiche Lebensleistung» gilt nicht für alle. Benachteiligt in der Rentenberechnung sind immer noch ostdeutsche Beschäftigte von Bahn und Post, das mittlere medizinische Personal, Wissenschaftler, aber auch in der DDR geschiedene Frauen und mithelfende Familienangehörige von Handwerkern und Landwirten. Soldaten und Polizisten fallen noch pauschal unter das Rentenstrafrecht.

Aber auch im Arbeitsrecht gelten abweichende Bestimmungen. Längere Arbeitszeiten bei kürzerem Urlaub und weniger Krankengeld sind ebenso normal wie Unterschiede bei der Dauer von Probezeiten oder der Anerkennung von Abschlüssen. Ostlehrer, deren Qualifikation im Beitrittsgebiet als ausreichend angesehen wird, müssen sich im Westen oft erst weiterbilden, bevor sie für Westkinder zugelassen werden. Zeichen anhaltenden Misstrauens?

Der umstrittenste Artikel des Grundgesetzes, der 131er, der den Nazi-Eliten im öffentlichen Dienst Weiterbeschäftigung und Anerkennung der Rentenansprüche garantierte, wurde leider nicht abgeschafft, sondern gemäß Artikel 6 des Einigungsvertrages für das Gebiet der ehemaligen DDR «vorerst nicht in Kraft gesetzt». Befürchtete man ernsthaft analoge Ansprüche der DDR-Eliten?

Der Ausschuss für wirtschaftliche, soziale und kulturelle Rechte der Vereinten Nationen weist in seinem Bericht vom 2. 12. 1998 (E/C. 12/1Add.29) darauf hin, dass die Arbeitslosigkeit im Osten Deutschlands zweimal so hoch ist wie im Westen: «Der Ausschuss bemerkt auch mit Bestürzung, dass nur 12 Prozent der öffentlichen Beschäftigten auf dem Gebiete von Wissenschaft und Technik der ehemaligen DDR einschließlich Lehrern, Wissenschaftlern und anderen Fachleuten weiterbeschäftigt worden sind und dass die Übrigen ohne Beschäftigung oder adäquate Abfindung oder eine befriedigende Rentenregelung bleiben. Der Ausschuss befürchtet, dass die Mehrheit der Betroffenen in Verletzung von Artikel 2 (2) des Paktes eher aus politischen als aus berufsbedingten oder wirtschaftlichen Gründen aus ihren Positionen entlassen wurden.»

Dass die Dogmatiker, Bürokraten und Inkompetenten abgelöst

werden, hatten die DDR-Bürger selbst gefordert. Dass aber so pauschal und flächendeckend abgeräumt wird, haben sie nicht für möglich gehalten. *Niemand darf wegen seiner Heimat und Herkunft oder seiner politischen Anschauungen benachteiligt oder bevorzugt werden.* (Art. 3 GG). Von der Elitenrestitution sind etwa eine Million Neubundesbürger betroffen.

Der Anteil Ostdeutscher an gesamtdeutschen Spitzenpositionen soll unter drei Prozent liegen. An den obersten Gerichten, wie dem Bundesverfassungsgericht, dem Bundesgerichtshof, dem Bundesverwaltungsgericht, dem Bundesarbeitsgericht und dem Bundessozialgericht gibt es auch nach zwölf Jahren keinen einzigen Ostdeutschen. Artikel 36 GG: «*Bei den obersten Bundesbehörden sind Beamte aus allen Ländern in angemessenem Verhältnis zu verwenden.*» Papier bleibt geduldig.

Selbst im Strafrecht gelten unterschiedliche Maßstäbe. Immer wieder wird juristisch begründet, weshalb angesichts der Hinterlassenschaften des Unrechtsstaates *ausnahmsweise* Abweichungen vom Grundgesetz erlaubt sind. Mittelschwere Delikte verjähren im Westen nach fünf Jahren, im Osten, nach zweimaliger Verlängerung, erst nach zehn Jahren.

Während im Westen «postmortaler Persönlichkeitsschutz» Diskretion bis zu dreißig Jahren nach dem Tod garantiert, konnten im Osten die geheimdienstlichen Schnüffeleien über lebende «Personen der Zeitgeschichte» allen Medien und Gerichten weitgehend zugänglich gemacht und nach Belieben instrumentalisiert werden. Das betraf auch Telefonmitschnitte. Hinweise von Ostdeutschen auf diesen Missstand hatten keinerlei Echo.[1] Erhebliche daten-

---

[1] Siehe z. B. Daniela Dahn: «Vom Waschzwang des Staates oder Wem gehört die Gauck-Behörde?» Ganzseitiger Artikel in der Süddeutschen Zeitung vom 17./18. 1. 1998

schutzrechtliche Probleme gegenüber den Opfern der Stasi erkannte der heutige Innenminister erst, als der immerhin einer Straftat verdächtigte Exkanzler Kohl gegen diese Praxis klagte. Dabei ist gerade der begründete Verdacht auf eine Straftat, egal ob in Ost oder West begangen, aus der Sicht vieler Ostdeutscher der einzige Grund, Akten der Opfer auch gegen ihren Wunsch herauszugeben.

Das in der Bundesbehörde für die Stasi-Unterlagen tief sitzende Missverständnis von Rechtsstaatlichkeit wurde erneut deutlich, als deren Exchef Joachim Gauck bei der Bundestags-Anhörung zur Gesetzesnovellierung behauptete, es mache auch juristisch einen Unterschied, «ob jemand Amtsträger in einer Diktatur oder in einer Demokratie war». Ersterer müsse die Einschränkung seiner Persönlichkeitsrechte hinnehmen. Da kann man nur Nachhilfe mit der berühmten Formel von Gustav Radbruch anbieten: «Wo die Gleichheit … bei der Setzung positiven Rechts bewusst verleugnet wurde, da ist das Gesetz nicht etwa nur unrichtiges Recht, vielmehr entbehrt es überhaupt der Rechtsnatur.» Das neue Gesetz zementiert die alte Ungleichbehandlung, indem die Herausgabe von Opferakten dem Ermessen der Behörde überlassen wird.

Obwohl die Europäische Menschenrechtskonvention in ihrem Artikel 7.2 eine rückwirkende Bestrafung für den Fall schwerster Verstöße gegen das allgemein anerkannte Völkerrecht für möglich hält, hat die Bundesrepublik als einziger Staat in Europa zum Schutz der Nazi-Eliten bei Ratifizierung 1952 zu diesem Artikel den Vorbehalt geltend gemacht, dass laut Grundgesetz (Art. 103) absolutes Rückwirkungsverbot gilt. Später hat auch der Einigungsvertrag dies bekräftigt. Dennoch wurde das Rückwirkungsverbot in den Mauerschützen- und Politbüro-Prozessen erstmalig aufgehoben, ohne dies für problematisch zu halten. «In allen Prozessen wegen Unrechts in der DDR bewegen wir uns auf dünnem Eis», sagt der Rechtshistoriker Uwe Wesel. Wir seien «immer am Rande der Rechtsbeugung» (*Tagesspiegel* vom 11. 11. 1999).

Unterschiedliche Rechtsanwendung auch beim Gesetz zur Regelung offener Vermögensfragen: Es gilt nur für «im Beitrittsgebiet belegenes Vermögen»: Während den westdeutschen Alteigentümern die Anmeldefristen mehrfach verlängert wurden, erfuhren die wenigen östlichen Alteigentümer von Westgrundstücken, dass ihre Ansprüche schon vor Jahren abgelaufen seien. Der Gesetzgeber hat es ermöglicht, dass in Ostdeutschland 2,2 Millionen Anträge auf Rückgabe von Immobilien bearbeitet werden konnten, in Westdeutschland aber kein einziger. Nicht einmal auf Entschädigung. So offen durften die «offenen Vermögensfragen» nicht sein.

1994 geschah etwas Einmaliges: Die Länder Brandenburg und Sachsen-Anhalt reichten beim Bundesverfassungsgericht eine *Normenkontrollklage* gegen die Stichtagsregelung ein. Sie steht im Paragraph 4 des zwei Tage vor Ende der DDR in Kraft getretenen Vermögensgesetzes, das bekanntlich im Westen entworfen und in der Volkskammer nie gesondert beraten wurde, obwohl es den Kern des DDR-Eigentumsrechts auf den Kopf stellte. Wenn es heute als «fortgeltendes Recht der DDR» bezeichnet wird, können das die Betroffenen nur als Hohn empfinden. Während die Gemeinsame Erklärung der Regierungen vom Juni 1990 (die zustande gekommen war, ohne dass die Regierungen gemeinsam beraten hätten) noch davon ausging, dass alle Grundstückskäufe auf Redlichkeit geprüft werden, erklärte die Stichtagsregelung Ende September 1990 plötzlich sämtliche Käufe nach dem 18. Oktober 1989, dem Rücktrittsdatum Erich Honeckers, rückwirkend für nichtig, sofern ein Alteigentümer Anspruch erhebt.

Die Gültigkeit von Kaufverträgen nicht von den zum Zeitpunkt des Erwerbs gültigen Gesetzen, sondern von Rücktrittsdaten von Regierungen abhängig zu machen gehört zur hohen Schule juristischer Willkür. Und natürlich entbehrt es nicht der Ironie, dass die unter Honecker (also im Unrechtsstaat) getätigten Käufe als rechtskräftig akzeptiert werden, während das vom Runden Tisch angeregte und unter der ersten demokratisch gewählten Regierung unter Lothar de Maizière in Kraft getretene Verkaufsgesetz, das für beinahe 400 000 Ostdeutsche die einzige Chance war, sich an der Privatisierung des volkseigenen Grund und Bodens zu beteiligen, und deshalb große Akzeptanz in der Bevölkerung hatte, vom (eckigen) Tisch gewischt wird.

Die Länder klagten dagegen, weil es sich bei der Stichtagsregelung um eine echte Rückwirkung handele, die prinzipiell verfassungswidrig sei. Sie verstoße gegen das Vertrauensschutz- und damit das Rechtsstaatsprinzip. Die Regelung genüge weder dem Grundsatz der Geeignetheit noch dem der Erforderlichkeit. Sie schaffe nicht den angestrebten Ausgleich, sondern schließe ihn aus.

Das Bundesverfassungsgericht ließ die Normenkontrollklage fünf Jahre liegen. In dieser Zeit entschieden die Ämter für offene Vermögensfragen nach geltender Stichtagsregelung, also gegen die ostdeutschen Käufer. Als das BVerfG am 23. November 1999 endlich sein Urteil verkündete, waren 90 Prozent der Fälle erledigt. So löste die Feststellung, die Regelung sei verfassungskonform, selbst wenn es sich nach dem Stichtag um redlichen Erwerb gehandelt habe, kaum noch Empörung aus.

Das Gericht räumte ein, dass es sich zumindest für diejenigen, die bis zum In-Kraft-Treten des Vermögensgesetzes ihren Kauf noch ins Grundbuch eintragen lassen konnten, um *echte Rückwirkung* handelt, die verfassungsrechtlich grundsätzlich unzulässig sei. «Sie liegt vor, wenn ein Gesetz nachträglich ändernd in abgewickelte, der Vergangenheit angehörende Tatbestände eingreift. Auch in diesem Fall gibt es aber Ausnahmen.» Die Betroffenen staunen, woher das Bundesverfassungsgericht sich die Kompetenz nimmt, zu klaren Verfassungsgeboten immer wieder Ausnahmen zu formulieren:

«Das Rückwirkungsverbot, das seinen Grund im Vertrauensschutz hat, tritt zurück, wenn sich kein schützenswertes Vertrauen auf den Bestand des geltenden Rechts bilden konnte.» Man kommt aus dem Staunen nicht heraus. Haben nicht die Politiker den zum Beitritt fit zu machenden Ostdeutschen in diesem Punkt ununterbrochen Vertrauen eingeredet, selbst noch nach In-Kraft-Treten der Stichtagsregelung?

Während der Debatte zum Einigungsvertrag Anfang Oktober 1990 sagte Hertha Däubler-Gmelin: «Entschädigung statt Rückgabe des weggenommenen Hauses oder des enteigneten Grundstücks wird immer dann gewährt, wenn die Rückgabe nicht möglich ist oder wo sie zu neuen Ungerechtigkeiten führen würde. Das wird in den allermeisten Fällen so sein.» (Bis heute sind über eine halbe Million Immobilien aus Privateigentum, Volkseigentum und staatlicher Verwaltung an Alteigentümer zurückgegeben worden, während es nur 90 000 Entschädigungen gab.) Die Debatte bewies, dass die meisten Parlamentarier keineswegs begriffen hatten (oder nicht begreifen wollten?), was ihnen die westliche Ministerialbürokratie da in den Gesetzentwurf geschrieben hatte. Ministerpräsident de Maizière: «Redlich erworbenes Eigentum bleibt erhalten.» Wolfgang Thierse: «Alle Bürger der DDR, die ein Grundstück oder Dauernutzungsrechte an einem Grundstück haben, sind in ihren Rechten geschützt.» Günther Krause: «Niemand muss sein Haus oder seine Datsche aufgeben. Wer das hier behauptet (gemeint war Gregor Gysi, D. D.), der schwindelt schlicht und einfach.» (Inzwischen haben etwa zwei Millionen Familien ihre Wochenendgrundstücke aufgegeben, weil sie die Pacht nicht mehr bezahlen konnten.) Richard Schröder: «Es ist völlig klar: Wer als Erwerber unredlich gehandelt hat, kann sein Eigentum nicht behalten. Es ist nicht gemeint, dass irgendetwas, von dem der Erwerber nicht gewusst haben kann (wie eine nachträgliche Stichtagsregelung, D. D.), im Hintergrund steht ... Und im Übrigen ist die ganze Angelegenheit grundsätzlich abgesichert durch den neuen Artikel 143.»

Artikel 143 (3) GG besagt, dass Eingriffe in das Eigentum im Beitrittsgebiet nicht mehr rückgängig gemacht werden. Und bei so viel hochheiliger Zusicherung soll sich «kein schützenswertes Vertrauen auf den Bestand des geltenden Rechts» gebildet haben können?

Aber das Urteil des BVerfG hat noch eine zweite Begründung, weshalb eine Ausnahme vom Verfassungsgebot erlaubt ist: «Ferner kommt ein Vertrauensschutz nicht in Betracht, wenn überragende Belange des Gemeinwohls, die dem Prinzip der Rechtssicherheit vorgehen, eine rückwirkende Beseitigung von Normen erfordern.» Welche *überragenden Belange* dies sein könnten, ist den etwa 20 000 betroffenen Familien, die ihr Haus durch echte Rückwirkung verloren haben, nicht erklärt worden. Nach ihrem Vertrauen in den Rechtsstaat sollte man sie lieber nicht fragen. Der im Osten Berlins ansässige Verband Deutscher Grundstücksnutzer wird beim Europäischen Gerichtshof gegen das Urteil klagen. Die Zahl derjenigen, die Gerechtigkeit nicht mehr vom eigenen Land, sondern von Europa erhoffen, steigt.

«Ein verfassungspatriotisch gebundenes Zusammengehörigkeitsgefühl lässt noch sehr zu wünschen übrig», befand Jutta Limbach, damals oberste Verfassungshüterin (*Tagesspiegel* vom 10. 5. 1999). Das ist im doppelten Sinn richtig: Zum einen, weil es stimmt. Und zum anderen, weil es gut ist, dass die Zeiten, in denen Patriotismus und Zusammengehörigkeit trotz untragbarer Zustände eingefordert werden durften, endgültig vorbei sind.

DIE VERORDNETE 007-LOGIK

Vom Missbrauch staatlicher Macht gegenüber dem Oppositionspolitiker Gregor Gysi (1998)

Wie immun ist ein Immunitätsausschuss des Parlaments? Wie unabhängig eine dem parteipolitisch geprägten Innenministerium unterstellte und dem BND eng verbundene Behörde? Wie unbefangen sind die Richter des höchsten deutschen Gerichtes, die in ihrer Mehrheit keine Richter sind? Es sind zumeist Juristen, die aus politischen Laufbahnen wie zum Beispiel der von Justizsenatoren kommen und nach Parteienproporz zusammengesetzt sind. Auch das Bundesverfassungsgericht ist ein politisches Organ. Dagegen ist nichts zu sagen. Es gibt auf Erden keine überirdische Instanz. Das allerdings sollte man wissen.

Die bislang siebenjährige Dauer des Überprüfungsverfahrens gegen den Vorsitzenden der PDS-Bundestagsgruppe Gregor Gysi ist einmalig in der Geschichte des Deutschen Bundestages. Seitdem Gysi gewählt ist, läuft gegen ihn eine Art Misstrauensantrag in Permanenz. Wie oft darf die Legitimität eines Abgeordneten ohne wesentlich neue Erkenntnisse infrage gestellt werden, und über wie viele Legislaturperioden darf sich das hinziehen?

Die Mehrzahl der Ausschussmitglieder sind wiederum keine Juristen. Sie sind von den jeweiligen Parteien entsandt und unterliegen den normalen politischen und menschlichen Rivalitäten, die in Parlamenten üblich sind. Im rechtlichen Sinne müssten sie allemal als befangen gelten. Mit den Mitgliedern der eigenen, etablierten Parteien wird daher gewöhnlich auch fürsorglicher umgegangen: Gegen den CSU-Abgeordneten Dr. Erich Riedl lief ein Ermittlungsverfahren wegen des Verdachtes begangener Straftaten. Weil die Münchner Staatsanwaltschaft angeblich über ein Jahr lang untätig gewesen sei, hat der Ausschuss die Immunität des Kollegen wiederhergestellt. Mit der Begründung, ein solches Ermittlungsverfahren sei im Wahljahr eine «unzumutbare Belastung» für einen Abgeordneten.

Dem Abgeordneten Gregor Gysi wird die Überprüfung nun schon in *drei* Wahljahren zugemutet (den ersten Überprüfungsantrag stellte noch die Volkskammer), obwohl ihn keine Staatsanwaltschaft einer Straftat verdächtigt. Der Ausschuss hätte ihm gern eine Straftat unterstellt, denn nur dann darf der Bundestag laut Artikel 46 GG die Immunität eines Abgeordneten aufheben. Aber selbst eine nachgewiesene inoffizielle Zusammenarbeit mit der Stasi wäre nicht strafbar. Mandantenverrat wäre strafbar. Deshalb bat der Sprecher des Ausschusses, der CDU-Abgeordnete Dr. Reinartz, in einer internen Absprache die Gauck-Behörde, dahingehende Erwägungen anzustellen. Die Crux ist nur, dass es keine einzige Anzeige eines Mandanten wegen Verrates gibt, sondern ganz im Gegenteil viele Vertrauensbekundungen. So war die Behörde gut beraten, wenigstens in diesem Punkt Zurückhaltung zu üben. Erwartungsgemäß hat die Berliner Senatsverwaltung für Justiz ja auch Gysi die Zulassung als Anwalt nicht entzogen. Anderenfalls hätte ihm «ein persönliches schuldhaftes Verhalten von einer gewissen *Erheblichkeit*» nachgewiesen werden müssen. Da dies unmöglich ist, hätte im Falle Gysi immer klar sein müssen, dass es nur um ein Verhalten von einer gewissen *Unerheblichkeit* gehen könne.

«Die Überprüfung von Abgeordneten auf ein der Wahl vorausliegendes Verhalten gehört grundsätzlich nicht zu den parlamentarischen Aufgaben. Die Legitimation des Abgeordneten folgt aus dessen Wahl», heißt es im Urteil des BVG. Insofern ist im Januar 1992 mit der Einfügung von § 44b des Abgeordnetengesetzes eine in der Praxis nur für Ostabgeordnete genutzte Sonderregelung geschaffen worden. Sie sieht eine «nur ausnahmsweise zugelassene Kollegialenquete» mit dem Untersuchungsziel vor, der Öffentlichkeit alle Tatsachen zu unterbreiten, die ihr eine Urteilsbildung ermöglichen «über die Verstrickung des Abgeordneten mit dem MfS und damit über seine politische Würdigkeit zur Wahrnehmung eines Bundestagsmandats». Juristische Konsequenzen haben die Ergebnisse des Ausschusses nicht, er ist nicht einmal berechtigt, dem Abgeordneten eine Empfehlung auszusprechen. Denn dieser ist nicht vom Bundestag bestellt, sondern vom Souverän, dem Wähler. Wozu also die ganze Aufregung?

Eine vor aller Öffentlichkeit über Jahre ausgebreitete Beschuldigung ist allerdings geeignet, moralisch so zu diskreditieren, dass ein normaler politischer Umgang erschwert oder gar unmöglich gemacht wird. Selbst die Verfassungsrichter konnten sich über die Sonderkompetenz des Immunitätsausschusses nicht einigen. Die Pro-Gysi-Fraktion ist der Ansicht, der Ausschuss dürfe nur feststellen, ob ein Abgeordneter wissentlich mit dem MfS zusammengearbeitet habe, nicht aber die damit verbundenen Strategien kommentieren, denn dies sei bereits politische Wertung, die der Öffentlichkeit vorbehalten bleiben müsse. Die Contra-Gysi-Fraktion überzeugt mich in *diesem* Punkt mehr: Sie verweist darauf, dass es unter den rechtsstaatswidrigen Bedingungen der DDR «mit Risiken für Anwalt und Mandant verbunden» war, wenn man «jede Zusammenarbeit mit dem MfS verweigerte. Wenn ein Anwalt ... mit dem MfS zusammenarbeitete, um dessen Vertrauen zu gewinnen und so Belange des Mandanten gegenüber zuständigen Stellen verfolgen zu können, so schützte er letztlich seinen Mandanten vor dem Staat der DDR.» Damit wird eingeräumt, dass eine bloße Mitteilung über eine festgestellte Zusammenarbeit mit dem MfS wenig aussagt, wenn nicht hinzugefügt wird, ob dadurch «Dritte belastet oder benachteiligt» wurden. Gerade das aber im Detail zu belegen – davor drückt sich der Ausschuss.

Die Frage, ob man seinen Wählern (oder Mandanten) geschadet oder genutzt hat, ist doch letztlich die einzig relevante, wenn es um die Würde eines Abgeordneten (oder Anwalts) geht. Aber die konkreten Antworten darauf sind im Falle Gysis auf für eine Demokratie unwürdige Weise immer wieder wegzensiert worden. In der Gauck-Behörde, im Ausschuss des Parlaments und in der Öffentlichkeit. (Obwohl das Verfassungsgericht ausdrücklich dazu aufgerufen hat, die Urteilsfindung nunmehr der öffentlichen Debatte zu überlassen, zeigten an einem Abdruck dieses Beitrages kein Interesse: *Die Zeit*, die *Süddeutsche Zeitung* und die *Frankfurter Rundschau.*) Nur im Verlass auf die allgemeine Unkenntnis konnte sich der Ausschuss zu der Behauptung versteigen, Gysi habe «an der operativen Bearbeitung von Oppositionellen teilgenommen» und somit an der wirksamen «Unterdrückung der demokratischen Opposition in der DDR». Dieses quasirichterliche Knock-out von 15 Parlamentskollegen ist üble politische Zuhälterei. Mit dieser Rückendeckung kann nun jeder Dahergelaufene den Angeschlagenen auszählen.

Für die verheerenden Folgen auf das Niveau der öffentlichen Auseinandersetzung gab der Kommentator der *Potsdamer Neuesten Nachrichten* am 25. April schon mal eine Kostprobe: Globke sei ein alter Nazi gewesen, der bei Adenauer Staatssekretär werden konnte. «Vorher hatte er als offizieller Kommentator mit den Nürnberger Rassengesetzen etwas zu tun. Eines muss man Globke zugute halten: Er ist nicht vor NS-Verfolgten oder vor Widerstandskämpfern als Festredner aufgetreten. So was vermied er.» Gysi dagegen habe die Chuzpe besessen, bei einer Gedenkveranstaltung Rudolf Bahro zu würdigen. Dies sei «tolldreist und schamlos», denn Gysi habe «an der seelischen Zerstörung seines Mandanten mitgewirkt. So hält es zumindest der Immunitätsausschuss des Bundestages für wahrscheinlich. Der Vorwurf des Vertrauensbruches im Falle Bahro ist dabei einer der härtesten Vorwürfe.»

Woher soll dieser Provinzredakteur es auch besser wissen? Mehrfach hat der *Spiegel* versucht, Gregor Gysi Mandantenverrat gegenüber Bahro anzudichten, mehrfach hat Bahro selbst dagegen protestiert, ohne dass dieser Protest veröffentlicht wurde. Zuletzt schrieb er im Juni 1995 eine Presseerklärung aus dem Hedwigskrankenhaus an den *Spiegel*: «Insbesondere sind die Vermutungen, Gysi habe mir Schaden zugefügt, konkret auf der ganzen Linie unzutreffend … Entscheidend waren für mich zwei Gesichtspunkte: Erstens, dass er vor Gericht für mich uneingeschränkt Freispruch verlangt hatte, und zweitens, dass er nach der Verhandlung sein Bestes tat, mir die Haftzeit zu verkürzen, übrigens auch die Haftbedingungen zu erleichtern. Meiner Meinung nach kann es für den Vorwurf des Mandantenverrates einfach nicht ohne Bedeutung sein, wenn der angeblich Verratene die Sache ganz anders sieht.» Auch diese Erklärung zu veröffentlichen, fehlte dem *Spiegel* das Format.

Als Bahro aus der Haftanstalt Bautzen entlassen wurde, ging er als Erstes in eine Telefonzelle, um mit seinem Anwalt Gregor Gysi zu sprechen und ihm zu danken. Als er im Westen war, bat er Gysi, Unterlagen zu beschaffen, mit denen er die Denunziation eines angeblichen Mithäftlings widerlegen konnte. Gysi gelang das Kunststück, die DDR-Behörden zu überzeugen, die diesbezüglichen Unschuldsbeweise für den vermeintlichen Haupt-Staatsfeind herauszurücken. Auf dem Sterbebett besprach Bahro mit Gysi sein Testament. Gregor Gysi ist zu diskret, solche Vertrauensbeweise zu erwähnen.

Dem Chefredakteur der *Potsdamer Neuesten Nachrichten* schrieb er allerdings aufgebracht: «… Sicherlich gibt es zwischen Herrn Globke und mir eine indirekte Verbindung, denn Herr Globke hatte seinen Anteil daran, dass achtzehn meiner Angehörigen in den Konzentrationslagern des Naziregimes ums Leben kamen. Logischerweise hat meine Familie vergleichbare ‹Leistungen› in Bezug auf die Familie Globke nicht aufzuweisen. Aber aus Ihrer Zeitung entnehme ich, dass Herr Globke zwar ein Naziverbrecher gewesen sein mag, im Unterschied zu mir aber deutsche Tugenden der Bescheidenheit und Zurückhaltung an den Tag legte … Ihr Kommentator würdigt diese Bescheidenheit und stellt sie der Dreistigkeit und Chuzpe gegenüber, die ich an den Tag lege. Dabei verwendet er ja nicht ganz zufällig den jüdischen Begriff ‹Chuzpe›. Als ich das Ganze las, dachte ich im ersten Moment, die verantwortlichen Redakteure Ihrer Zeitung hätten restlos den Verstand verloren. Warum haben sie nicht gleich geschrieben, dass Adolf Hitler – noch bescheidener und zurückhaltender als Globke – im Unterschied zu mir wenigstens freiwillig aus dem Leben geschieden sei. Aber vielleicht soll ich mich ja an eine neue Ton- und Gangart in solchen Medien wie Ihrer Zeitung gewöhnen … Ich frage mich, wo das enden soll.»

Das ist doch klar – mit Gysis Abgang aus der Politik. Dies wäre allerdings ein völlig unangemessenes Ergebnis, nicht nur weil damit die mentale Spaltung zwischen Ost und West weit über den Sympathisantenkreis der PDS hinaus vertieft würde, sondern auch, weil dies ein fataler Rückfall in archaische Reinigungsrituale mittels Opfern eines vermeintlichen Sündenbocks wäre. Weiß am Ende noch jemand, was der eigentliche Vorwurf war?

«IM war er sowieso nicht», sagte mir im Juli, kurz vor dem Urteilsspruch des BVG, Klaus Richter, der Hauptverfasser aller Gutachten der Gauck-Behörde. «Jedenfalls nicht nach der Definition der Stasi. Klar ist, dass Informationen des Anwalts Gysi beim MfS gelandet sind. Vieles spricht dafür, dass er sie selbst übermittelt hat. Aber bewiesen ist nichts, es sind alles Indizien.» Leider fehlt diese klare Aussage in seinen letzten Gutachten.

In den ersten Jahren war sie noch enthalten. Als im 94er Wahlkampf die Beschuldigungen wieder hochkochten, stellte Lothar Bisky eine erneute Anfrage an die Gauck-Behörde und bekam – natürlich erst unmittelbar nach der Wahl – wiederum die Auskunft, es lägen keine Erkenntnisse über eine IM-Tätigkeit von Gregor Gysi vor. Doch der unerwartete Wahlerfolg der im Westen als aussterbend gehandelten PDS alarmierte die politischen Gegner. Mit Sorge beobachteten viele Abgeordnete, wie immer mehr Menschen Gysis Sachkenntnis, seinen Humor, die Schlagfertigkeit und rhetorische Brillanz zu schätzen begannen. Quer durch alle Parteien galt die *inoffizielle* Abmachung, man möge ihm um Himmels willen keine Zwischenfragen stellen, weil er dann erst richtig zu Höchstform auflaufe. Die westlichen Abgeordneten sahen sich unvorbereitet von einer linksintellektuellen Argumentation provoziert, deren dieses Parlament doch so erfolgreich entwöhnt worden war.

Bereits einen Tag nach der Wahl schickte die Gauck-Behörde weitere Unterlagen nach Bonn, obwohl Bundestag und Immunitätsausschuss sich noch nicht einmal konstituiert hatten. Dass bisher sechs Überprüfungen und ein Dutzend Gerichtsverfahren zu Gysis Gunsten ausgegangen waren, durfte nicht das letzte Wort sein. Folgerichtig erzwang schließlich der neu gewählte Immunitätsausschuss eine erneute Überprüfung. Mit Bieneneifer durchforsteten die Behördenangestellten nun mehr als eine halbe Million Aktenseiten, auf dass ihnen ja nichts Verdächtiges entginge. Während die gesamte Öffentlichkeit daran voyeuristisch Anteil nahm, interessierte sich niemand dafür, dass inzwischen 2597 frühere hauptamtliche Stasi-Mitarbeiter im öffentlichen Dienst tätig sind, 457 von ihnen bereits mit Beamtenstatus.

Die erste Fassung des Gutachtens lag dann im Januar 1995 vor, musste aber auf Anordnung des damaligen Direktors der Behörde und heutigen Chefs des BND, Hansjörg Geiger, fünfmal überarbeitet werden. So jedenfalls hat es ein Mitarbeiter der Gauck-Behörde, der sich darüber empörte, dargestellt und der PDS zum Beweis Unterlagen übergeben. Sie belegen, dass viele der zugunsten von Gregor Gysi sprechenden Hinweise tatsächlich entfernt wurden. (In der vom Bundesvorstand der PDS herausgegebenen Broschüre: «Gysi/Gauck, Widerspruch gegen das neue Gutachten», sind diese Manipulationen im Detail dokumentiert.)

Klaus Richter ist empört, wenn er sich an diesen «Verratsfall» erinnert. Der Vorwurf von Manipulation sei blanker Unsinn. Man sei sich in der Behörde lediglich der «großen politischen Tragweite des Entwurfs» bewusst gewesen, und deshalb sei er «in internen Diskussionen qualifiziert» worden. Damit bestätigte er allerdings ungewollt die Formel: Je belastender, je qualifizierter. Dies entsprach auch der informellen Absprache mit dem Berichterstatter des Ausschusses, Dr. B. Reinartz, CDU, in der jener den Wunsch äußerte: «Falls Fragen des Ausschusses *kontraproduktiv* seien, so könnte die Antwort mit einer Begründung auch ganz und gar weggelassen werden.» Was *produktiv* ist, war damit klar vorgegeben.

Im Mai 1995 sandte die Gauck-Behörde eine «gutachterliche Stellungnahme» an den Ausschuss, in der sie den Begriff IM zwar tunlichst vermied, aber wunschgemäß eine zehnjährige inoffizielle Zusammenarbeit Gysis mit dem MfS unterstellte. Ordentliche Gerichte, die dem Ideal einer überparteilichen Instanz immer noch am nächsten kommen, haben sich der Logik der Behörde nicht angeschlossen. Das Landgericht Berlin konnte sich «des Eindrucks nicht erwehren, daß es bei der Erstellung des Gutachtens an der gebotenen Objektivität und Neutralität gefehlt hat. Es fällt auf, daß für den Beklagten sprechende Umstände entweder als unerheblich abgehandelt oder sogar zu Lasten des Beklagten gewürdigt werden, während Zweifel an den Unterlagen, die gegen den Beklagten sprechen, nicht dazu führen, deren Beweiskraft in Frage zu stellen.»

Im März 1997 bekräftigte ein «Ergänzender Bericht» der Behörde unbeeindruckt den einseitigen Standpunkt. Dr. Gysi habe, so wird darin behauptet, «in Planungen des MfS als verfügbar und einsetzbar gegolten». Unerwähnt bleibt, wie sich das mit der Begründung dafür verträgt, warum die IM-Vorlaufakte erfolglos geschlossen und archiviert wurde: «Die Möglichkeiten des Kandidaten für eine inoffizielle Zusammenarbeit sind aufgrund der beruflichen Tätigkeit begrenzt. Er ist daher zur Aufklärung und Bekämpfung politischer

Untergrundtätigkeit nicht geeignet.» Nicht erklärt wird, weshalb MfS-Offizier Lohr im Abschlussbericht bedauert, dass Gysi «an seiner Schweigepflicht als Rechtsanwalt festhält», es deswegen «vermieden» worden sei, den «Kandidaten mit konkreten Aufgaben zu betrauen», und auch künftig «eine ersprießliche und konkrete Zusammenarbeit seitens des Kandidaten nicht zu erwarten» sei.

Recherchen, die Gregor Gysi entlasten könnten, sind halbherzig bis fahrlässig betrieben worden. So wird im Ergänzenden Bericht behauptet, man habe auch die Mitarbeiter von Gysis ehemaliger Kanzlei überprüft. «Im Ergebnis kann festgestellt werden, daß außer Dr. Gysi keine der dort tätigen Personen vom MfS als inoffizieller Mitarbeiter oder als IM-Vorlauf erfaßt gewesen sind.» Als Gysis Rechtsanwalt Dr. Senfft die Behörde im März 1997 darauf aufmerksam machte, dass sie unter einer falschen Adresse recherchiert habe und allein aus dem Schriftverkehr etwa die Namen von Sekretärinnen nicht ermitteln könne, räumte Klaus Richter ein, nicht alle damaligen Mitarbeiterinnen und Mitarbeiter zu kennen. Als ich nach über einem Jahr nochmals nachfragte, hatte man sich um die Namen immer noch nicht bemüht. Die Behauptung, es müsse einen anderen IM im Anwaltsbüro gegeben haben, sei doch nur ein von interessierter Seite gestreutes Gerücht. Wenn man wirklich so denkt, warum sagt man dann in seinem Bericht die Unwahrheit und behauptet, man habe *alle* überprüft? So schadet man der Glaubwürdigkeit des PDS-Politikers, vor allem aber der eigenen.

Hat der Anwalt Gysi denn nun irgendjemandem geschadet? Weder die Gauck-Behörde noch der Parlamentsausschuss können dafür auch nur den geringsten Anhaltspunkt geben. Da dieses Ergebnis tabuisiert ist, bleiben natürlich auch all die Aussagen ehemaliger Mandanten in politischen Verfahren, die Gregor Gysi nach Akteneinsicht ihr Vertrauen ausgesprochen haben, unberücksichtigt. So die Briefe von Bettina Wegner, Frank-Wolf Mathies, Thomas

Klein und Jutta Braband. Unerwähnt bleibt das Schreiben der Havemann-Kinder Sibylle, Florian, Ulrich und Frank vom November 1992, in dem es heißt: «Nach unserem Wissen bestand die Aufgabe des – wegen seiner Herkunft und seiner sich daraus ergebenden Möglichkeiten von unserem Vater ausgewählten – Rechtsanwalts Dr. Gregor Gysi gerade darin, als eine Art Vermittler zwischen ihm und den staatlichen Stellen zu wirken, um den Konflikt zwischen ihm und dem Regime, zu dem unser Vater die Verbindung nie ganz abbrechen lassen wollte, zu entschärfen ... Unser Vater hat seinem Anwalt Gysi sicher nur das anvertraut, was er selbst für geeignet hielt, was in seine Strategie gegenüber dem Staatsapparat paßte ... Er hat den Rechtsanwalt Gysi für sich zu nutzen versucht. Wie wir glauben, mit Erfolg. Wir wissen, daß unser Vater nicht von der Tätigkeit Gysis enttäuscht war; daß er sich auch nicht von ihm getäuscht gefühlt hat. Bis zu seinem Tode hat er die Dienste des Rechtsanwaltes Dr. Gregor Gysi in Anspruch genommen.» Im Familienbesitz befinden sich Briefe, in denen auch Robert Havemann seine Zufriedenheit mit Gysi äußert.

Der Gedanke, der mit Geheimdienstgepflogenheiten aller Art selbst nicht unerfahrene Robert Havemann hätte sich von einem jungen Anwalt hereinlegen lassen, ist abwegig. Seine dritte Frau Katja, die sich zu DDR-Zeiten glücklich schätzte, sich von Gysi betreut zu wissen, und ihn bat, auch in Not geratene Freunde und Bekannte zu vertreten, wittert nun Verrat. Ich habe ihr ein Gespräch angeboten, in dem sie ihre Vorwürfe und Verdächtigungen einmal genauer erklären könnte, aber sie hatte kein Interesse.

«In den aufgefundenen Unterlagen gibt es keine Hinweise, daß Dr. Gysi, um die Interessen seiner Mandanten zu verfolgen, in einer Weise aktiv geworden ist, die den Interessen des MfS zuwider lief.» Diese Behauptung aus dem Ergänzenden Bericht des Bundesbeauftragten, die der Immunitätsausschuss gleich in eine Aktivität *für* das MfS ummünzt, ist – milde gesagt – unglaublich ignorant. Oder weniger milde: platt gelogen. In den Unterlagen gibt es Dutzende Hinweise für nach damaligem Verständnis außergewöhnlich mutige Argumentationen des Anwalts Gysis gegen Praktiken des MfS. Einige nachlesbare Details:

- Obwohl die Vollstreckung des Urteils des Kreisgerichtes Fürstenwalde gegen Robert Havemann im Mai 1979 aufgehoben wurde, und damit auch der Hausarrest, begann die Stasi im Oktober wieder, ihn am Verlassen seines Grundstückes zu hindern. Schon zwei Tage später führte Rechtsanwalt Gysi mit einer Eingabe an den Generalstaatsanwalt Beschwerde. «Mein Mandant unterliegt weder einer Aufenthaltsbeschränkung nach §51 StGB noch Kontrollmaßnahmen nach § 48 StGB, so daß m. E. eine Rechtsgrundlage für die durchgeführte Maßnahme nicht besteht.» Eine Beschwerde über die Praktiken der Stasi im Auftrag der Stasi?
- Seitenlang beschreibt der Ausschuss, weshalb beim MfS gelandete Informationen über ein kleines Holzhaus auf Havemanns Grundstück ihrem Ursprung nach nur von Gregor Gysi stammen können. Dass diese juristische Argumentation aber den Plan verhindert hat, dass sich ein Stasi-Mitarbeiter in jenem Holzhaus einnisten konnte, ist dem Ausschuss keinen Halbsatz wert.
- Als die Stasi 1977 bei einer Urteilsverkündung in einem politischen Strafverfahren nur Angehörige des MfS in den Saal ließ, forderte der Verteidiger Gysi vor den empörten Besuchern, Öffentlichkeit herzustellen.
- In einer OPK-(Operative Personenkontrolle)-Akte wird zitiert, wie Gysi zu Gerd Poppe gesagt hat, dass Veröffentlichungen über seine inhaftierte Ehefrau in westlichen Medien «sehr günstig für die weitere Entwicklung wären». Nichts widersprach den Interessen des MfS so sehr wie die Ermunterung, zur Berichterstattung über politische Strafverfahren in der DDR die Westmedien zu nutzen.
- Eine zentrale Aufgabe des MfS war in all den Jahren das Verhin-

dern von Ausreisen. Mit der Verordnung über Reisen von Bürgern der DDR nach dem Ausland vom 30. November 1988 hatten Anwälte erstmals die Möglichkeit, bei ablehnenden Bescheiden Rechtsmittel einzulegen, bis hin zu einer gerichtlichen Nachprüfung. Das Mitglied einer Berliner Anwaltskanzlei vom Kurfürstendamm, Hans Jörgen Gerlach, jahrelang von westlicher Seite mit Ausreisen befasst, schrieb darüber 1993 für einen Band der Taschenbuchreihe *Ullstein Report*: «Besonders traurig war die Rolle, die die Rechtsanwälte der DDR spielten. Eine große Zahl von Anwälten lehnte ein Mandat in Ausreiseverfahren von vornherein ab, obwohl sie gemäß der Verordnung dazu berechtigt waren. Ein Teil dieser Advokaten machte nach der Wende eine politische Karriere, wobei es notwendig erscheint, Gregor Gysi an dieser Stelle davon auszunehmen.» Der letzte Satz fiel der Zensur des Ullstein-Verlages zum Opfer.
Darüber informierte Hans Jörgen Gerlach in einem vorliegenden Schreiben Gregor Gysi und fügte hinzu: «Mit Fug und Recht möchte ich festhalten, daß Sie, sehr geehrter Herr Dr. Gysi, in diesem Zusammenhang zu den wirklichen Ausnahmen zählten. Wann immer sich DDR-Bürgerinnen oder -Bürger im harten Ringen gegenüber den staatlichen DDR-Organen in Ausreiseverfahren an Sie wandten, gaben Sie Hilfe und Unterstützung im Rahmen Ihrer Möglichkeiten. Viele ausgereiste Antragsteller berichteten mir davon in beglückenden Tönen. Besonders erwähnen möchte ich, daß Sie nicht erst mit der Installation der o.g. Verordnung für verzweifelte Antragsteller zur Stelle waren, sondern bereits lange davor.»

- Das MfS war sehr daran interessiert, Bärbel Bohley von einer Wiedereinreise in die DDR abzubringen. Ihr Anwalt Gysi hat sie jedoch nie dahingehend beeinflusst, sondern ganz im Gegenteil mit dafür gesorgt, dass sie pünktlich nach einem halben Jahr ihren unfreiwilligen England-Aufenthalt beenden konnte.

- Im Juli 1989 wandte sich der damalige Vorsitzende des Rechtsanwaltskollegiums der DDR Gregor Gysi im Auftrag von Rainer Eppelmann an die Staatsanwaltschaft, um Einsicht in die offiziellen Auszählungsakten zur Kommunalwahl zu nehmen. Will die Gauck-Behörde behaupten, es hätte im Interesse des MfS gelegen, der Wahlfälschung auf die Spur zu kommen?

Rechtsanwalt Gysi hat offizielle Kontakte mit dem MfS nie bestritten. Dabei war die Konfrontation mit der Stasi sicher nicht Gysis Hauptstrategie. Das hätte kein Anwalt durchgehalten. Aber wenn er es für nötig hielt, war er auch dazu bereit. Seine wichtigste Taktik bestand wohl darin, bei berufsbedingten Kontakten mit Vertretern aus Partei und MfS Argumente loszuwerden, die besagten, dass es das Beste für das Ansehen der DDR wäre, wenn seine Mandanten korrekt behandelt würden. Dass er bei dieser Gelegenheit die Botschaft mit auf den Weg bekam, die Mandanten mögen sich doch ihrerseits auch weniger konfrontativ verhalten, kann nicht überraschen. Der Anwalt hat Angebote übermittelt. Inwieweit die andere Seite darauf einging – darauf hatte er kaum Einfluss.

In dem erwähnten Brief schrieb Rudolf Bahro: «Die Schlüsselfrage, die aus der westlichen Erfahrung mit der Anwaltsrolle stets verkannt wird, steckt in dem angewandten Vertrauens- bzw. Misstrauensbegriff. Im ‹Realsozialismus› hatte der Anwalt – und genau auf dieser Grundlage konnte er hilfreich sein – nie nur die Vertretungsfunktion für den Mandanten, die Mandantin, sondern zugleich eine Vermittlungsfunktion zu staatlichen Organen. In meinem Falle natürlich auch zur Partei. Das hatte ich realistisch einkalkuliert, schon als ich ihn zum Anwalt nahm, nicht zufällig ein Parteimitglied und Sohn von Klaus Gysi. Was ich ihm sagte, war in der Regel gerade dazu bestimmt, weitergegeben zu werden – an wen, d. h. an welche Organe der Machtstruktur, war seine Sache.

Ob das an das Zentralkomitee war oder gegenüber dem MfS, machte aus meiner Sicht ohnehin keinen wesentlichen Unterschied.»

Bahro, der profunde Analytiker von DDR-Machtstrukturen, erinnert an eine Binsenweisheit: Partei und Staatssicherheit gehörten zusammen. Die schon zu DDR-Zeiten mitunter vermutete Vorstellung, da habe sich ein Machtapparat verselbständigt, der Kontrolle entzogen und sei bereits die eigentliche Macht, hat sich nach Aktenöffnung nicht bestätigt. Ohne Anweisungen aus der bröckelnden Parteizentrale waren die Schlapphüte bestenfalls noch zur Spurenverwischung, nicht mehr aber zu einer eigenständigen, offensiven Aktion fähig. Sie waren eben wirklich nur Schild und Schwert, nicht Arm und Kopf.

Umso verwunderlicher, wie felsenfest sich bis heute eine moralische Wertung durchgesetzt hat: Kontakte mit der SED sind akzeptabel. Offizielle Kontakte mit dem MfS sind auch akzeptabel. Inoffizielle Kontakte mit dem MfS dagegen sind des Teufels. Auch wenn mit Engelszungen übers Paradies geredet wurde, darauf kommt es gar nicht an. Die Grenze zwischen Himmel und Hölle ist die Grenze zwischen offiziell und inoffiziell. Die schlimmste aller denkbaren Sünden ist die der Konspiration. Das ist kindisch. Jungs, habt ihr alle zu viele James-Bond-Filme gesehen?

Welcher Umgang mit der Stasi verdiente für den normalen Bürger denn den Begriff offiziell? Die Bezeichnung Inoffizieller Mitarbeiter kannte niemand, nicht einmal der Inoffizielle Mitarbeiter. Alles war inoffiziell. Auch was die Hauptamtlichen trieben, wusste niemand. Oder ahnte man vielleicht, dass das MfS ein eigenes Untersuchungsorgan hatte, also als Ermittlungsbehörde auftrat? Und dass ein Anwalt (z. B. Gysi) während eines Ermittlungsverfahrens seinen Mandanten (z. B. Bahro) stets nur im Beisein eines Vernehmers des MfS treffen konnte? Und das auch noch unter der Auflage, nicht über die Sache zu sprechen! Anwälten, die diesen *offiziellen* Schwachsinn immer schweigend befolgt haben, müsste man konsequenterweise Konspiration vorwerfen. Wohl ahnend, wie ohnmächtig sie waren. Oder nicht? Einige Juristen haben hinter den Kulissen (also inoffiziell?) zu widersprechen gewagt. Gysi hat nachweislich mehrfach darauf gedrungen, dass er allein mit seinen Mandanten sprechen möchte. In den letzten Jahren wurde es immer seltener, dass ein Vernehmer an den Gesprächen teilnahm. Im letzten Kommentar zur Strafprozessordnung wurde ein Passus mit viel Kampf durchgesetzt: das Inhaftierten und Anwalt betreffende Verbot, zur Sache zu reden, ist unzulässig. Autor dieses Abschnittes: Gregor Gysi.

Als Vorsitzender des Kollegiums der Rechtsanwälte und als Anwalt hat Gysi manch Erstaunliches erreicht. Er brauchte dazu Verbindungen in der ZK-Abteilung Staat und Recht, bei Staatsanwälten (oder bei denen, die sich als solche ausgaben) und bei Leuten aus dem MfS. Das waren berufsbedingte Kontakte, die allesamt einer gewissen Vertraulichkeit unterlagen. Natürlich hat er nach beiden Seiten Informationen weitergegeben. Aber Gysi hat sich unter den spezifischen DDR-Bedingungen an die anwaltlichen Standesregeln gehalten: Erlaubt ist, was den Mandanten nutzt. Entscheidend ist doch nicht, dass man mit der Stasi gesprochen hat, sondern was. Typisch für die diesbezügliche Taubheit von Behörde und Ausschuss ist das Beispiel, in dem Gysi vorgeworfen wird, über ein Gespräch mit einem *Spiegel*-Korrespondenten, in dem es um einen bevorstehenden Prozess ging, informiert zu haben. Dass im Ergebnis dieser Information aber das Ermittlungsverfahren eingestellt und der Prozess gegen den Mandanten Gysis abgeblasen wurde, wird mit keinem Wort erwähnt.

Die gängigen Klischees haben das Adjektiv *inoffiziell* inzwischen reduziert auf die Bedeutung von Spitzelei und Denunziantentum. Dass diese wahrlich widerwärtigen Anschwärzereien inoffiziell vonstatten gingen, berechtigt aber nicht zu dem Umkehrschluss, dass alles, was inoffiziell ablief, automatisch widerwärtig war.

Das gerade mal zwei Seiten lange Kapitel «Abgrenzung zwischen inoffizieller und offizieller Zusammenarbeit mit dem MfS» ist folgerichtig das Schwächste, was der Ergänzende Bericht der Gauck-Behörde zu bieten hat. Für das Rechtsanwaltskollegium Berlin war die MfS-Abteilung XX/1 der offizielle Ansprechpartner, erfährt man da. «Ohne deren Zustimmung war es nicht möglich, dass die HA XX/OG bzw. XX/9 in irgendeiner Form mit Dr. Gysi offiziell zusammenarbeiten hat können.» Mit deren Zustimmung war es also offenbar möglich. Bloß wenn einer kam und was wollte, so habe ich mir erklären lassen, dann hat er bestenfalls seinen Ausweis gezeigt, auf dem ein (sicher falscher) Name und die Dienstnummer stand. Keine Abteilung. Und schon gar nicht, welche übrigen Abteilungen zugestimmt haben. Und wie hätte man damals wissen sollen, dass es eines Tages darauf ankommen würde, in welcher Wohnung man eine Angelegenheit besprochen hat?

Behördenprosa: «Eine offizielle Zusammenarbeit des MfS mit Dr. Gysi ist auch seitens des MfS als Untersuchungsorgan gem § 88 der StPO der DDR (zuständig sind die HA IX bzw. Abteilung IX gewesen) im Rahmen der anwaltschaftlichen Vertretung seiner Mandanten möglich gewesen. Nur das Untersuchungsorgan und nicht etwa die HA XX/OG bzw. XX/9 hat strafprozessuale Maßnahmen einleiten können. Für Dr. Gysi als Rechtsanwalt und Verteidiger in Strafprozessen war deshalb nicht die HA XX/9, sondern die HA IX der offizielle Ansprechpartner. Solche Kontakte waren offizieller Art. Wie aus den Absprachen zwischen Dr. Gysi und einem Mitarbeiter der HA IX im Zusammenhang mit Ereignissen in Güstrow hervorgeht, hat ihm diese Möglichkeit und damit auch der Unterschied zur inoffiziellen Zusammenarbeit mit der HA XX/9 bekannt sein müssen.» Mit anderen Worten: Eines schönen Tages in Güstrow hätte bei Gysi der Groschen eigentlich fallen müssen.

Ich lehne es jedenfalls ab, diese Albernheiten verstehen zu sollen. Das ist nicht nachvollziehbar – weder heute noch damals. Gregor

Gysi war kein Inoffizieller Mitarbeiter (IM), aber er hat hinter den Kulissen inoffizielle, informelle Kontakte gehabt, die hilfreich waren. Wenn man denn unbedingt will, kann man das in Gottes Namen vielleicht auch *inoffizielle Zusammenarbeit* nennen. Na und? Dafür sind ihm viele bis heute dankbar.

Doch der Ausschuss übt sich in Uminterpretation: «Dr. Gysi schlug bei seinen Überlegungen zwar keine *offenen* Repressionen gegen Rudolf Bahro vor, er zeigte dem MfS – etwa durch bestimmte Hafterleichterungen – jedoch Möglichkeiten auf, Rudolf Bahro zu steuern.» *Versteckte* Repressionen durch Hafterleichterung? Absurd. Völlig zu Recht weist die Pro-Gysi-Fraktion der Verfassungsrichter darauf hin, dass die auf Mandantenverrat abzielenden Wertungen des Ausschusses geeignet seien, «den Verdacht zu nähren, das Überprüfungsverfahren werde als ein Mittel der politischen Auseinandersetzung gebraucht, um den betroffenen Abgeordneten politisch zu diskreditieren».

«Zersetzende Aufträge» des MfS an Gysi sind nicht bekannt. In seiner Not zitiert der Ausschuss einen einzigen Auftrag, von dem auch noch unklar bleibt, ob er aus dem ZK oder dem MfS kam, der jedenfalls so rührend komisch ist, dass er auch hier nicht vorenthalten werden soll. 1979 war es zu einem Finanzstreit zwischen dem Kameramann D. und dem DDR-Fernsehen gekommen. D. beauftragte Gysi mit seiner Vertretung. Dieser scheint sich beraten zu haben. «Gen. Dr. Gysi erhält den Auftrag, hinsichtlich der finanziellen Forderungen des D. weiterhin auf diesen beruhigend einzuwirken, ihm geduldig und langfristig zu helfen und als Vertrauter und Freund schrittweise klarzumachen, was für D. machbar ist und was nicht.» ZK oder MfS als Freund und Helfer? Der Streit endete mit einem Vergleich.

Es gab keinen klaren Verhaltenskodex zwischen «Zivilisten» und Stasi-Leuten. Weder für Juristen noch für Ökonomen. (In wichtigen KoKo-Firmen saßen BND-Leute auf den Chefsesseln und wickelten mit ihren Kollegen von der Stasi jene Geschäfte ab, über die sich Politiker heute empören. Obwohl im Kanzleramt seit Anfang der 80er Jahre bekannt war, dass Alexander Schalk-Golodkowski ein hoher Stasi-Mann war, traf sich der CDU/CSU-Fraktionsvorsitzende Wolfgang Schäuble mit ihm. Inoffiziell?) Auch zwischen Kirchenleuten und MfS gab es keine klaren Richtlinien. Oder Kirchenleuten und BND. (Nicht umsonst hat der Pfarrer der Leipziger Nikolaikirche Christian Führer auf der Synode der Evangelisch-Lutherischen Kirche Sachsens im November 1995 Regelungen für den Umgang von Pfarrern und anderen Kirchenmitarbeitern mit Geheimdienstlern angemahnt.) Die Grenzen zwischen inoffiziell und offiziell waren und sind fließend.

Ich weiß, diese Argumentation mag weder Gauck noch Gysi. Joachim Gauck braucht eine klare Ziellinie, um Tore schießen zu können. Und auch Gregor Gysi bleibt nichts anderes übrig, als sich gegen Fouls innerhalb der nun mal geltenden Spielregeln zu wehren. Für einen außen stehenden Spielbeobachter bleibt nur, sich an den Kopf zu fassen:

Während Gysi sich für Ausreisewillige diskret, also inoffiziell (wahrscheinlich aber nicht inoffiziell) einsetzte, empfing Pastor Gauck am 28.7.1988 offiziell MfS-Hauptmann Terpe in seiner Pfarrwohnung und versprach ihm, mit Ausreisewilligen seiner Gemeinde wiederholt zu sprechen, damit sie in der DDR bleiben. Von seinem offiziellen Besuch schrieb der Hauptmann in einem inoffiziellen Bericht über Gauck: «Er glaubt, dass das MfS einen echten positiven Beitrag zur Entwicklung der sozialistischen Gesellschaft einbringen wird.» So ergreifende Glaubensbekenntnisse sind von dem ungläubigen Gysi leider nicht überliefert. Um bei dem «echten positiven Beitrag» nicht ganz abseits zu stehen, plauderte Gauck sodann unbeschwert über den Rostocker Kirchentag. Damit hatte der Pastor ein für alle Mal demonstriert, wie man so etwas korrekt macht und nicht unkorrekt telefonisch, wo schon bald niemand mehr weiß, wer eigentlich angerufen hat. Auch das private Schuldbekenntnis Gaucks gegenüber Hauptmann Terpe, dass er bei der Erziehung seiner Kinder letzten Endes versagt habe, weil er nicht alles dafür getan habe, dass sie in der DDR blieben, trug ausschließlich offiziellen Charakter. Abschließend erklärte Gauck, ihn habe «der Besuch eines Mitarbeiters des MfS im Ergebnis dieses Gespräches angenehm überrascht». Dies war natürlich eine rein offizielle Überraschung: «Gauck informierte weiterhin, dass er eine Information an den Landesbischof geben wird, und fragte den Mitarbeiter, ob er dagegen Einwände habe.» Gauck wollte für seine Dekonspiration die Absolution des MfS – eine recht devote Umgangsform, die einmal mehr bestätigt, dass es klare Verhaltensregeln nicht gab. Wenn Gauck in der DDR aber auch nur halb so mutig gewesen wäre wie Gysi, dann hätte die «Kirche im Sozialismus» mehr Profil zeigen können.

Unlängst erinnerte die Schauspielerin Käthe Reichel an folgende Episode: «Am 15. Oktober 1989 fand im Deutschen Theater in Berlin, bis unter das Dach gefüllt mit Künstlern, eine Versammlung statt. Anwesend waren die Berliner Theaterschaffenden, ein Schauspieler, der der ‹Gesandte› des Zentralkomitees der SED war, und, wegen Rechtshilfe eingeladen, Gregor Gysi. Einziges Thema: *Protestdemonstration in Berlin.*» Der ZK-Schauspieler habe erklärt, wegen der Grenze in der Stadt ginge so was nicht, Berlin sei nicht Leipzig. Und im Parkett und in den Rängen kulminierte alles aufgeregt in der Frage: «Dann können wir also in Berlin keine Demonstration machen?» Da sei Gysi aufgestanden und habe ironisch gesagt: «Ihr müsst mal eure Verfassung lesen. In der Verfassung der DDR ist das Demonstrationsrecht verbürgt. Berlin ist in keinem Artikel der Verfassung ausgeschlossen.» Mit dem Ruf: «Na also, na also» hätten die Leute tumultartig den Zuschauerraum verlassen, um mit den Vorarbeiten für den 4. November zu beginnen. «Als Gysi diese wahre Zündschnur für uns legte, regierte 100 Meter Luftlinie entfernt Erich Honecker das ZK.» Was belegt, dass der Genosse Gysi auch kein bedingungsloser Erfüllungsgehilfe des ZK war, sondern ein Mann, der sicher auch Kompromisse machen musste, der aber, wenn es darauf ankam, einzig seinem Gewissen verantwortlich war.

Man könnte die Exekution moralischer Schuld an unbequemen Zeitgenossen einfach komisch finden, wenn sie nicht geeignet wäre, Menschen kaputtzumachen. Spät, aber vielleicht nicht zu spät, hat Helmut Schmidt auf dem SPD-Parteitag im April 1998 in Leipzig offene Worte gefunden: «Mir ist seit 1990 jedwede westdeutsche Beckmesserei gegenüber unseren Landsleuten im Osten immer zum Kotzen gewesen ... Ein Mann wie Wolfgang Vogel, der als ehrlicher Makler geholfen hat, ungezählten Menschen zur Freiheit und zur Wiedervereinigung mit ihren Familien zu verhelfen, mußte natürlich auch mit der Stasi Umgang haben. Aber er war und bleibt ein wahrer Menschenfreund!»

Erstmalig wurde hier eingeräumt, dass es möglich war, mit der Stasi umzugehen und gleichzeitig ein Menschenfreund zu sein. Oder sogar: Wenn man ein Menschenfreund war, konnte man in bestimmten Positionen, unter den gegebenen Umständen, auf die Möglichkeiten der Stasi nicht verzichten. Helmut Schmidt: «Ebenso mußte auch Manfred Stolpe mit der Stasi reden. Ich selbst habe ihn – ich war damals Bundeskanzler in Bonn – einmal sogar darum gebeten. Er hat es getan zu Nutz und Frommen der Christen und der Kirche und der Menschen in der damaligen DDR.»

Wenn ein DDR-Würdenträger damals auf Wunsch eines Bundeskanzlers etwas getan hat, was für ihn heute den Verlust seiner Würde bedeutet, so stimmt eben diese ganze verordnete 007-Logik nicht.

Ich wünschte mir beim Umgang mit der Thematik so viel Souveränität, wie sie Egon Bahr in seinen Memoiren bewiesen hat. Das zweitälteste Gewerbe der Welt werde jeden Politiker überleben, prophezeit er dort. Ob einem das gefalle oder nicht – Geheimdienste hätten dunkle und nützliche Seiten. Die dunklen Seiten dieser Welt seien wohl nicht abzuschaffen, aber die nützlichen zu nutzen. Ein verdeckter Kanal, ein «back channel», bringe mitunter unbezahlbare Ergebnisse. Wer als Politiker etwas bewegen wolle, habe keine Zeit, sich viel Gedanken über die Indianerspiele und Schlimmeres der Dienste zu machen. «Wo möglich, wo nötig mußten sie genutzt werden.» Dann erzählt er so unbefangen von seinen Besuchen im Hauptquartier der CIA und bei KGB-Leuten, dass einem ganz schwindlig wird. Und niemand kommt auf die Idee zu fragen, ob das offiziell oder inoffiziell war.

Wenn dagegen die SPD-Sprecher unmittelbar nach dem BVG-Urteil in vorauseilender Ahnungslosigkeit den Abgeordneten Gysi auffordern, sich bei seinen einstigen Mandanten und deren Nachkommen zu entschuldigen, so empfehle ich, doch wenigstens einmal einen Nachkommen anzuhören. Im Mai 1998 schrieb Andrej Bahro an den Vorsitzenden des Immunitätsausschusses:

«Die Klage gegen Gregor Gysi soll wahrscheinlich ähnlich ausfallen wie die der DDR-Justiz gegen meinen Vater, der wegen geheimdienstlicher Tätigkeit für eine (bis heute ungenannte) ausländische Macht verurteilt wurde. Und Sie werden damit Recht haben. Bahro, Gysi und andere sind im Geheimen tätig für eine offensichtlich ausländische, weil hier nicht mächtige Macht: Sie sind für die Macht der persönlichen Courage in Zeiten schwerer Verfehlungen des Staates gegenüber seinen Bürgern tätig.»

PS. Nachdem die rot-rote Regierung in Berlin angetreten war, informierte die Birthler-Behörde im Juni 2002 die Medien, es gäbe neu gefundenes Aktenmaterial über den Wirtschaftssenator Gregor Gysi. Über Inhalt und Umfang gab sie jedoch keine Auskunft. Die Senatskanzlei kritisierte daraufhin den Stil der Behörde, Ergebnisse ihrer schriftlichen Nachfrage über die Regierungsmitglieder nicht selbst beantwortet zu bekommen, sondern zunächst der Presse entnehmen zu müssen. DPA meldete später, aus den neuen Akten gingen keine neuen Erkenntnisse über eine eventuelle Zusammenarbeit Gysis mit der Staatssicherheit hervor.

Was immer Gregor Gysi tut – Senator werden oder von dem Posten zurücktreten –, seinen Beweggründen werden moralische Altlasten unterstellt. Dass er sich selbst keine Verfehlung verzeiht, hat er zum Kummer vieler seiner Freunde und Feinde gerade demonstriert. Dennoch scheint das Urteil über ihn unentrinnbar: vogelfrei für Verdächtigungen – und zwar lebenslänglich.

Sein Fall mag der prominenteste der dem Innenministerium unterstellten Stasi-Unterlagen-Behörde sein, der einzige ist er bei weitem nicht.

VEREINTES LAND – GETEILTE FREUDE

Plädoyer für eine ehrliche Geschichtsschreibung auf beiden Seiten

Es ist mein Vaterland und meine Muttersprache, ich habe nie woanders gelebt, aber die Leute auf den Briefmarken kenne ich nicht. Manchmal schlage ich im Lexikon nach, doch die Erklärungen kann ich mir meist nicht merken, so wie es mir mit selten gebrauchten Vokabeln geht. Vor zehn Jahren dachte ich, das wird sich schon geben. Aber mein Gedächtnis ist eher schlechter geworden, während die Fremdheit geblieben ist. Ich meine ja nicht irgendwelche Sondermarken, sondern die Standardausführungen. Auf den normalen Brief klebe ich Käte Strobel, auf einen größeren Maria Probst. Ich sollte zufrieden sein, dass es Frauen sind.

Denn die Männer, die mir früher am Postschalter zugeteilt wurden, waren mir meist nicht angenehmer. Immerhin war es ein Zeichen von Vertrautheit, dass ich, auch ohne zu fragen, wusste, wer sie sind und wer sie weshalb ausgewählt hatte. Offenbar sind mir diejenigen Ostdeutschen, die in den letzten zwölf Jahren für briefmarkenwürdig gehalten wurden, lediglich entgangen.

Entgangen ist mir allerdings nicht, wie ein anonymer «Programmbeirat» des Finanzministeriums, damals noch unter Theo Waigel, den Antrag der Anna-Seghers-Gesellschaft abgelehnt hat, zum 100. Geburtstag der Dichterin eine Briefmarke herauszugeben. DDR-Autorinnen unter 100 wie Irmtraut Morgner, Brigitte Reimann oder Maxie Wander haben da wohl erst recht keine Chance. Und Männer? Wolfgang Langhoff, von zahllosen Theater- und Filmbesuchern geliebt, wäre in diesem Jahr 100 geworden, ebenso Walter Felsenstein. Wie lange sollen die Anhänger von Paul Dessau, Hanns Eisler und Ernst Busch, die von Robert Havemann, Rudolf Bahro, Stephan Hermlin oder Heiner Müller warten? Oder stehen die Vorgeschlagenen alle irgendwie unter Kommunismusverdacht? Dass sie ihre Hoffnungen einst auf eine Alternative zum kapitalistischen Umsatzfetisch richteten, ja, dass wir mit ihnen eine solche Alternative überhaupt für nötig hielten, macht uns verdächtig.

Im an sich interessant gemachten Geschichtsbuch, das meine Tochter gerade in der 10. Klasse eines Ostberliner Gymnasiums benutzt[1], kommen verschiedenartigste, sich auch widersprechende Historiker, Philosophen und Journalisten zu Wort, ostdeutsche haben allerdings nichts zu sagen. Selbst im Kapitel über die DDR werden bestenfalls damals dort akkreditierte Westkorrespondenten zitiert. Entsprechend verkürzt und unterbelichtet gerät das Bild. Nach 17. Juni, Flüchtlingsbewegung, Mauerbau und knappen Erörterungen über das Machtgebaren der Parteiführung ist man schnell beim ausführlich besprochenen Ende der DDR. Da bleibt kein Klischee ausgespart.

Wenn ich an meine Schulzeit denke, so erkenne ich die Verzerrungen von damals heute seitenverkehrt wieder. Während wir uns wochenlang mit der Geschichte der Arbeiterbewegung quälen mussten, so ist dieses Thema jetzt weitgehend ausgeblendet, selbst der Begriff ist eliminiert. Herausragende parlamentarische Initiativen, die uns lange beschäftigten, wie die von Karl Liebknecht, der 1914 als Einziger gegen die Kriegskredite stimmte, bleiben unerwähnt. Was damals fehlte, ist heute präsent: dass die KPD «vor allem ihren alten Rivalen, die Sozialdemokratie bekämpfte und sich auch nicht scheute, im Preußischen Landtag und beim Berliner Verkehrsstreik von 1932 mit den Nationalsozialisten gemeinsame Sache zu machen»[2].

---

1 «Unsere Geschichte, Von der Zeit des Imperialismus bis zur Gegenwart», Verlag M. Diesterweg, Frankfurt/Main 1991

2 Ebenda, S. 132

Keinen Hinweis gibt es dafür auf die Eröffnungsrede Clara Zetkins als Alterspräsidentin des Deutschen Reichstages im August 1932, in der sie eine «Einheitsfront aller Werktätigen» mit Massenstreiks forderte, um die Machtübernahme der Faschisten und eine weitere «Ausschaltung des Reichstages» zu verhindern: «Vor dieser zwingenden geschichtlichen Notwendigkeit müssen alle fesselnden und trennenden politischen, gewerkschaftlichen, religösen und weltanschaulichen Einstellungen zurücktreten.»[3] Unerwähnt bleibt, dass die Nazis vierzehn Tage vor der Abstimmung über das Ermächtigungsgesetz genau wegen dieser Haltung die 81 kommunistischen Reichstagsmandate annullierten und die Abgeordneten des Hauses verwiesen, worüber die Sozialdemokraten im Parlament keinen Ton verloren. Hervorgehoben wird der Mut der SPD, die «als einzige Partei» das Ermächtigungsgesetz ablehnte. «Die KPD-Abgeordneten waren teils verhaftet (Warum, wenn man so gut zusammengearbeitet hatte? D. D.), teils untergetaucht.» (Wenn's darauf ankommt, tauchen sie einfach ab.)

So ziehen sich die meines Wissens nie neutral aufgearbeiteten Verletzungen zwischen beiden Parteien durch die Geschichtsbücher, und wer gerade mehr Deutungshoheit hat, der schmälert bis heute die Verdienste der anderen Seite. Was zu meiner Schulzeit mehrere Kapitel einnahm, wird hier mit sechs Wörtern erledigt. Unter der Überschrift «Gruppen des deutschen Widerstandes» heißt es: «*Es gab kommunistische Gruppen im Untergrund*, aber ebenso auch Christen, wie den katholischen Pater Delp oder den evangelischen Theologen Bonhoeffer und andere Mitglieder der Bekennenden Kirche.»[4] Dann wird ausführlich auf den Kreisauer Kreis eingegangen, die an den Gesprächen teilnehmenden Sozialdemokraten wer-

---

[3] Clara Zetkin, Ausgewählte Reden und Schriften, Berlin 1960, S. 415 f.

[4] «Unsere Geschichte», S. 192

den namentlich erwähnt, geehrt werden Hingerichtete der Weißen Rose und die Attentäter des 20. Juli. Die Ermordung Thälmanns findet im Lehrbuch nicht statt. Die Kommunisten sind die Einzigen, die ohne jede namentliche Würdigung bleiben, sie rangieren damit hinter dem kirchlichen Widerstand. Das Versagen der Kirche im Dritten Reich bleibt unerwähnt, während mit kommunistischem Versagen im ganzen Buch nicht gegeizt wird.

Nur wer seinen eigenen Klischees von der Unmündigkeit der Ostdeutschen glaubt, kann annehmen, dass derartige Verzerrungen bei Lehrern und Schülern unbemerkt bleiben. So hat das Ganze auch sein Gutes: Die nützliche Tradition des Misstrauens gegenüber staatlich verordneten Bildern wird weitergepflegt. Allerdings wohl nur in einem Teil der Nation.

«Geschichtsschreibung ist die Summe der Lügen, auf die sich die Mehrheit einigt», wusste schon Napoleon. Demnach wäre deutsche Geschichtsschreibung zurzeit die Summe der Lügen, auf die sich die westdeutsche Mehrheit einigt. Weitgehend ausgegrenzt ist nicht nur die Mehrheit der Ostdeutschen, sondern auch die anders denkende Minderheit der Westdeutschen. Während wiederum Ostdeutschen, die den westlichen Mainstream verinnerlicht, ja überboten haben, großzügig Plätze zugewiesen werden. «Unser Staat, die Bundesrepublik Deutschland, ist seit 1949 ununterbrochen eine freiheitliche, solidarische, weltoffene Republik, auf die wir stolz sein können», sagte Angela Merkel im Bundestag in einem Anflug von Verklärung, die in ihrer Zeit als FDJ-Sekretärin geschult worden sein mag. Ihre Wertung sollte die rebellischen Achtundsechziger zumindest delegitimieren, wenn nicht kriminalisieren.

Wenn hier von Geschichtsschreibung die Rede ist, verkenne ich nicht die Leistung unabhängiger Historiker, die an Universitäten differenzierte Projekte betreiben, unterschätze nicht den Wert spezifischer Forschungen, die, meist in kleinen Verlagen, als Bücher angeboten werden, sehe das selbstausbeuterische Bemühen von Redakteuren auflagenschwacher Zeitschriften, sich dem Zeitgeist entgegenzustemmen. All das wird leider oft nur in akademischen Fachkreisen oder von Insidern zur Kenntnis genommen.

Ich meine vielmehr das Geschichtsbild, das, gebrochen durch die so genannte politische Klasse, im Alltag der Menschen wirklich ankommt. Etwa das Traditionsverständnis, welches Gesetze und Verordnungen vermitteln. So regelt die Dienstvorschrift 10/8 der Bundeswehr «Militärische Formen und Feiern». Militärische Ehren, etwa bei Begräbnissen, stehen allen Berufssoldaten nicht nur der Bundeswehr, sondern auch der Wehrmacht, der Reichswehr oder der Kaiserarmee zu. Denen der Nationalen Volksarmee nicht. Ausnahmen können lediglich in Sonderfällen geprüft werden, «z.B. bei ehemaligen Berufssoldaten der NVA, die Inhaber/Träger von Tapferkeitsauszeichnungen des 2. Weltkrieges vom Ritterkreuz an aufwärts sind».[5] Da wird es nicht wundern, dass auch bei der Rentenberechnung im öffentlichen Dienst die Jahre unter Hitler mehr bringen als die unter Honecker. Die Signalwirkung auf junge Leute, welche Art von Sympathieträgern sich da in der Ministerialbürokratie tummeln müssen, scheint nicht weiter zu beunruhigen.

Was im Alltag ankommt, wird verbreitet durch populistische Politiker, quotenabhängige Journalisten, eingeschüchterte Bildungseinrichtungen und Museen, die im Kalten Krieg stehen geblieben sind. Wie etwa das *Zeitgeschichtliche Forum Leipzig*, eine Filiale des Bonner Hauses der Geschichte, wo mit selektivem Westblick den Ostdeutschen vorgeführt wird, was von ihrer Geschichte bewahrenswert ist. Der damals führende Historiker, Helmut Kohl, hatte dem Haus 1994 die Linie vorgegeben: «Wir müssen die Generation

---

[5] «Ein Nazi-Ritterkreuz macht alles wieder gut ...», Neues Deutschland vom 9.4.2001

unserer Kinder und Enkel mit den Wurzeln unserer freiheitlichen Demokratie vertraut machen. Zugleich muß die Erinnerung an Unrecht und Terror in der SED-Diktatur wach gehalten werden.»[6] Nach dieser schlichten Schwarzweißfolie entstand die Dauerausstellung «Diktatur und Widerstand in der DDR».

Im Leipziger Katalog wird stolz auf «erste Erhebungen» verwiesen, die ergeben haben, dass 97 Prozent der Besucher von der Ausstellung sehr angetan waren. Gratulation zu diesem DDR-Wahlergebnis. Dabei kommen selbst die Museumsmitarbeiter nicht umhin, Besucher darauf aufmerksam zu machen, dass hier ein recht einseitiges Bild vom Leben in der DDR gezeichnet wird. Und Christian Führer, Initiator der Leipziger Montagsdemos und damit eine der herausragenden Persönlichkeiten, die bei diesem Thema Mitsprache verdient hätten, winkt auf meine Frage nur resigniert ab: Obwohl seine Pfarrkanzlei nur wenige Meter von der Ausstellung entfernt liegt, ist nach seiner Meinung nie gefragt worden.

Oppositionelle Geschichtsschreibung hat leider auch heute wenig Chance auf Förderung. Die von dem Dissidenten Wolfgang Harich begründete Alternative Enquete-Kommission bekam keinerlei Unterstützung, sondern wurde heftigst angefeindet. Ähnlich ergeht es anderen Vereinen und Gruppen, die ein bestenfalls unbeachtetes Nischendasein fristen, von Idealismus leben, ausgegrenzt und ignoriert werden. So die letzten Mohikaner der in der Ostberliner Opposition einst zentralen *Umweltbibliothek*, die in ihrer leider wenig beachteten *ostdeutschen quartalsschrift telegraph* die «täglichen Lügen» und die «Geschichtsfälschung» der vergangenen zehn Jahre anprangern. Ein mit Nichtachtung gestraftes Nischendasein führen

[6] Katalog zur Ausstellung «Einsichten. Diktatur und Widerstand in der DDR», Leipzig 2001, S. 11

so unterschiedliche Publikationen wie die Schriftenreihe der Gesellschaft zum Schutz von Bürgerrecht und Menschenwürde oder die fast 70 *hefte zur ddr-geschichte* des PDS-nahen Bildungsvereins Helle Panke, aber auch westliche Gruppierungen wie die SPD-nahe Vereinigung kritischer Juristen, die Initiativgruppe für die Rehabilitierung der Opfer des kalten Krieges oder gelegentlich die älteste Bürgerrechtsvereinigung der Bundesrepublik, die Humanistische Union.

Im einst dem Neuen Forum nahe stehenden Ostberliner Basis-Druck-Verlag erscheint die Monatsschrift *Gegner.* Sie beruft sich auf die Tradition der von Harro Schulze-Boysen bis zum Verbot durch die Nazis herausgegebenen, gleichnamigen Zeitschrift und findet auch heute Gründe, den Titel als antikapitalistisches Programm zu verstehen. Anknüpfend an eine Feierstunde des Finanzministeriums zu Ehren von Schulze-Boysen, richtete die Redaktion an den «lieben Genossen Hans Eichel» die Bitte um Unterstützung zur Fortführung des Projektes des heute geehrten früheren Herausgebers. Im Antwortschreiben des Sachbearbeiters wird der «nicht unbeachtliche Beitrag» der heutigen Zeitschrift gelobt, «rechtzeitig Mut zum Widerstand gegen staatliche Unrechts- und Gewaltherrschaft» zu machen. «Das Finanzministerium hat deshalb auch die Möglichkeit einer finanziellen Beteiligung an der Zeitschrift ernsthaft geprüft. Diese Prüfung hat jedoch zu meinem Bedauern ergeben, dass haushaltsrechtlich eine finanzielle Unterstützung leider nicht möglich ist.»[7]

Besser ins gewünschte Bild passende Institutionen liegen dagegen jenseits haushaltsrechtlicher Bedenken. Die Gauck-Behörde hat (genau wie die Justiz) den offiziellen Auftrag bekommen, die DDR zu delegitimieren und damit den inoffiziellen, «den Status Quo der

---

[7] Gegner, Heft 3, Berlin 2000, S. 2

Bundesrepublik zu sichern».[8] Für dieses Herzensanliegen hat der Staat der Behörde schon 2 000 000 000 Mark an Steuergeldern zukommen lassen. Jahrelang wurde dieses Geld dazu benutzt, mit Hilfe der die Realität angeblich richtig darstellenden Akten fast alle Lebensbereiche der DDR-Bewohner moralisch zu interpretieren. Auch in ungezählten zivil-, straf- und arbeitsrechtlichen Prozessen wurden sie gerichtsnotorisch verwendet und in ihrer Glaubwürdigkeit höher eingestuft als lebendige Zeugen.

Als aber angesichts des notorischen Schweigens des einst führenden Historikers die Frage aufkam, ob die Akten mangels anderer gesprächsbereiter Zeugen auch Erkenntnisse über bundesdeutsche Vorgänge liefern könnten, begrenzte man plötzlich den Zweck der Behörde auf «die politische und historische Aufarbeitung der MfS-Tätigkeit». Geheimdienstliche Erkenntnisse über die Bundesrepublik sind tabu, obwohl das Stasi-Unterlagengesetz in § 32 dazu verpflichtet, dem Interesse der Öffentlichkeit an Personen der Zeitgeschichte und Inhabern politischer Funktionen zum «Zwecke der politischen Bildung» entgegenzukommen. Doppeltes Maß ist immer einfaches Unrecht.

Finanziert werden die vom Bundestag gut dotierte Stiftung zur Aufarbeitung der SED-Diktatur, die Zentralstelle zur Unterstützung der historischen Aufarbeitung des DDR-Unrechts, der Forschungsverbund SED-Unrecht an der FU Berlin, ein Projekt zum Unrechtsstaat an der juristischen Fakultät der Humboldt-Uni und vieles andere mehr.

Es liegt im ureigensten Interesse der Ostdeutschen, all das, was damals im wahrsten Wortsinn *Unsäglichkeiten* waren, heute eben nicht «brutalstmöglich» zu verschleiern, sondern ehrlich aufzuklä-

---

8 Marcuse, Peter: Das Feindbild Stasi sichert dem Westen den Status quo, in: Frankfurter Rundschau vom 14. 5. 1992, S. 18

ren. Mehr oder weniger mit angesehen zu haben, wie eine Reformierung der DDR, auf die doch viele lange hofften, unmöglich wurde, wie ein emanzipatorischer Gesellschaftsentwurf zuschanden kam – vor dieser Verantwortung können wir uns nicht drücken. Aber die dämonisierenden Verkürzungen wie die vom «totalitären Unrechtsstaat» oder von den in einem Atemzug genannten, 60 Jahre währenden «zwei deutschen Diktaturen in diesem Jahrhundert» provozieren nicht nur ein Aneinandervorbeireden, sondern den Absturz in die Nichtidentifikation, ins alltägliche Dissidententum breiter Schichten. Damit wird sich Leben nicht plausibel erklären lassen. Weder im Osten noch im Westen.

Angesichts völkerrechtswidriger Kriegsteilnahme, aufgetauchter Schwarzkonten und verschwundener Akten, angesichts des dringenden Verdachts von Käuflichkeit und Bestechlichkeit einerseits und der Möglichkeit des Ablasshandels vor Gericht, des Freikaufs von Ermittlungsverfahren andererseits, fragen sich immer mehr Menschen: Ab wie viel Unrecht ist ein Staat ein Unrechtsstaat? Und wer bestimmt, was totalitär ist?

Unmittelbar nach der deutschen Vereinigung fasste der CDU-dominierte Landtag des Freistaates Sachsen den Beschluss zur Einrichtung des Hannah-Arendt-Instituts für Totalitarismusforschung an der TU Dresden. Wie der Homepage zu entnehmen ist, wurzelt die Idee «in der beinahe 60jährigen, doppelten Diktaturerfahrung Ostdeutschlands und im aufklärerischen Impuls der friedlichen Revolution von 1989/90». Dass die ostdeutschen Landtagsabgeordneten damals nicht viel von Hannah Arendt verstanden, kann man ihnen nicht zum Vorwurf machen, denn diese bemerkenswerte Autorin durfte in der DDR nicht erscheinen. Die westlichen Ideengeber aber waren entweder inkompetent oder bewusste Geschichtsklitterer, wenn sie unterstellten, Hannah Arendt hätte diese bruchlose 60-Jahre-Hochrechnung mitgemacht.

Im Vorwort zum 3. Teil ihres Hauptwerkes «Elemente und Ursprünge totaler Herrschaft» beschreibt sie 1966 den Abbau totaler Herrschaft nach Stalins Tod, das «Wiederaufblühen der Künste», relative Verbesserungen in der sowjetischen Justiz und Öffentlichkeit. Und obwohl «alle Macht in der UdSSR letztlich illegitim» sei, könne man «mit gleichem Recht feststellen, dass die totale Herrschaft, die furchtbarste aller modernen Regierungsformen, mit dem Tod Stalins in Russland nicht weniger ihr Ende gefunden hat als in Deutschland mit dem Tod Hitlers»[9]. Selbst die Niederschlagung des ungarischen Aufstandes 1956 ist für sie nicht totalitär, weil sie nicht von der Geheimpolizei, sondern von regulären Armeeeinheiten durchgeführt wurde und es anschließend zu keinen Massendeportationen kam. Während in der Stalin'schen Periode des Terrors, ähnlich wie unter den Nationalsozialisten, versucht wurde, Menschen total umzuformen und das Individuelle zu vernichten, könne davon nach 1953 selbst unter der Zentralverwaltung von Einparteiensystemen nicht mehr die Rede sein. Es handele sich seither vielmehr um autoritäre Gesellschaften.

Es erschwere aber die Analyse, «dass uns die Ära des Kalten Krieges eine offizielle ‹Gegenideologie› hinterlassen hat, den Antikommunismus, welcher gleichfalls dazu neigt, einen Anspruch auf Weltherrschaft zu entwickeln, und uns dazu verleitet, nun unsererseits einer Fiktion nachzuhängen; denn er verbietet es uns prinzipiell, die verschiedenen Einparteiendiktaturen, denen wir in der Realität gegenüberstehen, von einem echten totalitären System zu unterscheiden». Totale Herrschaft sei aber die einzige Staatsform, mit der es keine Koexistenz geben könne. «Wir haben daher allen Grund, mit dem Wort ‹totalitär› sparsam und vorsichtig umzugehen.»[10] Zumin-

[9] Hannah Arendt: Elemente und Ursprünge totaler Herrschaft, München 2000, S. 652

[10] Ebenda, S. 636

dest aus der Sicht Hannah Arendts hat Totalitarismusforschung im Zusammenhang mit der DDR nichts zu suchen. Darauf sollten seriöse Historiker und auf Ausgleich bedachte Politiker auch bestehen und sich geschichtsklitternde Analogien ideologischer Auftraggeber ein für alle Mal verbitten.

Totalitäre Ansätze dagegen würde ich durchaus sehen oder auch die Erforschung feudaler, diktatorischer und oligarchischer Strukturen begrüßen. Dann drängt sich allerdings die Frage auf, weshalb diese Forschung so westblind ist? Wer sich auf den aufklärerischen Impuls von 1989 beruft, sollte nicht ein so tendenziöses historisches Kurzzeitgedächtnis haben. Denn dieser Impuls hatte durchaus kapitalismuskritische Züge. Ich erinnere mich zum Beispiel, wie mir mein Mitstreiter im Demokratischen Aufbruch Ehrhart Neubert (heute CDU und Forschungsleiter in der Gauck-Behörde) im September 1989 stolz einen Text gab, in dem er mahnt: «Der Sozialismus ist ein Teil der unteilbaren europäischen Gesamtkultur. Ihn jetzt grundsätzlich aufgeben zu wollen, hieße das Ganze zu schädigen.» Längst gebe es «neue Formen von Herrschaft, die wesentlich bedrohlicher» seien, so «die *Totalität* der Konsumerwartung oder neue soziale Ungleichheiten».

Die bürgerbewegten Ostdeutschen lagen, zumindest mental, zunächst auf der Linie der Frankfurter Schule. Die Phantasie reichte aus, sich Herbert Marcuses Warnung vor dem eindimensionalen Menschen als eine systemübergreifende vorzustellen: «Infolge der Art, wie sie ihre technische Basis organisiert hat, tendiert die gegenwärtige Industriegesellschaft zum Totalitären. Denn ‹totalitär› ist nicht nur eine terroristische politische Gleichschaltung, sondern auch eine nichtterroristische ökonomisch-technische Gleichschaltung, die sich in der Manipulation von Bedürfnissen durch althergebrachte Interessen geltend macht. Sie beugt so dem Aufkommen einer wirksamen Opposition gegen das Ganze vor. Nicht nur eine besondere Regierungsform oder Parteiherrschaft bewirkt Totalitarismus, sondern auch ein besonderes Produktions- und Verteilungssystem, das sich mit einem ‹Pluralismus› von Parteien, Zeitungen, ‹ausgleichenden Mächten› etc. durchaus verträgt.»[11] Mit anderen Worten: Jede Gesellschaft, die versucht, sich nach *einem* Prinzip zu organisieren, hat etwas Totalitäres. Das moderne, französische Kürzel für diesen Befund hieß: «Terror der Ökonomie». Wenn der Mensch mit all seinen Sehnsüchten und Ängsten, gar seiner Bildung und Gesundheit zur Funktion des Marktes wird, ist er nicht mehr frei. «Die totalitären Bewegungen sind Massenorganisationen atomisierter und isolierter Individuen …»[12] Auch wenn man sich über die Gründe nicht einigen konnte – dass der Zusammenhalt der Menschen in der DDR intensiver war, ist unumstritten. Atomisiert und isoliert sind die meisten heute mehr.

Von alldem will man am Hannah-Arendt-Institut für Totalitarismusforschung nichts wissen. Dort konzentriert man sich ganz auf NS- und DDR-Forschung. Im Sog der angesagten Geschichtsschreibung ist der Ehrgeiz ideologischer Art: «Das Hannah-Arendt-Institut betreibt empirische Diktaturforschung in theoriebildender Absicht. Es widmet sich vor allem der systematischen Untersuchung des Kommunismus und des Nationalsozialismus. Als Weltanschauungsdiktaturen haben sie das zwanzigste Jahrhundert entscheidend geprägt; ihre Folgen sind Hypotheken für Gegenwart und Zukunft.» (Homepage). Drei Sätze, drei Schieflagen.

Nach ihrem Selbstverständnis war die DDR keine kommunistische Gesellschaft, sondern eine sozialistische. (Was schon Irrtum genug war.) Der Kommunismus war die ferne Utopie. Die DDR war von der marxistischen Theorie her, auf die sie sich berief, eine humanistische Weltanschauungsgesellschaft und in der Praxis eine au-

---

[11] Herbert Marcuse: Der eindimensionale Mensch. Darmstadt 1967, S. 23

[12] Hannah Arendt, a. a. O., S. 697

toritäre Diktatur, aber sie war keine Weltanschauungsdiktatur. Sie war eher eine Diktatur, die auch die Weltanschauung unterdrückte. Während der Nationalsozialismus ein ganz offenkundig verbrecherisches Programm hatte, war für viele Menschen auf der ganzen Welt zunächst gerade das Faszinierende am Marxismus, dass hier eine ethische Grundidee Ausgangspunkt der gesellschaftlichen Bewegung sein sollte, eine humanistische Gestaltung aller Lebensbereiche angestrebt wurde. «Die Revolution der Arbeiter hat 1917 gesiegt, und damals erhob sich wirklich die Morgenröte der echten Freiheit und die gewaltigste Hoffnung, die diese Welt je gekannt hat.»[13] Albert Camus, von dem diese Sätze stammen, lässt keinen Zweifel an seiner Enttäuschung darüber, wie die gewaltigste Hoffnung in der Diktatur verknöcherte, aber auch an seiner Überzeugung, wonach die bürgerliche Freiheit «Bauernfängerei» ist, solange die Menschen nicht auch wirtschaftlich befreit werden.

Wer solchen emanzipatorischen Anspruch nicht zur Kenntnis nimmt und stattdessen die programmatischen Ziele der Marxisten und der Nationalsozialisten in einen Verbrechertopf wirft, unterstellt allen, die im Realsozialismus nicht nachweislich Widerstand geleistet haben, und das betrifft die übergroße Mehrheit, kriminelle Absichten. Die unausgesprochene, aber verstandene Dimension dieses Vorwurfs muss zu krank machender Selbstverleugnung oder Selbststilisierung führen, und genau das erleben wir täglich. Selbsterklärung wird als uneinsichtige Nostalgie ausgelegt und heftigst attackiert. Was sich im normalen Berufsleben niemand leisten kann und folglich auch nicht leistet. Da dominiert der Kniefall. Wenn hier nicht bald durch gerechte Differenzierung Einhalt geboten wird, muss sich niemand wundern, wenn der Osten auch mental auf der Kippe steht.

---

13 Albert Camus: Verteidigung der Freiheit, Reinbek 1990, S. 51

Die dritte Schieflage drückt ebenfalls aufs östliche Selbstbewusstsein: Die Folgen der «Weltanschauungsdiktatur» DDR seien «Hypotheken für Gegenwart und Zukunft». Erblasten. Außer Spesen nichts gewesen. Sünden, die Nichtsünder uns nun vergeben, nämlich finanzieren müssen. Wer finanziert wird, kann sich ein Aufmucken, ob im Bundesrat oder in sonstigem Rat der Götter, nicht leisten. Es versteht sich von selbst, dass Demut erwartet werden darf. Dass die Alimentierten dazu keine Lust haben, auch.

Die Ostdeutschen haben den demokratischen Aufbruch aus ihrem Augiasstall selbst initiiert und sich in der Wende für uneingeschränkte Aufklärung stark gemacht. (Als stellvertretende Vorsitzende des ersten Unabhängigen Untersuchungsausschusses der DDR, in dem ich eineinhalb Jahre intensiv gearbeitet habe, weiß ich, wovon ich rede.) Dass allerdings der gesamte Bestand für wahnsinnig erklärt und zum Keulen freigegeben wird, war nicht vorgesehen. Was jetzt verlangt wird, ist die totale (um nicht zu sagen totalitäre) Distanzierung von allem, was DDR war.

Gerade unter einer rot-grünen Regierung werde ich nicht müde (oder langsam doch?), wenigstens Sozialdemokraten darauf hinzuweisen, dass sie dies eigentlich nicht wollen können. Zwar wurden ihre Führungskräfte nach 1946 im Osten von der SED vereinnahmt, verdrängt, vertrieben, verhaftet. Selbst die Entschuldigung dafür löste unlängst noch Wirbel aus. Denn die Ironie der Geschichte brachte es mit sich, dass ein nicht unwesentlicher Teil sozialdemokratischer Programmatik in der DDR *ansatzweise* konsequenter verwirklicht wurde als in allen sozialdemokratisch regierten Ländern. Ich denke an folgende, dem gültigen SPD-Programm wörtlich entnommenen Forderungen:

Abbau der Klassenvorrechte, also mehr Gleichheit in der Verteilung von Einkommen, Eigentum und Zugang zu Bildung und Kultur, Beteiligung aller am Produktivvermögen, Einschränkung des Einflusses von Banken und Versicherungen auf Grundentscheidungen der Wirtschaft, Vergesellschaftung und Förderung des Genossenschaftsgedankens, Verhinderung von Bodenspekulation, Vorrang von Erbbaurechten bei der Grundstücksverfügung.

Dieser antikapitalistische Teil der DDR-Vergangenheit gilt unter den herrschenden Meinungsmachern als das eigentliche Unrecht, während viele im Osten meinen: Dass die Dominanz des Kapitals beseitigt war, bedarf keiner Entschuldigung. Der Fehler bestand vielmehr darin, die Vorzüge westlicher Effizienz und Transparenz gleich mit abzuschaffen. Wie man das eine tun und das andere lassen kann – in diesem Spannungsfeld lägen lohnende Forschungsthemen für staatlich geförderte Wissenschaftler. Solche Themenstellungen würden den Ostdeutschen, denen immer bescheinigt wird, sie hätten die größere Bürde der Nachkriegsgeschichte tragen müssen, die tröstende Gewissheit geben, dass ihr Gesellschaftsexperiment, also ihr Leben, nicht gänzlich umsonst war. Diese nun mal gemachten, auch erlittenen Erfahrungen nicht auszuwerten wäre Ignoranz vor der Geschichte. Bislang sind aber DDR-Themen, die womöglich nicht *nur* negative Aspekte ans Tageslicht brächten, in der staatlich geförderten Forschung tabuisiert. Zu solchen Themen könnten gehören:

- Auswirkungen von Volkseigentum auf zwischenmenschliche Beziehungen.
- Auswirkungen von genossenschaftlichem Eigentum auf die Lebensweise auf dem Lande.
- Die Abwesenheit von Privateigentum an Grund und Boden und eines Immobilienmarktes und ihr Einfluss auf Wohnungspolitik und die Architektur in Stadtzentren.
- Folgen von Vollbeschäftigung der Frauen auf ihre Identität und auf die Beziehungen in den Familien.
- Erfahrungen mit dem Gesundheitswesen der DDR und seiner einheitlichen Krankenversicherung. Reaktionen auf die Abschaffung des § 218.

- Der Umgang mit einem Familiengesetzbuch, das in vielen Entwicklungsländern als vorbildlich galt und dort teilweise übernommen wurde. Allgemein verständlich formulierte Gesetzte und die Verlagerung von Zivilprozessen auf gewerkschaftliche Konfliktkommissionen.
- Erfahrungen mit geringerer Regelungsdichte (weniger Bürokratie) und einem übersichtlichen Steuersystem.
- Die Auswirkungen von atheistischer Erziehung auf Moral (z. B. auf Sexualmoral).
- Wertvorstellungen unter den Bedingungen eingeschränkter Konkurrenz. Wenn Zeit nicht Geld ist. Einflüsse osteuropäischer Mentalität und Kultur. Geselligkeit, Datschenwesen.
- Das Kollektiv als Zweitfamilie. Zwischen Intrigen und Solidarität, Gängelung und Hilfsbereitschaft.
- Die notgedrungene Sabotage des Konsumdenkens. Die Zweitrangigkeit von Geld als eigentlichem Kapital.

Doch von all solchen Studien hört man nichts. Kommunismusforschung ist ausschließlich antikommunistische Forschung. In dem Institut, das sich Hannah Arendts Namen bedient, besteht das neuste Projekt darin, ein Archiv für von DDR-Zensur betroffene Kunst einzurichten. Zwar hat es zu diesem Thema in den letzten Jahren Dutzende Veröffentlichungen und Ausstellungen gegeben. Kaum ein Goethe-Institut in aller Welt, das nicht die Reihe verbotener DEFA-Filme gezeigt hätte – was lohnend war, weil es meist gute Filme sind. Ein zentrales Archiv wäre dennoch eine verdienstvolle Sache, die Einblicke in die ängstliche Borniertheit der DDR-Oberen geben und den um Lebenschancen gebrachten Autoren eine späte Genugtuung sein könnte.

Einzig unverständlich bleibt wiederum die Frage, weshalb dieses Archiv nicht gleich *alle* repressiven Tendenzen zur Unterdrückung des freien Wortes sammeln will, also auch die westdeutschen. Die

Behauptung, die Mechanismen seien da viel subtiler und deshalb nicht nachweisbar, ist ja nur halb wahr und halb Unfug. Denn natürlich hat es, besonders in den Anfangsjahren, aber auch später, ganz plumpe politische Zensur in der Bundesrepublik gegeben.

Schrieb Thomas Mann nicht am 18. März 1955 in sein Tagebuch: «Skandal über Skandal. In Westdeutschland wird Russells Buch über den Nazismus unterdrückt.» Lord Russell of Liverpool war ein hoch dekorierter britischer Offizier und Militärjurist, der oberste juristische Verantwortliche für die 356 Prozesse gegen mehr als 1000 Kriegsverbrecher in der britischen Besatzungszone. Die Verbrechen waren so monströs, dass viele nicht glauben wollten, dass so etwas geschehen war. Deshalb beschloss Russell, die umfangreichen Prozessprotokolle zu einer Dokumentation über die deutschen Kriegsverbrechen zusammenzufassen. Ein reines Faktenbuch, ohne Polemik. Doch Adenauer attackierte 1954 die englische Ausgabe von «Die Geißel des Hakenkreuzes», weil er befürchtete, es würde die kritischen Auffassungen gegenüber der Politik der Wiederaufrüstung Westdeutschlands unterstützen. Es gelang seiner Lobby durchzusetzen, dass das Buch nie in der Bundesrepublik erscheinen durfte, während es im DDR-Verlag Volk und Welt in mehreren Auflagen herauskam.

Ähnlich erging es dem Roman «Das ist bei uns nicht möglich» des ersten amerikanischen Nobelpreisträgers Sinclair Lewis. Dieses Warnbuch vor der Gefahr künftiger, totalitärer Anwandlungen auch in den USA wurde den Lesern der Bundesrepublik jahrzehntelang vorenthalten.

Und erst Ende der 80er Jahre konnte die Arno-Schmidt-Stiftung die Urfassung des 1955 fertig gestellten Zeitromans «Das steinerne Herz» herausbringen. Arno Schmidt hatte sich dem Trauerspiel der Zensur des Stahlberg Verlages damals gebeugt, weil gleichzeitig wegen seines in einer Zeitschrift veröffentlichten Textes «Seelandschaft mit Pocahontas» eine existenzgefährdende Klage wegen «Religionsbeschimpfungen und Gotteslästerungen übelster Art und Pornographie» gegen ihn lief. Mit Hilfe der katholischen Kirche erfolgten in der bigotten Adenauer-Ära ungezählte solche Anzeigen gegen progressive Publizisten. «Ich weiß nun so ziemlich, was ich an Gift, Galle, böswilligen Mißverständnissen und forensischen Kniffen zu gegenwärtigen habe, sobald der Prozeß beginnen wird», schrieb er nach der ersten Vernehmung. Da nun gleichzeitig der Anwalt des Verlages in einem Gutachten behauptete, das «Steinerne Herz» erfülle eine Reihe von Beleidigungstatbeständen, auf die Gefängnis verhängt werden könne, willigte Schmidt unter diesem Druck ein, die 31 inkriminierten Stellen politisch zu entschärfen. (Dokumentiert in *Sinn und Form*, Heft 2, 1989). Angriffe auf die Bundesrepublik, die nicht durch gleich scharfe auf die DDR aufgewogen wurden, entfielen.

Diese hier eher zufällig herausgegriffenen Eingriffe im Verlagswesen hatten handfeste politische und wirtschaftliche Hintergründe. Aus ähnlichen Erwägungen war man gerade auch in der Filmbranche mit Argusaugen darauf bedacht, keine unerwünschten Schlüsse aufkommen zu lassen. Einige, auch eher zufällige Beispiele:

In dem Film «Die Eingeschlossenen» von Vittorio De Sica nach einem Bühnenstück von Jean-Paul Sartre wurden alle Bezüge zu Nazis entfernt, weil es angeblich nicht tragbar war, Krupp, Flick und Mercedes-Benz in assoziative Nähe zum Faschismus zu bringen.

Auf den Filmfestspielen 1956 in Cannes sollte zum 10. Jahrestag der Befreiung der Konzentrationslager der Film «Nacht und Nebel» von Alain Resnais gezeigt werden, in dem auf erschütternde Weise Opfer zu Wort kommen. Den Kommentar übersetzte Paul Celan ins Deutsche, die Musik stammt von Hanns Eisler. Der deutsche Botschafter in Paris legte beim französischen Außenministerium Beschwerde ein – der Film schade der Versöhnung der Völker. Er wurde zurückgezogen. Proteste erwirkten, dass er wenigstens außerhalb des Festivals gezeigt wurde.

Wegen Schädigung des deutschen Ansehens im Ausland wurde 1960 auch der tschechische Film «Das höhere Prinzip» von Jiří Krejcík in der Bundesrepublik verboten, der die Vergeltungsmaßnahmen der SS nach dem Heydrich-Attentat in Prag darstellte. Und wegen Lächerlichmachung des Deutschlandliedes verschwand 1965 Volker Kluges Film «Abschied von gestern» in der Versenkung, aus der ihn erst die Achtundsechziger wieder hervorholten.

All das waren keine Einzelfälle. 1949 gründeten Vertreter der westdeutschen Filmwirtschaft (darunter Mitglieder der nationalsozialistischen Reichsfilmkammer), des Bundes, der Kirchen und des Bundesjugendrings die Freiwillige Selbstkontrolle. Die FSK, die ohne Rechtsgrundlage arbeitete, vermaß jeden Film mit der verfassungsmäßigen Ordnung und dem Sittengesetz. In den ersten fünf Jahren kamen dabei 613 verbotene oder beschnittene Filme heraus. Bis heute sind die Protokolle des Ausschusses, der 1966 selbst als verfassungswidrig eingestuft wurde, vor der Öffentlichkeit verschlossen. Schätzungen gehen von 100 von ihm verbotenen Filmen aus, darunter nahezu alle DEFA-Filme, soweit sie in die Bundesrepublik eingeführt werden sollten.[14]

Heinrich Mann, dessen Bücher die Nazis verbrannt hatten, musste noch im Exil erleben, wie die Aufführung des international hoch angesehenen DEFA-Films «Der Untertan» von Wolfgang Staudte in der Bundesrepublik untersagt wurde. Sechs Jahre später zeigte man dann eine stark gekürzte Fassung. Es mussten 30 Jahre vergehen, bis die Bundesbürger den vollständigen Film sehen durften. Auch Brecht wurde lange gemieden.

Bei den Mannheimer Filmwochen oder den Oberhausener Kurzfilmtagen stellte sich immer erst im letzten Moment heraus, welche

---

[14] Keine Experimente. ZDF-Dokumentation von 1991, Buch und Regie: Malte Ludin.

Filme aus der DDR oder Osteuropa zugelassen wurden. 1950 hatte Innenminister Lehr verfügt, dass die Vorführung von DDR-Filmen seiner Zustimmung bedürfe. 1951 wurde dann das Strafgesetzbuch um den auslegungsfähigen §93 erweitert, der die Einfuhr von Filmen verbot, die den Bestand der Bundesrepublik beeinträchtigen oder die Grundrechte beseitigen wollen. Doch damit nicht genug, wurde 1953 auf Empfehlung des Verfassungsschutzes der FSK noch der Interministerielle Filmprüfausschuss vorgeschaltet. Hier prüften nun Beamte unter anderem aus dem Wirtschaftsministerium, ob auch ja «keine Propaganda für Kolchosen»[15] durchrutschte oder einst deutsche Städte bei ihrem nunmehr polnischen Namen genannt wurden.

So gerüstet, wurden zum Beispiel auf der Filmwoche in Mannheim 1960 vier DEFA-Filme aussortiert. Nicht gezeigt werden durften die Dokumentarfilme: «Anne Frank» von Joachim Hellwig, von Andrew Thorndike «Du und mancher Kamerad» über die beiden Weltkriege und ein Film über den dänischen Schriftsteller Martin Andersen Nexö, weil dieser in einer Passage sowjetische Kulturhäuser und Kindertagesstätten lobte. Das Frankfurter Polizeipräsidium beschlagnahmte den Spielfilm «Der Fall Gleiwitz», Buch Wolfgang Kohlhaase und Günther Rücker, in dem – ganz authentisch – Deutsche in polnischen Uniformen den Sender überfielen.

Der Unwille, Leute aus dem östlichen Lager zu Wort kommen zu lassen, hat Tradition in der Bundesrepublik. Man darf daher Menschen mit durch diese irrationalen Ängste verursachten Fehlprägungen auch nicht überfordern, sondern wird Geduld haben müssen mit einigen Brüdern und Schwestern, bis sie sich von ihrem pathologischen Antikommunismus befreien können.

Denn natürlich hatten von dieser Demarkationslinie abweichen-

---

[15] Ebenda

de Werke auch für Westdeutsche oft bittere Konsequenzen. Nur ein Beispiel: Ende der fünfziger Jahre sendete der Süddeutsche Rundfunk Stuttgart den Fernsehfilm «Besuch aus der Zone» von Dieter Meichsner. (Filme, in denen die Bezeichnung DDR vorkam, hätten sowieso keine Chance gehabt.) Der Intendant Dr. Eberhardt (SPD) hielt vor der Sendung sogar eine kleine Ansprache, in der er betonte, das Fernsehen sei nicht nur für jenseits, sondern auch diesseits der Zonengrenze eine moralische Anstalt und müsse Kritisches beleuchten. Der Film zeigte dann üble Konkurrenzmachenschaften eines westdeutschen Mittelbetriebes gegen einen in Privatbesitz befindlichen Betrieb in der DDR, mit denen die Bürger aus der «Zone» ruiniert wurden. Trotz lukrativer Abwerbeversuche fuhr der Ostunternehmer aus Solidarität mit seiner Belegschaft in die DDR zurück.

Der Fall ging bis zum Innenausschuss des Bundestages. Der damalige Innenminister Gerhard Schröder behauptete im *Industriekurier*, das rote Licht am Schluss des Zuges hätte symbolisiert, in welchem Teil Deutschlands das Leben nach Meinung der Filmemacher lebenswerter wäre. Kurz darauf wählte der Rundfunkrat Dr. Eberhardt (der 1949 am Grundgesetz mitgearbeitet hatte) mit Hinweis auf den Film nicht mehr zum Intendanten. Nachfolger wurde Dr. Bausch (CDU). Der Regisseur Rainer Wolffhardt wurde vor den Rundfunkrat zitiert. «Ich fühlte mich wie vor der Inquisition», sagte er mir. Bausch konfrontierte ihn mit einem mir aus meiner eigenen Fernsehzeit in der DDR als beliebt erinnerten Totschlagargument: «Der Film hätte auch drüben gesendet werden können.» (Was nicht stimmte, denn er war durchaus differenziert.) Der Vorgang genügte, um den Film über vierzig Jahre lang in den Archiven verschwinden zu lassen. Unlängst konnte man ihn zu später Stunde auf 3sat sehen. (Was dem kleinen Ostunternehmer widerfuhr, wirkte harmlos im Lichte dessen, was inzwischen die Treuhand vielhundertfach mit DDR-Betrieben angerichtet hat. Wie ja auch bei den verbotenen DEFA-Filmen heute am meisten ihre Harmlosigkeit überrascht.)

Weniger harmlos war schon, als 1970, nach Michael Verhoevens in Bayern spielendem Vietnam-Film «O.K.», die Berlinale abgebrochen werden musste und fortan eindeutig gesellschaftskritische Filme nur noch außer Konkurrenz im eigens dafür geschaffenen «Forum» laufen konnten. Eine Zensur der Politik oder des Marktes?

Weniger harmlos waren auch die Konsequenzen all dieser Einschränkungen für Filmemacher und Autoren. Gabriele Wohmann zum Beispiel klagte über die ständigen Umarbeitungswünsche an den zu schreibenden Drehbüchern. Dass erst die elfte Fassung realisiert wurde, sei keine Besonderheit, sondern eher der Normalfall. Viele gute Autoren zogen sich unter diesen Bedingungen von der Filmarbeit zurück. Günter Herburger äußerte die Absicht, sich den Kollegen anzuschließen, die «keine Drehbücher mehr für die Schubladen» schrieben. Und Richard Hey kritisierte 1972: «Jedes Projekt muß ‹abgesichert› werden nach oben und nach unten, nach außen und innen. Das ganze Führungssystem hat feudalen Charakter. Zur administrativen Abhängigkeit sind auch die politischen Rücksichten zu zählen, die von Fall zu Fall gelten.»[16] Man sei ständig gehalten, die Partei- oder Konfessionszugehörigkeit von Inhabern wichtiger Posten zu berücksichtigen. Gäbe es eine zentrale Sammelstelle für abgelehnte Drehbücher, so fänden sich in den letzten Jahren manche Namen von ostdeutschen Filmemachern, die auch schon auf den DEFA-Verbotslisten standen.

Dass die innere Einheit nicht gelingt, weil die Biographien der meisten Ostdeutschen nicht anerkannt werden, ist ja nur die halbe Wahrheit. Die etablierten Westdeutschen ärgern sich genauso, dass

---

16 Zitiert nach Knut Hickethier: Das Fernsehspiel der Bundesrepublik 1951–1977, Stuttgart 1980, S. 225

ihre Lebensleistung, nämlich ihr System, von zwei Dritteln der Ostdeutschen längst nicht so positiv gesehen wird wie von ihnen selbst. Obwohl der undankbare «Besuch aus der Zone» heute millionenfach auftritt, werden ernsthafte Erklärungen für dessen ablehnende Haltung nicht gesucht. Ein Grund könnte in der Enttäuschung darüber liegen, wie die einst bewunderte, sympathische Bereitschaft vieler Westdeutscher zu kritischer Selbstreflexion nach der Wende in langweilige Selbstgerechtigkeit umgeschlagen ist. «Der Osten hat uns von Selbstkritik erlöst», meint Peter Bender zu Recht.

Dafür hat der Westen uns permanentes Entschuldigen auferlegt. Wie viel leichter aber würde kritische Aufarbeitung im Osten gelingen, wenn sie nicht eine so einsame Übung wäre. Um eine wirklich vergleichende Geschichtsschreibung zu erreichen, hätten auch die Themen der Enquête-Kommission des Bundestages für ganz Deutschland gelten müssen. Ob Arbeit der Geheimdienste oder Doping, ob politische Strafjustiz oder Zensur. «Befunde» hätte es auch im Westen gegeben. Was ich vermisse, ist die heitere Gelassenheit angesichts der doch an Sicherheit grenzenden Wahrscheinlichkeit, mit der die Bundesrepublik in alldem besser abschneiden würde.

Stattdessen wird selbst im Bereich der Wirtschaft nur erforscht, was gehört werden will. Das Statistische Bundesamt hat dem DIW Mittel für ein Forschungsprojekt gestrichen, in dem versucht werden sollte, eine seriöse Vergleichbarkeit von Nationaleinkommen der DDR und Bruttosozialprodukt der Bundesrepublik zu ermöglichen. Damit hätte die wirtschaftliche Leistungskraft beider Länder erstmals seriös verglichen werden können. (Daran ist die Politik nicht interessiert, hörte ich aus dem DIW.) Immer noch gibt es keine Umrechnungsmöglichkeit von DDR-Mark und D-Mark. Die getrennte Rechnungsführung in Ost- und Westdeutschland ist viel zu früh eingestellt worden, weil sie unerfreuliche Rückschlüsse zuließe. Nämlich den, dass Ostdeutschland nicht erst jetzt, sondern während der Wende auf der Kippe stand. Und nach der Schocktherapie von D-Mark und Treuhand sofort gekippt ist. Wie anders sollte man eine 70-prozentige Deindustrialisierung, den Rückgang der Geburten um die Hälfte und den Abbau von vier Millionen Arbeitsplätzen sonst beschreiben? Jetzt haben wir es vielmehr mit der Frage zu tun, weshalb der Osten nach dieser angeblich «kreativen Zerstörung» so schwer wieder ins Lot kommt. Und ob er noch unter das Niveau des bisherigen Abkippens fallen könnte. Noch wird bezweifelt, ob die wirtschaftliche Leistungskraft vom krisenhaften Ende der DDR überhaupt schon wieder erreicht ist. Es fehlen Vergleichsdaten. Dabei liegt es im ureigensten Interesse auch der Westdeutschen, auf Dauer kein Teilvolk von Almosenempfängern zu erhalten, sondern den Ostdeutschen Chancen zu selbstbewusster Teilhabe an Produktion und Vermögensbildung zurückzugeben.

Grundsätzlich lässt sich alles mit jedem vergleichen, denn vergleichen heißt nichts anderes als Gemeinsamkeiten und Unterschiede feststellen. Insofern ist es natürlich legitim, die Nazizeit mit der DDR-Zeit zu vergleichen, wie es auch legitim ist, die Nazizeit mit der Bundesrepublik zu vergleichen. Eine plausiblere Geschichtsschreibung wäre es allerdings, die beiden postfaschistischen deutschen Nachkriegsordnungen zu vergleichen, so parallel, wie die Menschen sie auch erlebt haben. Die erkenntnistheoretische Inkompatibilität von Diktatur und Demokratie, wie sie der Westen in apologetischer Manier installiert hat, geht an der Erfahrung vieler Menschen vorbei. «Die DDR war eine Diktatrie, und was wir jetzt haben, ist eine Demokratur.»[17] Mit dieser Formel dürfte Peter Brasch dem Empfinden vieler Ostdeutscher näher kommen.

---

[17] Peter Brasch, gleichnamiger Text in: Durchgangszimmer Prenzlauer Berg, ebenda, S. 181

Hier soll nicht der Fehler marxistischer Theorie wiederholt werden, die überwältigenden Vorzüge von funktionierender Demokratie ungenügend zu würdigen. Allerdings darf die Demokratie auch nicht zu einer abstrakten Heilslehre erklärt werden, die niemand kritisieren darf, ohne sich schlimmsten Verdächtigungen auszusetzen. Die Dämonisierung auch ziviler linker Ansätze und versuchter praktischer Lösungen bei gleichzeitiger Vernachlässigung der sozialen Frage hat heute zu einer Geschichtsvergessenheit geführt, angesichts deren man sich über den europaweiten Rechtsruck nicht wundern muss.

Ich wünschte mir ein *Nationales Institut für vergleichende deutsche Nachkriegsgeschichte.* Konkurrierende Interpretationen müssten nicht verschwiegen werden, wenn es darum ginge, differenzierte Übergänge zwischen politbürokratischer Diktatur und kapitaler Oligarchie zu beschreiben. Ängstlichkeit ist fehl am Platze. Die Geschichte hat sich entschieden. Nun muss sich nur noch die Geschichtsschreibung entscheiden.

WESTWÄRTS GLEICH VORWÄRTS?

Vom überraschenden Beharrungsvermögen ostdeutscher Mentalität

In den letzten Jahren sind über 3000 deutschsprachige wissenschaftliche Publikationen über den sozialen Wandel in den neuen Bundesländern erschienen. Die Ergebnisse scheinen die gegenseitigen Klischeevorstellungen eher zu vertiefen, als die Ursachen zu erhellen. Manche halten das Phänomen einer so genannten ostdeutschen Identität für eine Erfindung der Soziologie und für ein aufgedrängtes Wir-Gefühl, andere, wie der Amerikaner Marc Alan Howard, behaupten, die Ostdeutschen seien eine eigenständige ethnische Einheit: «Obwohl sich die Ostdeutschen nicht durch Rasse, Sprache oder Religion unterscheiden, konstituieren sie in der Bundesrepublik Deutschland eine separate Gruppe, die sich weitgehend selbst reproduziert und territorial fixiert ist, mit machtvollen und emotionalen Bindungen an eine gemeinsame Vergangenheit, gemeinsame Werte, gemeinsame Kämpfe und im Gegensatz zu einem gemeinsamen ‹Anderen›.»[1]

Diese separate Gruppe ist streng genommen auch keine regionale Gruppe. Die ostdeutschen Mecklenburger sind genauso Norddeutsche und sprechen ähnliches Platt wie die westdeutschen Schleswig-Holsteiner, die Ostberliner berlinern wie die Westberliner, nur stärker, die Sachsen und Thüringer wurden zu DDR-Zeiten wegen ihres Dialekts in der Hauptstadt eher belächelt. Die Siegermächte zogen nach dem Zweiten Weltkrieg die innerdeutsche Grenze ungeachtet aller regionalen, mentalen und sprachlichen Zusammengehörigkeit, was anders auch gar nicht möglich gewesen wäre.

---

[1] Der Spiegel, Nr. 38/1998, S. 56

So bleibt als einzig unbestreitbare Gemeinsamkeit aller Ostdeutschen und als einzig unbestreitbarer Unterschied zu allen Westdeutschen, dass die einen im Realsozialismus gelebt haben, die anderen im Realkapitalismus. Ein geteiltes Volk, von unterschiedlichen Systemen zwei Generationen lang geprägt, schließlich durch Beitritt politisch wieder vereint. Das ist – zumindest in Europa – einmalig. Kein Wunder, dass sich die Wissenschaftler auf solche Merkwürdigkeit stürzen. Es hat ja etwas von Zwillingsforschung – gleiche Herkunft, eng verwandt (deutsch), aber unter extrem verschiedenen Bedingungen aufgewachsen. Was ist dominanter, die Anlagen oder die Umwelteinflüsse? Was ist stärker, der umstrittene Begriff des Nationalcharakters oder der bisher wenig untersuchte Begriff des Systemcharakters? Neben vielen, eher allgemeinmenschlichen Gemeinsamkeiten erweisen sich einige unterschiedliche Prägungen als erstaunlich stabil.

Die – wie alle Forschung – westdominierte Transformationsforschung konzentriert sich dabei auf die exotische Population der Ostdeutschen. Das westdeutsche als das übrig gebliebene Modell wird automatisch als die einzig denkbare, einzig akzeptable, also letztlich einzig normale Bemessungsgrundlage genommen. Transformationsforschung bedeutet automatisch, das Anpassungsverhalten der Ostdeutschen zu untersuchen. Dass auch Westdeutsche sich seit der Vereinigung verändert haben könnten, kommt gar nicht in Betracht.

Zur DDR-Mentalität gehörte eine weit verbreitete, wenn nicht flächendeckende Unzufriedenheit mit den Zuständen. Nicht jeder war gleich stark und mit demselben unfroh, aber das Meckern und Räsonieren war Allgemeingut. Man war dafür, dass man dagegen ist. Im Gegensatz zu dem weit verbreiteten Bild vom hässlichen Angepassten glaube ich, dass die Ostdeutschen letztlich eine größere Tradition des Lebens im inneren Dissens haben. Das ist eine Fähigkeit, die man gar nicht hoch genug schätzen kann. Sie sind einfach besser darauf trainiert, es auszuhalten, dagegen zu sein.

Dieses In-Frage-stellen-Können führte folgerichtig schnell dazu, die Bundesrepublik genauso kritisch zu sehen wie die DDR.[2] Eine gleich große Skepsis gegenüber beiden gesellschaftspolitischen Systemen und eine gleich starke Sensibilität in der Wahrnehmung von Disziplinierungszwängen: «Ich muss mich notgedrungen dem gesellschaftlichen System anpassen, ohne von der Richtigkeit überzeugt zu sein», sagten schon drei Jahre nach der Vereinigung genauso viele Ostdeutsche wie über ihr früheres DDR-Leben.

Die Ostdeutschen sind die Einzigen, die beide Systeme nicht nur vom Hörensagen oder aus Besuchersicht vergleichen können, sondern aus anhaltender eigener Anschauung. Dies wird inzwischen von vielen als Kulturvorteil begriffen. Sie haben in den letzten Jahren sozusagen mit beiden Augen blicken können – doppelter Durchblick. Diese Schärfung der Wahrnehmung führte zwangsläufig zu neuen Perspektiven. Inzwischen lässt sich überlegenes Lächeln beobachten, wenn Allensbach-Forscherin Elisabeth Noelle-Neumann klagt: Die Menschen im Westen bleiben bei dem Bild von der DDR, das sie 1990 hatten, während in der Erinnerung der Ostdeutschen der sozialistische Staat immer positivere Züge annimmt.[3] Man staunt hierzulande über die Einfalt, für den Meinungswandel nur die Erklärungsmuster von Nostalgie und Verklärung parat zu haben und einfach nicht wahrhaben zu wollen, dass vielmehr das tägliche *Test the West* eine Korrektur einstiger Urteile bewirkt.

Was natürlich nicht bedeutet, dass bei diesem Vergleich alle zu den gleichen Ergebnissen kommen. Die Ostdeutschen waren und

---

[2] Infratest-Erhebung vom Oktober 1993.

[3] «Ostdeutsche verklären DDR», Berliner Zeitung vom 14. 3. 2002

sind kein homogenes Kollektiv. Den «Einheitsossi» hat es weder in der DDR gegeben, noch gibt es ihn heute. Viele würden vermutlich von sich weisen, überhaupt so etwas wie eine Ostmentalität zu haben. Wie im Westen, so gibt es auch im Osten Integrierte und Nichtintegrierte.

Die Zeit der mehr oder weniger freiwilligen Delegierung ostdeutscher Interessenvertretung an westdeutsche Akteure ist allerdings seit spätestens 1995 vorbei. Da begann auch eine Mehrheit zu begreifen, was eine Minderheit von kritischen Experten von Anfang an vorausgesagt hatte: Die von CDU/CSU/FDP bestimmten Wege der Einheit mit überstürzter Währungsunion (Will Hutton im *Guardian*: eine ökonomische Atombombe), korrupter Treuhand-Politik (die bewirkte, dass 95 Prozent des von ihr privatisierten, volkseigenen Firmenvermögens in westliche Hände überging), Privilegierung westlicher Alteigentümer durch das verhängnisvolle Prinzip «Rückgabe vor Entschädigung» (das Hunderttausende Ostdeutsche aus ihren Häusern, Wohnungen und Datschen vertrieb) konnten nicht zum «Aufschwung Ost» führen, sondern nur zu einer Art «Unzucht mit Abhängigen», wie der Dichter Wolfgang Hilbig es nannte.

Die neue Sittenpraxis hält an: Gegenwärtig werden etwa zwei Millionen Hektar Wälder und Felder einer speziellen Klientel zu Vorzugskonditionen angeboten. Die Namen der Vorsitzenden der «Bodenverwertungskommissionen» adeln den Vorgang. Die Ostdeutschen sind heute der Bevölkerungsteil in Europa, dem am wenigsten von dem Boden gehört, auf dem er lebt. Egon Bahr hat darauf hingewiesen, dass in Ostdeutschland feudale, frühmittelalterliche Eigentumsstrukturen geschaffen wurden, wie sie selbst in Afrika und im Orient vor zwei Generationen überwunden worden sind. Damals gehörten in den meisten dieser Länder über 90 Prozent des Grund und Bodens den führenden Clans und der

Kirche und nur der bescheidene Rest der eingeborenen Bevölkerung.

Die politische Vereinigung Deutschlands hat die ökonomische Spaltung vertieft. Die neuen Bundesländer sind heute viel weniger in der Lage, sich selbst zu versorgen, viel verschuldeter und bankrotter, als es die DDR je war. Die Einfuhren nach Ostdeutschland übertreffen die Ausfuhren auf dramatische Weise. Das jährliche Handelsbilanzdefizit betrug in den letzten Jahren jeweils 220 Milliarden Mark. Diese gigantische Summe bedeutet, dass im Beitrittsgebiet jeden Tag Leistungen von über 600 Millionen Mark angefordert werden, die durch eigene Wirtschaftskraft nicht gedeckt sind. Oder anders ausgedrückt: Mehr als ein Drittel des Verbrauchs in den neuen Ländern wird von draußen finanziert – eine früher undenkbare Disproportion.[4]

Die DDR-Wirtschaft war am Ende in einer schweren Krise, aber sie war immer noch fähig, die Leute zu beschäftigen und zu ernähren. Sie war krank, aber nicht tot. Heute liegt die Wirtschaftskraft der neuen Länder unter dem miesen Stand der alten DDR von 1989. Nur Alimente halten über Wasser, was für viele Ostdeutsche demütigend und für viele Westdeutsche teuer ist.

Denn es ist ein Bankrott auf hohem Niveau. Etwa drei Viertel des Wohnungsbestandes sind modernisiert worden, in drei Jahren wurden so viel Ein- und Zweifamilienhäuser gebaut wie in der DDR in zwanzig Jahren. Dabei wurden doppelt so viel staatliche Zuschüsse für die private Wohneigentumsbildung ausgegeben wie für sozialen

[4] Das Statistische Bundesamt hat diese Zahlen bis 1998 ausgewiesen. Danach ist die getrennte Rechnungsführung eingestellt worden, obwohl Ökonomen wie Claus Noé eindringlich vor Erkenntnisverlust durch diese Praxis gewarnt haben. Offenbar sollte die bis heute alarmierende Tendenz nicht mehr so klar belegbar sein.

Wohnungsbau und Wohngeld.[5] Und die heruntergekommene östliche Infrastruktur ist durch enorme staatliche Subventionen auf Westniveau gebracht worden. Aber all die schönen Straßen, Fax- und Telefonleitungen werden hauptsächlich dafür genutzt, die westlichen Waren reibungslos ins Beitrittsgebiet zu karren.

Und im Vertrauen verteidigen westliche Führungskräfte diese Strategie und warnen vor falschen Hoffnungen. «Sowohl der Industrialisierungsgrad als auch das Beschäftigungsniveau der alten DDR gehörten unwiderruflich der Vergangenheit an. Die deutsche Wirtschaft denke nicht daran, sich im Osten Deutschlands selbst Konkurrenz zu machen. Wenn sie dort investiere, dann zu Sonderkonditionen, unter denen kräftige Finanzspritzen von Bund und Ländern ganz oben rangieren.»[6]

Märkte schaffen ohne Waffen – nachdem viele im Osten dieses Prinzip durchschaut hatten, gab es einen Wandel in der Stimmungslage. Das Systemvertrauen ging merklich zurück, die Akzeptanz der wirtschaftlichen und politischen Ordnung war schwindend, die Zufriedenheit und der Glaube an die Zukunft wurden geringer. 1995 sank die allgemeine Lebenszufriedenheit im Osten (6,2 auf einer Zehnerskala) erstmalig unter den Stand am Ende der DDR (6,6).[7] Auf die Frage: Sind Sie von der Entwicklung seit 1989 enttäuscht? antworteten 1996 83 Prozent der Ostdeutschen mit Ja. («Voll und ganz»: 32 Prozent, «teilweise»: 51 Prozent). 1991 waren mit der «westdeutschen Demokratie» noch 60 Prozent zufrieden, 1996 sind

---

5 Stadtumbau statt Abriss, Arbeitsthesen des Mieterbundes Land Brandenburg von 2001

6 Wolfgang Engler: «Legt den Osten still!», Frankfürter Allgemeine Zeitung vom 20. 6. 2001

7 Mitteilungen des Wissenschaftszentrums Berlin für Sozialforschung, 1996, S. 7

es nur noch 26 Prozent. Hatten 1990 noch 77 Prozent eine gute Meinung von der Marktwirtschaft, sind dies 1996 nur noch 28 Prozent.[8]

90 Prozent der Ostdeutschen sind der Meinung, sie müssten ihre Zukunft endlich selbst in die Hand nehmen. Doch das ist leichter gesagt als getan. Denn ihren Einfluss auf den Lauf der Dinge empfinden sie als gering. Die Ostdeutschen erleben eine kapitalistische Marktwirtschaft ohne einheimische Kapitalisten. In einer auf Privateigentum beruhenden Gesellschaft haben sie sich ihr Gemeineigentum widerstandslos entziehen lassen. Und müssen nun die Erfahrung machen, wie es ist, wenn das einzig verbliebene Vermögen, nämlich das Arbeitsvermögen, nicht gebraucht wird. Zieht man die Beschaffungskultur wie ABM ab, ist jeder dritte Erwerbsfähige ohne Arbeitsplatz. Doppelt so hohe Arbeitslosigkeit wie im Westen bei einem Viertel des Eigentums – und kein Ende abzusehen.

Die emotionalen Spuren der Ost-West-Asymmetrien bei der Verteilung zeigen sich oft im Detail: Wer zum Beispiel im Ostberliner Stadtbezirk Prenzlauer Berg während der Fußball-Weltmeisterschaft in den Kneipen beobachtet hat, wie die Zuschauer reagierten, dem wird nicht entgangen sein, dass bei jedem Tor gegen Deutschland geklatscht wurde. Und als Deutschland schließlich geschlagen wurde, herrschte allgemeine Genugtuung. Das war eben immer noch nicht die eigene Mannschaft, sondern die der neuen, nicht gerade geliebten Herren.

Tatsächlich hat das DDR-Bild vieler Ostdeutscher durch die unverhohlene westliche Lust an der Ungleichheit nachträglich eine Aufwertung erfahren. Auf die Frage: In welchem Maße verbindet sich Ihr ganz persönliches Bild vom Leben in der DDR mit folgen-

---

8 Beiträge zur Sozialwissenschaftlichen Diskussion, Heft 21/22, S. 49, Berlin 1997

den Dingen?, wurde so geantwortet: Vollbeschäftigung 89 Prozent, soziale Sicherheit 85 Prozent, Berufstätigkeit der Frau 84 Prozent, billige Lebensmittel 77 Prozent, Wohlfühlen im Arbeitskollektiv 65 Prozent, Antifaschismus 54 Prozent.

Aber auch die negativen Seiten sind nicht vergessen, das Bild ist differenziert: Reisebeschränkungen stehen mit 62 Prozent an der Spitze der Negativwerte, gefolgt von Versorgungsmängeln 42 Prozent, SED-Diktatur 38 Prozent, Verfall der Städte 35 Prozent und Zensur 30 Prozent. Bespitzelung durch Kollegen konnten trotz geöffneter Stasi-Akten nur 5 Prozent feststellen.[9]

Die im Westen erwartete totale Verurteilung der DDR ist nicht eingetreten – im Gegenteil. Anfangs hielten die meisten die DDR nur auf drei von neun Gebieten für überlegen: beim Schutz vor Verbrechen, im Angebot von sozialer Sicherheit und bei der Chancengleichheit der Frauen. 1995 sprachen die Ostdeutschen der DDR bereits mehrheitlich auf sieben von neun Gebieten Überlegenheit zu. Besonders Bildung und Gesundheit waren hinzugekommen. 82 Prozent der Ostdeutschen meinen heute, es sei zu wenig von der DDR in die vereinte Bundesrepublik eingebracht worden. Eine Zwei-Drittel-Mehrheit empfindet die Einheit in der Summe der Vor- und Nachteile nicht eindeutig als Gewinn.

Dennoch wollen nur 11 Prozent die DDR wiederhaben (in der Unterschicht 34 Prozent). 20 Prozent, denen meist ein sozialer Aufstieg gelungen ist, fühlen sich immerhin schon als richtige Bundesbürger. (Frauen 13 Prozent, Männer 22 Prozent, Jugend 38 Prozent).[10] Zum richtigen Bundesbürger gehört bei Jugendlichen offenbar bereits mehrheitlich die Überzeugung, den Osten abschreiben zu müssen. So will über die Hälfte der Jugend in Meck-

---

[9] SFZ-Beiträge zur sozialen Transformation, Band 13, S. 71, Berlin 1998

[10] SFZ-Sozialreport 1999, S. 55–61, Berlin 1999

lenburg-Vorpommern mit Sicherheit oder großer Wahrscheinlichkeit wegziehen. Nur 18 Prozent sind sicher, dass sie bleiben werden.[11]

Zu den Besonderheiten östlicher Mentalität gehört, dass wachsender Wohlstand nicht unbedingt wachsendes Wohlbefinden nach sich zieht. Obwohl etwa die Hälfte heute über mehr Geld verfügt als in der DDR, ist der Blick auf die westliche Gesellschaft kritischer geworden. Nur 22 Prozent fühlen sich im heutigen politischen Klima wohler, 29 Prozent geben an, sich in der DDR wohler gefühlt zu haben.[12] «Wir waren alle gleich, und wir hatten Arbeit. Darum war es eine schöne Zeit», bestätigen laut Noelle-Neumann wiederum die Hälfte der Ostdeutschen.

Der Zeitgeist benutzt ungeachtet dessen für die DDR die vereinfachende Kurzformel Diktatur, für die BRD Demokratie. Demnach wäre es möglich, sich im politischen Klima der Diktatur wohler zu fühlen als in dem der Demokratie. Diese Schlussfolgerung ist aber für jeden aufgeklärten Menschen unannehmbar. Falsch sind vielmehr die undifferenzierten Prämissen. Die Begriffe verwirrten sich, als nach der Wende im «Kampf um die Herrschaft über die Diskurse» der Sprachgebrauch geändert wurde.

Klassische Nachkriegsdiktaturen waren im DDR-Alltagsverständnis die durch Putsche entstandenen Militärdiktaturen in Portugal (Salazar) und Spanien (Franco) und erst recht die brutalen Regimes in Argentinien (Perón) und Chile (Pinochet), in denen Abertausende Menschen auf Nimmerwiedersehen verschwanden. (Was die Bundesrepublik nicht daran hinderte, wirtschaftlich und

---

[11] Umfrage des Leipziger Institutes für Marktforschung, in SVZ vom 4./5. 5. 2002

[12] SFZ-Sozialreport II/97, S. 4

militärisch mit ihnen zu kooperieren.) Insbesondere griechische und chilenische Exilanten fanden auch in der DDR Zuflucht, Honecker offenbar nicht als Diktator empfindend. 43 Prozent der Ostdeutschen bejahen heute sogar die Frage, ob die Deutsche Demokratische Republik eine Demokratie war, 21 Prozent sind unentschieden, nur 36 Prozent (zu denen ich mich selbstverständlich zähle) verneinen.[13]

Die DDR war keine perfekte Diktatur, sondern (nach Stalins Tod) eine posttotalitäre, autoritäre Oligarchie der Parteiführung. Und die BRD ist keine perfekte Demokratie, sondern eine, die zunehmend Entscheidungskompetenzen an die diktatorische Wirtschaft verliert und ebenfalls oligarchische Züge trägt. Karl Jaspers und andere unabhängige Geister haben die Bundesrepublik schon früh als Parteienoligarchie bezeichnet.

Menschen, die sich daran erinnern, welch schmerzliche Lücke die DDR verlassende Ärzte, Ingenieure oder Lehrer hinterließen, staunen über die bundesdeutsche Skrupellosigkeit, via «Green Card» den armen Ländern entschädigungslos ihr wichtigstes Kapital – nämlich hoch qualifizierte Fachleute – zu entziehen, ohne auch nur eine Spur von peinlichem Bewusstsein erkennen zu lassen.

Auf die Frage: In welchem Maße verbindet sich für Sie die Bundesrepublik in hohem Grade mit folgenden Dingen? antworteten in Ostdeutschland 1997: Geld ist bestimmend 86 Prozent, soziale Ungerechtigkeit 50 Prozent, Großmachtstreben 45 Prozent, Rechtsradikalismus 44 Prozent, Armut 38 Prozent, hoher Lebensstandard 27 Prozent, man hat nichts zu sagen 26 Prozent, Antifaschismus 11 Prozent, Mitbestimmung 3 Prozent. Kein sehr schmeichelhaftes Bild also.

Folgerichtig wollen zwei Drittel der Ostdeutschen weder eine

---

[13] «Ostdeutsche verklären DDR», a. a. O.

pseudosozialistische Gesellschaft, wie sie die DDR war, noch den heutigen Kapitalismus. Das zeigt, dass die Gründe für die Herbstrevolution von 1989 noch nicht vergessen sind. Man hatte den permanenten Mangel gründlich satt, die Verfolgung Andersdenkender, die kreativitätsfeindlichen Strukturen, die staatliche Anmaßung, ständig erziehen und bevormunden zu müssen. Aber man wollte all das nicht tauschen gegen eine neue Unfreiheit in Form von existenziellen Sorgen.

Der westdeutsche Publizist Peter Bender hält die Ostdeutschen treffend für unbewusste Sozialisten. Das heißt, quer durch alle Parteien denkt man im Osten eher sozial als betriebswirtschaftlich. Man findet es nicht natürlich, im Konkurrenzkampf jemandem existenzbedrohend unterliegen zu müssen. Man hält es für unverantwortlich, alle menschlichen Bedürfnisse den Gesetzen des Marktes zu unterwerfen. Außerdem stellt man höhere Anforderungen an den Staat.

All diese Prägungen haben sich offenbar auch in den einstigen «Bruderländern» erhalten. Dort stellen Meinungsforschungsinstitute gelegentlich Fragen, die hierzulande tabu sind. 87 Prozent der Polen sehen als Ursache für die schlechte wirtschaftliche Lage die Privatisierung des in zwei Generationen erwirtschafteten Nationaleigentums. Für 74 Prozent war die Überführung in private Hände schlichter Raub (*privare* heißt rauben). 69 Prozent sprachen sich dafür aus, in den Ruin getriebene Privatbetriebe, wie die Szczeciner Werft, zu renationalisieren.[14]

Im Grunde erleben wir auch in Europa die Restkämpfe zweier Kulturen. Es geht immer noch um den klassischen Konflikt zwischen Freiheit und Gleichheit. In Osteuropa hatte man ein anderes Verhältnis zu Zeit, zu Geld und zu Gemeinschaft. Die Zweitrangig-

---

[14] Neues Deutschland vom 10. 6. 2002

keit von Geld war unser Kapital. Das ist im Westen schwer zu verstehen. Es führt aber dazu, dass im Osten andere Fragen gestellt werden.

Wie es der einstige polnische Ministerpräsident Rakowski in der *Trybuna* macht: Musste der Übergang vom autoritären politischen System, von der «Mondwirtschaft» zum freien Markt so vor sich gehen, dass der größte Teil des Volkes ausgegrenzt wird? Dass Millionen von Polen sich nicht als voll berechtigte Bürger des Landes fühlen? Erstaunlich schnell habe sich eine winzige, aber starke Schicht von prosperierenden Neureichen herausgebildet, die nicht nur Unternehmer umfasse, sondern auch einen Teil der Politiker, Bankleute und gut bezahlte Journalisten, die die kapitalistische Maschinerie bedienten. Frech behaupteten sie, sie gingen den Weg des siegreichen Liberalismus, Armut und Massenarbeitslosigkeit seien eben Erscheinungen, an die man sich zu gewöhnen habe. Was davon war notwendig und unvermeidlich und was Ergebnis eines unkritischen, ja intellektuell beschränkten Abklatsches des Westens?[15]

Das Dogma, man sei auf der Leiter der Freiheit von der Diktatur in die Demokratie aufgestiegen, hindert daran, über den Status quo auf der Leiter nachzudenken – über den Kapitalismus ohne Netz. In der dünnen Höhenluft gedeiht die Befürchtung, die soziale Marktwirtschaft sei nur durch die 70 Jahre währende Systemkonkurrenz erzwungen worden (wie gewisse Freiheitsrechte auf der anderen Seite). Aus eigener Kraft aber sei der Kapitalismus quasi genetisch nicht programmiert, das Raubtier in sich zu zähmen. Welcher Dompteur wird sich finden? Ein Tyrann? Oder die tyrannisierte Menge?

---

[15] vgl. Neues Deutschland vom 9.7.2002

DER WIDERSPENSTIGEN ZÄHMUNG?

Nach der Wende vermuteten viele, genauso automatisch wie das meiste andere würde sich im Osten auch das westliche Frauenbild durchsetzen. Zumal es um den eben erst zu Ruhm gekommenen «Unabhängigen Frauenverband» schnell wieder still geworden war. Gegen die neuen Zumutungen gab es kaum noch sicht- und hörbaren Protest. Dafür aber eine stille Widerspenstigkeit.

Die Ostfrauen waren zur Überraschung all derer, die glaubten, sie hätten nur aus materiellem Zwang malocht, nicht bereit, ihren Gleichstellungsvorsprung freiwillig aufzugeben. Dieser bestand in sehr viel günstigeren Bedingungen dafür, Beruf und Mutterschaft zu verbinden. Über 90 Prozent aller Frauen waren voll berufstätig und hatten gleichzeitig Kinder. Die sich daraus ergebende Doppelbelastung war zwar frustrierend, aber dies ist immer noch der beste Frust, den ich mir gegenwärtig für Frauen vorstellen kann. Besser jedenfalls als das westdeutsche Dilemma, wo jede dritte Frau ganz auf *andere Umstände* verzichtet, weil sie keine Chance sieht, ihre Karriere auch mit Kind durchzuhalten.

So drohte ein im Osten verbreiteter Frauentyp unterzugehen: selbstbewusst, ökonomisch unabhängig, zerbrechlich, mütterlich weich und etwas herrisch zugleich. So klischiert die Traktoristinnen und Bauingenieurinnen auf den Ölschinken des sozialistischen Realismus auch aussahen, so erfreulich waren diese Weibsbilder oft im Leben. Franziska Linkerhand und Paula, Christa T. und Solo Sunny – würden sie nur in der Literatur überleben?

Vor die bislang unbekannte Wahl zwischen Beruf und Kindern gestellt, bevorzugten nach der Vereinigung im Osten angesichts der drohenden *Hausfrauisierung* erschreckend viele Frauen die Arbeit. Obwohl der Wunsch, Kinder zu haben, bei ihnen und ihren Männern gleich stark geblieben war, lag der Geburtenrückgang höher als zur Zeit der Weltwirtschaftskrise. Sozusagen über Nacht war den Ostdeutschen der Schreck in die Glieder gefahren, und sie stürzten ab auf die niedrigste Fruchtbarkeitsrate der Welt. Nur langsam erholen sie sich davon.

Das mag mit der Erfahrung zusammenhängen, dass sich der Gleichstellungsvorsprung zwar verringert hat, die Erwerbsquote ist von 92 auf 72 Prozent gesunken, aber insgesamt durchaus verteidigt werden konnte. Im Westen beträgt sie nämlich nur 63 Prozent, bei deutlich mehr Teilzeitarbeit.[1] Im Osten sind die Domänen der Männer zusammengebrochen: Partei- und Staatsapparat, Industrie und Landwirtschaft.

Während die als Weibersache verstandenen Dienstleistungen ausgebaut wurden. So sind Frauen heute nicht selten die eigentlichen Ernährer ihrer Familien. Im Durchschnitt erwirtschaften sie beinahe die Hälfte des Haushaltseinkommens – im Westen bringen es die Frauen gerade mal auf ein Drittel. Auch das DDR-Survival-Training anlässlich häufig verlangter Fortbildungskurse zahlte sich aus: Umschulungsangebote, selbst wenn sie wochenlang im fernen Westen stattfanden, wurden angesichts immer noch zahlreicherer Kindergärten und Mitverantwortung gewohnter Väter scheinbar problemlos genutzt. Etwa im Bereich von Versicherungen, Banken und Sparkassen, der in der DDR fest in Frauenhand war, erlebten die neuen Westchefs qualifizierte, motivierte und flexible Mitarbeiterinnen. Das hat im Vergleich zu den Westunternehmen zu einem deutlich höheren Anteil von Frauen in mittleren Führungspositionen geführt.

Und schließlich bringt die spürbar längere Lebensarbeitszeit der DDR-Frauen ihnen jetzt gerechterweise eine spürbar höhere Rente. Ein Drittel mehr. Was jenseits der einstigen Grenze oft zumindest

---

[1] Zahlen des Statistischen Bundesamtes für das Jahr 2000

Unverständnis, wenn nicht ein Verhalten ausgelöst hat, das man bei anderer Gelegenheit gern Sozialneid nennt.

Dennoch gibt es im Westen wenig Anzeichen, östliche Prägungen übernehmen zu wollen. Das ist zugegebenermaßen auch kaum möglich. Frauen, die einmal die Arbeit verloren haben, machen überall die Erfahrung, schwerer einen Neuanfang zu finden als Männer. Mobilität und Dauerpräsenz werden oft selbstverständlich erwartet, was viele Frauen verdrängt. Besonders allein stehende Mütter geraten unter Bedingungen, die traditionelle Familien auch finanziell bevorzugen, ins Aus.

Es gehört zur Widerspenstigkeit von Ostfrauen, dass sie wenig Neigung zeigen, die vom westlichen Feminismus verordnete Männerfeindlichkeit zu verinnerlichen. Sie lassen sich einfach nicht davon abbringen, dass der Schlüssel für die Befreiung der Frau nicht im siegreichen Kampf gegen die Männer liegt. Selbst Quotierungen und Gleichstellungsbeauftragte halten sie nur für Zwischenlösungen. Was nutzen großzügige Regelungen für Erziehungsurlaub, wenn in der Praxis kaum eine Angestellte wagt, davon Gebrauch zu machen? Vielmehr wünschen sich auch die meisten Frauen im Osten generelle Veränderungen der heute nur nach betriebswirtschaftlicher Logik funktionierenden Arbeitswelt. Sie möchten Vollbeschäftigung für alle unter Bedingungen, die den Menschen nicht zum funktionierenden Rädchen degradieren, sondern die maschinellen Rädchen zum Wohle von Frauen, Kindern *und* Männern rotieren lassen. Das wäre tatsächlich der *Widerspenstigen Zähmung.*

DIE OSTDEUTSCHEN WOLLTEN DIE D-MARK – UND BEKOMMEN DEN EURO

Die Deutsche Mark – lohnt es, ein besticktes Taschentuch zum Winken bereitzulegen oder ihr gar eine Träne nachzuweinen? Das hängt davon ab, welche Erfahrungen man mit ihr gemacht hat. Und welche uns bevorstehen. Allein die Kosten der Euro-Bargeldeinführung in Deutschland werden auf 60 Milliarden D-Mark geschätzt. Bisher hat die Demokratie versäumt, die Steuerzahler auch nur darüber aufzuklären, geschweige denn sie mitreden zu lassen, wem diese Kosten aufgebürdet werden sollen. Wenn den Banken dieses Schicksal zugedacht wäre, hätten sie es uns wohl nicht verschwiegen.

Genau ein Prozent aller Deutschen verspricht sich vom Euro finanzielle Vorteile. Diese Vorfreude der Finanzstarken könnte begründet sein. Muss aber nicht. Niemand weiß mit Sicherheit, was wirklich kommen wird. Es ist wie eine kollektive Luftnummer auf zu dünnem Seil, und das nicht nur ohne Netz, sondern auch ohne Training und ohne Versicherung. Aber der Traum einer gemeinsamen Choreographie beim Tanz ums Goldne Kalb beflügelt. Viele wollten angeblich mittanzen. Die Deutschen sind allerdings, im Unterschied zu anderen Völkern, gar nicht erst gefragt worden. Höchstens von Allensbach. 60 Prozent der Westdeutschen lehnen den Euro ab und sogar 76 Prozent der Ostdeutschen. Daraus zu schließen, die Ostdeutschen hätten ein noch innigeres Verhältnis zur D-Mark, halte ich allerdings für einen Trugschluss. Sie haben nur frischere Erfahrungen mit ungenügend vorbereiteten Währungsunionen.

«Die Währungsunion war eine Frage Ökonomie kontra Politik. Sie ist von der Macht entschieden worden, nicht von der Sache. In der Nacht zum 1. 7. 1990 ist der gesamte Kapitalstock der DDR total vernichtet worden», beklagte Norman van Scherpenberg, Generalbevollmächtigter der Treuhand.[1] Will Hutton, Wirtschaftskolumnist des *Guardian*, hatte es schon am 12. 4. 1991 auf den Punkt gebracht: «Die Wirkung der Währungsunion zu den Bedingungen von Kanzler Kohl war vergleichbar mit einer ökonomischen Atombombe.» Die wirtschaftliche Verödung der Regionen in den neuen Bundesländern wird heute, wie damals vorausgesagt, begleitet durch die Abwanderung der jungen, besser qualifizierten Bevölkerung.

Es ist paradox: Da der Lebensstandard vieler Ostdeutscher durch staatliche Transfers, auf die sie laut Verfassung Anspruch haben, alimentiert wird, ist die *persönliche* Erfahrung mit der D-Mark oft positiv. Und deshalb will man sie nicht schon wieder loswerden. Aber selbst die, deren materielle Situation sich durch einen guten Job verbessert hat, mussten mit ansehen, mit wie viel *gesellschaftlicher* Entwertung bisheriger Lebensleistung dies bezahlt wurde. Obwohl zu denen gehörig, denen es nach der Wende materiell besser geht, kann auch ich keine D-Mark-Sentimentalität in mir entdecken. Volkswirtschaftlich betrachtet hat die D-Mark im Osten kein gutes Image erlangt. Kein Wunder, wenn auch nach elf Jahren noch nicht abzusehen ist, wann im Beitrittsgebiet wenigstens die Wirtschaftskraft des Krisenjahres 1989 wieder erreicht sein wird. Die östlichen Brachen bescherten dem Westen indes scheinbar unverhofft beträchtliche Gewinne. Die D-Mark hat die Gesellschaft eher gespalten denn vereint.

Vielleicht ist es tröstlich, sich beim Abschied daran zu erinnern, dass dies schon einmal der Fall war: Denn es war nicht die Mauer, die vor vierzig Jahren die Teilung Deutschlands besiegelte, sondern bereits 13 Jahre zuvor die D-Mark. In der streng geheimen «Operation

---

[1] Diskussionsbeitrag auf der Konferenz: Der verwaltete Zusammenbruch? in Berlin am 17. 6. 1993

Bird Dog» wurden im Frühjahr 1948 in der Bundesdruckerei von Washington die ersten 500 Tonnen D-Mark-Scheine gedruckt. In ebenso großer Heimlichkeit wurden die Scheine in alle Teile Westdeutschlands transportiert, damit im Juni auch im letzten Dorf und in West-Berlin die neue Währung eingeführt werden konnte. Doch die Sowjets waren durch ihren Agenten Donald MacLean bei der britischen Botschaft in Washington längst informiert und konnten sich durch vorbereitete Aufkleber vor einer Überschwemmung der SBZ durch wertlose Reichsmark schützen. Die Teilung Deutschlands hatten die Alliierten gemeinsam beschlossen, deren konkrete Umsetzung aber lief gegeneinander.

Zwar füllten sich über Nacht die westlichen Schaufenster, gleichzeitig aber stiegen im zweiten Halbjahr 1948 die Lebenshaltungskosten um 17 Prozent, und die Arbeitslosenzahl verdoppelte sich auf fast eine Million Menschen. Klugerweise ließen sich die Westalliierten damals elf Jahre Zeit, bis die volle Konvertierbarkeit der D-Mark erreicht war. Von Anfang an durch einen politisch fixierten Wechselkurs zum Dollar gestützt und Marshallplan-bewehrt, wurde sie für die Westdeutschen schon bald zum Inbegriff von Wirtschaftswunder und Wohlstand.

Was in der DDR nicht nur Neid auslöste, sondern auch hunderttausendfach den Entschluss, dabei sein zu wollen. Als dieser verständliche Wunsch dann eingemauert wurde, blieb zunächst nur der Neid. Und die Erfahrung, in den eigenen Breiten, ob am Schwarzen Meer oder am Gellertberg, währungsmäßig und damit überhaupt zweitklassig zu sein. Ja, selbst im eigenen Land begann mit der Eröffnung der Intershops die zweite Währung offiziell einzuziehen. Wohl dem, der seine freigebige Westoma hochleben lassen konnte. Den anderen blieb das Nachsehen. Denn die Zahl der Handwerker, die nur auf «blaue Fliesen» reagierte, stieg. Auch das Angebot an Hotels, die nur Westgeld annahmen. Die volkseigenen Sparkassen sahen es in den letzten Jahren gern, wenn sich die Bürger kleine Valuta-Konten einrichteten – so konnte mit dem Geld gearbeitet werden.

Die Ostmark fürs staatlich subventionierte Leben, die Westmark für den Luxus. Das war die ideale Kombination. Und für die, die nicht darüber verfügten, vorerst das anzustrebende Ideal. Später glaubte die Mehrheit der Ostdeutschen (was auch heißt: beileibe nicht alle), mit der D-Mark würde das Beitrittsgebiet ein einziger, großer, nach Kaffee und Weichspüler duftender Intershop. Mit einer zusätzlichen Etage, in der Einweisungsscheine für kommunale Wohnungen und Betriebsferienheime auf Mallorca verteilt würden. Die PDS griff einen Slogan des Dichters Jürgen Rennert auf und ließ in Berlin und Umgebung Zehntausende Plakate kleben: *Kommt die D-Mark zu früh, kommt die Vernunft zu spät.* Niemals hat sich eine Kamera der großen Sender vor ein solches Plakat verirrt. Die damalige Wirtschaftsministerin Christa Luft forderte einen Volksentscheid über die Währungsunion, um ein Podium zu haben, von dem aus man auch über die Risiken aufklären könnte. Doch genau das war in Bonn nicht erwünscht. Die Ostdeutschen wollten das Kapital und wählten die Kapitulation. Ihr Traum vom Intershop? Ein in Abrissstaub gehüllter Interflop.

Vielleicht erleichtert es den Abschied von der Mark zusätzlich, sich an die besitzergreifenden Ambitionen deutscher Währung zu erinnern. Hitler hatte in seinem Auswärtigen Amt einen Geheimplan über die Maßnahmen erstellen lassen, welche nach dem Endsieg in den unterworfenen Ländern zu treffen seien. Das Potenzial der Industriestaaten sollte zerschlagen werden, sie hätten nur noch Zulieferer von Agrar- und Halbfertigprodukten sein dürfen. Als erste Sofortmaßnahme auf diesem Weg war immer die Einführung der Reichsmark als offizielle Währung in den besiegten Ländern geplant. Dabei sollte die fremde Währung kurz vor ihrer Liquidierung noch einmal künstlich aufgewertet werden, um das annektierte Territorium von seinen gewachsenen Handelsbeziehungen abzuschneiden und dessen Märkte der neuen Macht auszuliefern. Europa sollte unter deutscher Führung wirtschaften.

Nach bedingungsloser Kapitulation mussten deutsche Planungen bescheidener ausfallen. Unter Leitung des Bankiers Friedrich Ernst, der das Reichskommissariat für die Behandlung feindlichen Vermögens geleitet hatte, wurde der Forschungsbeirat für Fragen der Wiedervereinigung gegründet. Im Januar 1951 bekam dieser vom Ministerium für gesamtdeutsche Fragen den Auftrag, eine Konzeption für die Reorganisation der DDR-Wirtschaft nach dem «Tag X» zu erarbeiten. Am 17. August 1954 wurden die vorläufigen Ergebnisse auf einer Pressekonferenz vorgestellt: Neben einer zügigen Privatisierung, der Annullierung der Bodenreform und der Entlassung von 90 Prozent der öffentlichen Bediensteten der DDR war selbstverständlich auch an den monetären Anschluss gedacht.[2] Bis 1975 feilte der Beirat intensiv und regelmäßig an seiner Konzeption. Im Zeichen des Wandels durch Annäherung wurden ihm Gelder gestrichen, aber die Stiftung bestand bis zum Schluss. Als am 1. Juli 1990 der «Tag X» gekommen war, erfuhren die Mühen rein zufällig eine späte Würdigung.

In diesem Lichte war mir auch mehr als unbehaglich, als nach der Nato-Bombardierung Serbiens im Kosovo die D-Mark eingeführt wurde. Die Mark als Siegerwährung wird es nun nicht mehr geben. Allein diese Gewissheit ist mir eine finanzielle Einbuße wert. Dass sie im erträglichen Rahmen bleibt, wird uns nicht geschenkt werden. War die Einführung der D-Mark als Zahlungsmittel in Ostdeutschland eine machtpolitische Entscheidung wider die ökonomische Vernunft, so ist die «kränkelnde Frühgeburt»[3] Euro angeblich selbst

---

2 Siehe: Karl Heinz Roth: «Anschließen, angleichen, abwickeln. Die westdeutschen Planungen zur Übernahme der DDR 1952 bis 1990.» Hamburg 2000

3 Gerhard Schröder vor seiner Kanzlerschaft zum Euro

dann wirtschaftlich vernünftig, wenn die Risiken der Währungsunion noch nicht durch eine politische Union aufgefangen werden können. Mag sein. Aber die Völker werden den Mangel an schützender Regulation, wie sie zwischen Ländern mit Produktivitätsgefälle nötig ist, zu spüren bekommen. Der Euro wird sie näher bringen, auch mit ihren Problemen. Das wird eine Herausforderung nicht nur für die Regierungen, sondern auch für Nichtregierungsorganisationen und Gewerkschaften, für die europäische Straße. Der Euro als ein Stück Globalisierung von unten? Auf diese Chance freue ich mich.

ANGSTGESELLSCHAFT

Das System als Krankheitsursache

«Wer über gewisse Dinge den Verstand nicht verliert, der hat keinen zu verlieren.» Diese Lessing'sche Behauptung haben die Experten fürs Seelische sogar im Tierversuch bestätigt. In ihrer Fachsprache heißt das: *Experimentelle Neurose als Folge von Diskrimination.*

Und das geht so: In einem seiner berühmten Hundeexperimente arbeitete Pawlow mit optischen Signalen. Auf eine vor dem Versuchstier stehende Scheibe wurde vor der Fütterung über einen gewissen Zeitraum ein Lichtkreis projiziert. Schon bald erkannte der Hund den Zusammenhang und zeigte bedingte Vorfreude, nachweisbar durch Speichelfluss. Dann wurde statt des Kreises eine stark eiförmige Ellipse auf die Scheibe projiziert – ohne anschließende Belohnung durch Futter. Der Hund erkannte den Unterschied und zeigte erst wieder bedingte Reaktionen, wenn der gewohnte Kreis kam. Über einen Zeitraum von mehreren Wochen wurden nun die Achsen der Ellipse minimal verschoben, sodass sie einem Kreis immer ähnlicher wurde. Der Hund zeigte zunehmende Irritation und Nervosität, weil es für ihn offensichtlich immer schwerer wurde zu unterscheiden, welches Signal Belohnung ankündigt und welches nicht. Als die Ellipse fast kreisförmig geworden war, rastete er aus, er jaulte und biss um sich, sobald er in den Versuchsraum gebracht wurde. Er war nach der anhaltenden Diskrimination so verhaltensgestört, dass er an früheres Wissen nicht mehr anknüpfen konnte und auch leichteste Aufgaben nicht mehr zu trainieren waren. Der Mensch, so Pawlow, würde bei diskriminierender Überforderung vergleichbar neurotisch reagieren.

Das Wartezimmer ist immer voll, bis zu 60 Patienten kommen pro Tag. Der ganze lange Flur im obersten Stockwerk der einstigen Teltower Poliklinik gehört heute dem niedergelassenen Facharzt für Neurologie und Psychiatrie Dr. Gerd-Jürgen Fischer. Ein Behandlungsraum für Schmerztherapie, einer für Akupunktur, einer für Sonographie, einer für EMG und EEG. Viel moderne Apparatur. Schließlich das eigentliche Sprechzimmer. Hier hängen Landschaftsaquarelle in dunklen Passepartouts. «Manchen nicht aufmunternd genug», meint er fast entschuldigend. Dafür in allen Behandlungsräumen und auch im Wartezimmer erhebende Luftbildaufnahmen vom Nordkap und von Florida – selbst gemacht. An einer Tür ein dekoratives Plakat mit Wolkenformen, *Clouds – a Guide for Pilots*. In seiner Freizeit ist der Doktor Sportflieger – ganz standesgemäß. Wie das ihm gehörige Haus im benachbarten Kleinmachnow, das er mit seiner Familie bewohnt. Und die Kandidatur des Parteilosen für die FDP im dortigen Gemeinderat. Man kann nicht sagen, dass der Vorsitzende des Gesamtverbandes der Nervenärzte des Landes Brandenburg sich nicht zurechtfände im Westen.

«Zurecht ja, gerecht nein», schimpft er, zu den Verhältnissen befragt. Das Menschenrecht auf Unzufriedenheit ist immerhin garantiert. Gerd-Jürgen Fischer hatte früh Gelegenheit, beide Welten zu vergleichen. 1943 in Dessau geboren, wuchs er in den schlechten Zeiten teils hier, teils bei Verwandten in Hamburg auf. Dort wollte er studieren, aber da kam die Mauer dazwischen. Also Medizinstudium in Leipzig, schließlich Arzt in der Kinderneurologie und -psychiatrie des relativ modern ausgerüsteten Bezirkskrankenhauses Bernburg.

«1974 gab es – wie fast überall in der DDR – auch in der Psychiatrie eine Aufbruchstimmung. Wir verlangten eine Demokratisierung der Psychiatrie, also weg mit den geschlossenen Abteilungen und Gruppengespräche über das Verhältnis von Patienten und Pflegern.» Doch der ärztliche Direktor (CDU) in Bernburg behielt seinen autoritären Führungsstil bei. So schrieb Dr. Fischer, gemeinsam mit seinem Kollegen Hans-Joachim Maaz und anderen, eine knallharte Beschwerde an die Abteilung Gesundheitswesen des ZK der SED. Der Chef drohte ihnen daraufhin mit Kündigung, aber es kam eine Untersuchungskommission vom Bezirksarzt ins Haus, und der Klinikleiter musste gehen. Der neue Chef (SED) war ein Anhänger der moderneren Therapien, verhielt sich aber gegenüber dem Personal auf seine Art auch autoritär.

Auf der Suche nach größerer Unabhängigkeit fand Dr. Fischer 1978 die Stelle als Neurologe und Psychiater in der Ambulanz der Poliklinik Teltow, die für die Beschäftigten des umliegenden Industriegebietes für Regelungstechnik und Elektronik gebaut worden war. Hier wurde nur darauf geachtet, dass er pünktlich seine Sprechstunden begann und sich die Patienten nicht über zu lange Wartezeiten beschwerten. Ansonsten konnte er als Arzt machen, was er wollte. Nur nicht zu Kongressen ins westliche Ausland fahren – so weit ging die Narrenfreiheit nicht. Und die Segelgenehmigung für sein Kajütboot in Thießow auf Rügen galt, wie bei allen Bootsbesitzern, nur für den Bodden, nicht fürs offene Meer.

Gegen die Euphorie der Wende (Wahnsinn, Wahnsinn!) war man auch als Nervenarzt nicht immun. Der Seelenkenner Fischer, parteilos auch damals, engagierte sich im Neuen Forum. Die Bürger sorgten sich um die Wohnqualität in Kleinmachnow, wollten verhindern, dass alles zugebaut wird. Aber was ist eine Bürgerbewegung gegen das Baugesetzbuch? Oder das Gesetz für offene Vermögensfragen. Oder die Treuhand. Der Ort, gleich neben dem vornehmen Berlin-Zehlendorf gelegen, ist – neurosenexperimentell gesehen – stark elliptisch geworden. Kaum Wiedererkennungswert und wenig Hoffnung auf Belohnung. Von den 16 000 Industriearbeitsplätzen der Umgebung sind 300 übrig geblieben. Mehr als die Hälfte der einstigen Bewohner sind den Alteigentümern gewichen und haben ihre Häuser verlassen. In der für die Verdrängten gebauten Siedlung mit dem sinnfälligen Namen «Stolper Weg» haben über 2000 ein neues Zuhause gefunden. Ein bisschen Umsortieren musste sein – schließlich war viel neues Personal unterzubringen: Ministerialbürokraten, Ärzte, Anwälte, Minister Schönbohm, der Chef des KaDeWe … Das Pro-Kopf-Einkommen der Gemeinde soll heute an zehnter Stelle Deutschlands stehen. Im katholischen Kindergarten, so erzählt die Kindergärtnerin, sagt ein Mädchen mit süddeutschem Klang zu einem einheimischen Mädchen: Mit dir spiele ich nicht, du bist ja so arm, dass deine Mutter arbeiten gehen muss.

Neurosen und Psychosen spiegeln die Kultur, in der sie entstanden sind. Sie haben im letzten Jahrhundert stark zugenommen, in den letzten fünf Jahren sogar dramatisch, wie der Gesundheitsreport 2002 der DAK ausweist. In Westeuropa begibt sich jeder Dritte ein oder mehrere Male im Leben in psychische Behandlung, darunter bereits viele Kinder. Dieses Drittel unterscheidet sich bestenfalls graduell von den so genannten Gesunden. Wer ist normal? Was normgerecht? Im Gespräch über seine Erfahrung in zwei Systemen frage ich Dr. Fischer mit schlecht gespielter Ahnungslosigkeit, inwiefern psychische Leiden auch ein Maßstab für das Leiden an der Gesellschaft seien? Er gibt sich beherrscht, bereit zu grundsätzlicher Aufklärung:

«Psychische Störungen werden durch drei Faktoren ausgelöst, die oft zusammenwirken: genetische, familiäre und soziale. Die echten psychiatrischen Krankheiten, also die schizophrenen Psychosen und die endogenen Depressionen, ruhen weitgehend in sich. Das haben auch Beobachtungen aus Katastrophenzeiten wie den Weltkriegen, der Nazizeit oder dem Vietnam-Krieg belegt: Diese Krankheiten blieben zahlenmäßig konstant. Sie machen etwa 20 Prozent der psychischen Störungen aus. Ganz anders ist es bei all den Erkrankungen, die man früher nur Neurosen nannte und die nach heutiger internationaler Klassifikation zum Teil auch zu den psychosomatischen Störungen gerechnet werden. Da gibt es durchaus gesellschaftsspezifische Symptome.»

Einen Moment schaut er etwas angespannt, als wolle er sich selbst keinesfalls Schwarzweißmalerei durchgehen lassen: «In der DDR sprachen wir von Mauer-Neurosen, von denen Menschen betroffen waren, die die Abschottung körperlich krank machte. Das war allerdings keine Massenerscheinung. Und unter der Minderheit der aktiven politischen Oppositionellen gab es wiederum eine Minderheit, die aus Angst vor Repressionen eine Art Verfolgungswahn entwickelte. Außerdem hat auch damals beruflicher Stress, der nicht selten eine politische Dimension hatte, körperliche Beschwerden ausgelöst. Besonders bei Frauen mit ihrer Doppelbelastung. Und auch das Leben unter beengten Wohnbedingungen hat im wahrsten Wortsinn genervt.»

Die Krankenstatistik von damals ist dafür allerdings kein zuverlässiger Beleg, wie ich aus eigener Erfahrung weiß. Es war ein offenes Geheimnis: Die Hälfte aller Familien hatte ein Wochenendgrundstück oder einen Kleingarten, und wenn die Zeit der unaufschiebbaren Frühjahrsbestellung herangerückt war, stieg die Zahl der Krankschreibungen signifikant an. Dass es die *Gartenkrankheit* heute nicht mehr gibt, liegt nicht nur daran, dass seit der Wende schätzungsweise zwei Millionen ostdeutsche Pächter ihre Wochenendgrundstücke aufgeben mussten. Sondern auch daran, dass acht Millionen Werktätigen der fast absolute Kündigungsschutz aus dem Arbeitsgesetzbuch gestrichen wurde. Von Arbeitslosigkeit sind alle betroffen – besonders die, die Arbeit haben.

Wenn die sozialen Beziehungen aggressiver werden, entstehen seelische Berufskrankheiten. Ein großer Teil der Ver-Störtheit, der Ver-Rücktheit rührt daher, dass Menschen nicht einfühlsam genug behandelt werden. Neurose als Begabung im Sinne der Nichtanpassung. Diese im Grunde einzig gesunde Reaktion auf den normierten Kältestrom der Gesellschaft wird aber von allen, also auch von den Betroffenen, als krankhafte Konfliktbewältigung angesehen. Was als Abweichung, also als Ich-Stärke begann, wird als Ich-Schwäche wahrgenommen. In Zeiten, in denen nur egoistische Durchsetzungskraft marktfähig ist, wirkt mangelndes Selbstbewusstsein aber wie eine Infektionskrankheit – ein psychischer Virus, der die eigene Konkurrenzfähigkeit zerfrisst. Nicht die krank machenden Zustände werden therapiert, sondern die folgerichtigen Reaktionen von Körper und Seele. Damit wird die Medizin zu einem Reparaturbetrieb degradiert, der die vom kapitalistischen System verschlissenen Teile behandelt, damit sie weiterem Verschleiß ausgesetzt werden können.

Dr. Fischer: «Nach der Wende haben sich die psychosomatischen Leiden meiner Patienten weitgehend verändert. Es gibt eine eindeutige Zunahme an Angst- und Verlustsyndromen. Seelische Krankheiten sind Selbstwertkrisen. Man fürchtet, alles Eigene zu verlieren: den Wert der Biographie und der Fähigkeiten, die Arbeit, das Haus, und dann letztlich vielleicht den Partner. Je nach Disposition tobt sich die Furcht in der körperlichen Schwachstelle aus, im *locus minoris resistentiae.* Und ab einem bestimmten Druck wird man krank.» Auf seinem Tisch liegt ein nach der so genannten Hamilton-Angst-Skala erstellter Fragebogen. Danach löst Angst bei seinen Patienten am häufigsten Magen- und Darmbeschwerden sowie Neuralgien aus, aber auch allgemeine Reizbarkeit und Abgeschlagenheit, Schlafstörungen, Albträume, Konzentrationsschwäche, Zähneknirschen, Muskelschmerzen, Herzklopfen, Erstickungsgefühl, Libidoverlust, Impotenz, Schwindel und Kopfschmerz.

«Im Osten sind die Leute jetzt kränker als vor der Wende», sagt er zu meiner Überraschung. «Und das nicht nur, weil Allergien enorm zugenommen haben. Der soziale Faktor ist übermächtig geworden.

Früher war die Wut besser adressierbar und damit abzureagieren. Heute herrscht ein gesellschaftliches Unheimlichkeitssyndrom. Moderne Zivilgesellschaften sind Angstgesellschaften. Und das macht sich eben bei den typisch nervösen Krankheiten bemerkbar. Aber auch bei Herzinfarkten oder Krebs. Ich halte die heutigen Krebsstatistiken für manipuliert. Die DDR hatte die flächendeckendste und zuverlässigste Krebsstatistik der Welt. Es muss Gründe geben, warum diese Erfassungsmethoden nicht übernommen wurden. Nicht umsonst sprechen wir von den *Wendekrebsen.*»

«Behandeln Sie mehr mit Medikamenten oder mit Gesprächen?» – «Ist das eine Fangfrage? Mit beidem natürlich. Ich erkläre meinen Patienten beispielsweise, warum Angst am Herzen wehtut. Weil die Spannung auf die Koronargefäße drückt. Wer erlebt hat, was Angst auslösen kann, der hat bald ‹Angst vor der Angst›, wie der Wiener Psychoanalytiker Viktor Frankl einmal gesagt hat. Die Therapie ist eine Gratwanderung: Einerseits will ich dazu befähigen, Angst zuzulassen und zu verkraften, andererseits darf das nicht zu einer lähmenden Schockstarre führen, sondern der Patient muss wenigstens teilweise handlungsfähig bleiben. Wie weit ist Verdrängung gesund, und wo beginnt das Ungesunde? Das bestimmt die Gesellschaft. Leider bleibt für solche Gespräche zu wenig Zeit.

Ich arbeite bisher nur im Rahmen dessen, was Krankenkassen mir ermöglichen. Das Budget ist aber an die durchschnittliche Grundlohnsumme im Land angekoppelt. Also habe ich in Brandenburg pro Patient nur drei Viertel dessen, was ich im Westen hätte. Das belastet das Arzt-Kassenpatient-Verhältnis. Natürlich kann ich hochwertige Medikamente verschreiben, laufe dann aber Gefahr, aus eigener Tasche zuzahlen zu müssen. Von den 87 Brandenburger Nervenärzten arbeitet zurzeit nur die gute Hälfte rentabel, die übrigen sind betriebswirtschaftlich eigentlich pleite, viele Kollegen werfen das Handtuch. Die ambulante psychiatrische Versorgung droht zu einer Ruhigstell- und Pillen-Psychiatrie zu verkommen. Und die Pharmaindustrie freut sich.»

Gerade jetzt, da meine Fragen die latente Verbitterung in Dr. Fischer aktiviert haben, beginnt die Sprechstunde. Um dem Dilemma zu entkommen, aber auch aus fachlichem Interesse, hat er rechtzeitig die Behandlung neurologischer Fälle ausgebaut, weil dabei Computerbilder die Diagnose und Heilung erleichtern. «Ich gehöre immer noch zu denen, die jeden Morgen gern zur Arbeit gehen», sagt er zu seiner und meiner Erleichterung.

Rosemarie Götz hat von den vielfältigen Angeboten Dr. Fischers in der Schmerztherapie gehört, sie kommt heute zum ersten Mal in die Sprechstunde. Über die Frage, ob ich hospitieren darf, weil ich eventuell darüber schreiben möchte, muss sie nicht nachdenken: «Das wäre gut, wenn Sie festhalten, was mir passiert ist – und zwar mit vollem Namen!»

Im Alter von 17 Jahren nimmt die Studentin Rosemarie an einem obligatorischen Arbeitseinsatz ihres Institutes für Lehrerbildung teil. Auf einer Baustelle erhält sie den Auftrag, Bänderschmuck in die Richtkrone zu flechten. Die erst provisorisch befestigten Dachbinder halten dem böigen Gewittersturm nicht stand und stürzen knackend ein, einer dem knienden Mädchen auf den Rücken. Die Wirbelsaule bricht im Lendenbereich und verheilt nach 100 Tagen im Streckverband und Gipsbett in Fehlstellung. Die Beine sind zunächst gelähmt, die Patientin sitzt im Rollstuhl, muss das Laufen erst mühsam wieder erlernen. Es bleiben eine latente Blasenlähmung und Rückenschmerzen, die das ständige Tragen eines Stützkorsettes erfordern. Spätfolgen sind zu erwarten. Der Traum, Sportlehrerin zu werden, ist vorbei.

Obwohl zu zwei Dritteln arbeitsunfähig, wurde Rosemarie zunächst Grundschullehrerin; als sie das zu sehr anstrengte, arbeitete sie halbtags im Kaufhaus Teltow. Die Differenz aus ihrem Einkommen und dem, was sie als Sportlehrerin mit Hochschulabschluss verdient hätte, zahlte die Haftpflichtversicherung des Institutes. Der Anspruch galt zusätzlich zur Unfallrente und sicherte die volle Altersrente.

1990, als alle neue Lebenspläne machten, setzten bei ihr mit einem Bandscheibenvorfall die befürchteten Spätfolgen ein. In einer zehnstündigen Operation wurde die alte Bruchstelle geöffnet und kunstvoll wieder verfugt. Dennoch – mit 50 Jahren wird Rosemarie Götz wegen der vielen Beschwerden und chronischen Schmerzen endgültig invalidisiert.

So weit die körperliche Leidensgeschichte. Die seelische ist für Dr. Fischer fast noch wichtiger. Denn, so erklärt er, Stress, Ärger, Sorgen, Traurigkeit sind Schmerz auslösend – im Nervensystem bildet sich ein Schmerzgedächtnis. Die emotionale Verarbeitung des eigenen Schicksals steuert schließlich den Schmerz. Er koppelt sich ab, wird autonom, führt ein eigenes Leben.

«Wie empfinden Sie Ihre Lebensqualität?»

«Die Krankheit ist dominant.»

«Was ängstigt Sie?»

«Verstärkt in letzter Zeit bemerke ich, wenn ich an einer Baustelle vorbeikomme, wie ich mich ducke, Kopf und Arme einziehe.»

«Haben Sie Angstträume?»

«Ich höre Knacken, ohne ein Bild zu sehen, und wache schweißgebadet auf.»

«Fühlen Sie sich bestraft?»

«Ja, ich konnte meine Pläne nicht verwirklichen, war nur gehandicapt. Immer wieder die Frage: Warum ich?» Frau Götz wendet sich ab, damit wir ihre feuchten Augen nicht sehen.

«Können Sie auch wütend sein?»

«Ja, und auch deshalb bin ich heute gekommen. Seit sechs Jahren führe ich einen ziemlich einsamen Kampf gegen eine Unrechtsentscheidung. Ich schreibe eine Beschwerde nach der anderen.»

Sie holt eine dicke Mappe hervor, verspricht aber, sich kurz zu fassen. Es geht um ihren aus dem Arbeitsgesetzbuch der DDR übernommenen Anspruch, wenigstens finanziell so gestellt zu sein, als sei der Unfall nicht passiert. Der Anspruch auf Schadensersatz für den Verdienstausfall und die erhöhten Aufwendungen ist für sie zu einem Gradmesser dafür geworden, ob die Gesellschaft ihr Schicksal respektiert, ob sie mitfühlt. Sie hat ihre Würde daran gehängt. Doch das Bundesarbeitsgericht hat mit Urteil vom 4. 12. 1995 diese Ansprüche von etwa 4000 DDR-Arbeitsunfallopfern aufgehoben und ihre Streichung angeordnet. An diesen Ostinvaliden spart der Staat seither jährlich 20 Millionen Mark. Auch Rosemarie Götz hat nun eine jährliche Einbuße von 8400 DM, inzwischen 4200 €, obwohl all das, worauf sie angewiesen ist, teurer wurde: öffentliche Verkehrsmittel und Taxen, zusätzliche Medikamente und Physiotherapie, Bäder und Kuren … Sie spricht von einem rückwirkenden Eingriff in ihre Vermögensrechte, vom Bruch der Verfassung, gar von Vereinigungskriminalität.

Dr. Fischer spricht von Alternativen in der Schmerztherapie. Während er verschiedene Vorschläge macht, blättere ich in der Dokumentenmappe. In ihrem Schreiben an den Petitionsausschuss des Deutschen Bundestages zitiert Frau Götz aus dem Buch «Das Versicherungs(un)wesen» des Präsidenten des Bundes der Versicherten Hans Dieter Meyer: «Ein Handstreich, der sowohl die Skrupellosigkeit wie auch die generalstabsartige Arbeit der Allianz zeigt, war der rabiate Zugriff auf das Monopol der *Staatlichen Versicherung der DDR* … Mit ihrer Jahresprämieneinnahme von etwa sieben Milliarden Mark wurde sie für etwas über 200 Millionen Mark erworben, eine Zahlung, die aber im Grunde nur eine Einlage im eigenen Unternehmen und kein Kaufpreis ist, der an die Treuhandgesellschaft hätte gezahlt werden müssen. Die Lasten der DDR-Versicherung muss der Steuerzahler tragen. Ein Bombengeschäft für die Allianz!» Die lukrativen Verträge wurden also privatisiert, die belastenden sozialisiert. Und als die öffentlichen Mittel immer knapper wurden, hatten Juristen Argumente zu finden, wie man sich der Verpflichtungen entledigen kann, auch wenn der Einigungsvertrag versprochen hatte, dass DDR-Verwaltungsakte gültig bleiben.

In Zeiten verbreiteter Arbeitslosigkeit, lese ich in einem Kommentar einer Rechtszeitschrift, ist es wahrscheinlich, dass der Geschädigte auch ohne den Unfall seine Stellung verloren hätte. «Er hätte nun auf dem bisher der Schadenberechnung zugrunde liegenden fiktiven Arbeitsplatz ohnehin keinen Verdienst mehr erzielt … Durch die Änderung des Wirtschaftssystems konnte das Arbeitsgesetzbuch der DDR nicht mehr die Funktion einer für alle Betroffenen gleichmäßigen sozialen Sicherung der Arbeitnehmer erfüllen.» Es handele sich um einen Fall der «überholenden Kausalität» (DtZ 1996, Heft 6, S. 168). (Oder eben um eine klassische Ellipse.) Folgerichtig bestreitet das Bundesarbeitsgericht nicht, dass es einen rückwirkenden Eingriff in bestehende Rechte vornimmt, rechtfertigt dies aber damit, dass «die Gründe des öffentlichen Interesses so schwerwiegend» seien, «dass sie Vorrang haben vor dem Vertrauen des Bürgers auf den Fortbestand seines Rechts». Das öffentliche Interesse an der Schlechterstellung der Schwachen wird hier einfach als Selbstverständlichkeit hingestellt.

Da spüre auch ich Wut in Form von Druck in der Magengegend und mache mir Sorgen um mein Schmerzgedächtnis. Ich höre Dr. Fischer sagen: «Es gibt auch imaginative, tiefenpsychologische Verfahren. Wenn man sich etwa vorstellt, der Schmerz schwimmt in Form eines Holzscheites auf dem Wasser weg …» Die Sprechstundenhilfe kündigt dem Arzt einen Notfall an, die junge Frau sitze unter schwerem Schock und mit Migräneanfall im Nebenzimmer. Die Beratung wird für heute beendet. Frau Götz verlässt auf Krücken gestützt den Raum.

Aus dem Nebenzimmer höre ich lautes Schluchzen. Die Schwester schließt die Tür und erklärt mir, heute Morgen sei der für kerngesund gehaltene, 58-jährige Vater der jungen Frau neben ihr tot umgefallen. Sie bekomme nun eine Spritze. Dabei habe ich nichts zu suchen. Auch drücke ich mich um die Konfrontation mit Trauer, für die es keinen wirklichen Trost gibt. Wie hält der Doktor das nur aus? «Ich muss mitfühlen, aber nicht mitleiden», erklärt er mir später. «Ohne Abstand kann ich nicht therapieren. Es gibt Phasen, wo das nicht gut gelingt, wo sich zu viel Emotionen übertragen. Das muss ich dann wenigstens reflektieren, mit Kollegen reden.» Eine Kollegin soll mit ihren Patienten immer mitgeweint haben, sie musste den Beruf aufgeben.

Todesfurcht – die Urangst allen Lebens. Und der Todestrieb? Mich interessiert, wie sich die Suizidrate in den letzten Jahren entwickelt hat. Dr. Fischer holt einen Ordner aus dem Regal, die neusten Zahlen vom Bundesamt für Statistik. Die Selbstmorde zwischen 1980 und 2000 ergeben für Ost- und Westdeutschland zwei fast parallel verlaufende Kurven. Zwei leicht, aber stetig abfallende, vollkommen unaufgeregte Linien, ja fast Geraden. Nicht die geringsten positiven oder negativen Abweichungen etwa in den Jahren der Wende und Einheit. Gemessen an der Gesamtbevölkerung, lag und liegt der Anteil im Osten deutlich, aber nicht dramatisch über dem im Westen, dieser Abstand ist unverändert geblieben. «Mir ist das unheimlich, dass es immer nur besser geworden sein soll. Ich fürchte, die Statistik wird liederlich geführt, Selbstmorde nicht als solche erkannt oder mit der Kriminalitätsstatistik vermischt. Was ich erlebe und im Kollegenkreis höre, spricht jedenfalls nicht für eine Entspannung.»

Der nächste Patient möchte nicht, dass jemand Fremdes zuhört, er ist in einer Firma angestellt. Aber bei der Akupunkturbehandlung einer älteren Dame darf ich zusehen. Dr. Fischer platziert die feinen Nadeln, die gegen Kopf- und Rückenschmerzen helfen sollen, konzentriert und flink, erstaunlich, wie wenig von den Einstichen offenbar zu spüren ist. An den Ohrläppchen und im Nackenbereich werden Nadeln mit Goldspitze verwendet, weil Gold wohltuende Wellen ausstrahlt. «Goldschmuck tut gut, das wusste man schon in der Antike.» – «Die Wunden der Sieger heilen schneller als die Wunden der Besiegten», sage ich etwas unvermittelt, um auch eine antike Weisheit beizusteuern.

Herr W. kommt ein Rezept für seine Frau holen, denn zu ihrer Symptomatik gehört, dass es sie Überwindung kostet, Auto zu fahren, selbst als Beifahrerin. Dr. Fischer liest mir aus dem Gutachten eines Kurarztes, der 22 Stunden psychotherapeutische Einzelgespräche mit Barbara W. geführt hat, die Diagnose vor: «Chronifizierte Depression in psychosozialer Mangelsituation durch plötzlich eingetretene Arbeitslosigkeit». «Hinzu kommt die Angst vor Verlust des Hauses. Das sollten Sie einmal sehen und sich die Geschichte anhören», rät Dr. Fischer. Nach kurzem Telefonat mit Frau W. wird beschlossen, dass ihr Mann mich gleich mitnimmt, der Doktor müsse sich jetzt sowieso seinen Neurologiepatienten widmen.

Unterwegs erfahre ich, dass auch Horst W. Patient bei Dr. Fischer ist. Bis zur Wende war er Ingenieur im 5000 Mitarbeiter beschäftigenden CvO (Kombinat für Elektronische Bauelemente Carl von Ossietzky). Im Frühjahr 1991 begann die Kurzarbeit Null, im September kam die Entlassung, dann einige ABM. Er hat 30 Bewerbungen geschrieben, ist zweimal zu Einstellungsgesprächen geladen worden, aber das erste Auswahlkriterium war immer das Alter. Schließlich jede Nacht die Frage: Wie existiert man weiter, was, wenn uns auch noch das Haus weggenommen wird? 1993 kam dann der Nervenzusammenbruch. Den 55. Geburtstag hat er im Krankenhaus verbracht, dann war er arbeitslos bis 60, dann Frührente. «Materiell kommen wir aus, wegen der Tiere fahren wir nicht in Urlaub, wir sind genügsam, es ist mehr das so genannte Mentale. Unser Selbstbewusstsein ist zerdroschen worden.»

Wir halten an einem der Gesinde-Halbhäuser im alten Dorfkern Kleinmachnows. Gegenüber die kleine Kirche und auf dem Hügel am andern Ufer des Sees die Hakeburg. Frau W. hat schon Kaffee gekocht. Das kleine Häuschen hat einen geräumigen Anbau mit großen Fenstern zum unter Landschaftsschutz stehenden Weinberg, die Zimmer sind liebevoll eingerichtet, manche Wände holzgetäfelt. Hier stecke offensichtlich viel Arbeit drin, lobe ich. «Erst haben wir hier zur Miete gewohnt, alles war sehr primitiv, Plumpsklo, schiefe Wände, zugige Fenster und Türen», bestätigt Barbara W. «Als die beiden Söhne geboren waren, wurde es auch zu eng, wir haben Eingaben an die Wohnungsverwaltung gemacht, man möge uns ein Bad und ein Zimmer anbauen lassen, aber es gab kein Material. Also drohten wir, nicht zur Wahl zu gehen, das war ja immer das letzte Druckmittel. Es kamen auch tatsächlich welche von der Wahlkommission, die schickten dann einen Bauleiter.

Dann tat sich lange nichts. Wir glaubten schon nicht mehr daran, als eines Tages die Betonteile für eine Sickergrube auf dem Hof abgeladen wurden. Schließlich kam die Baugenehmigung, aber ohne Materialbilanz, wir mussten uns also selber kümmern. Als Erstes haben wir unsere Eheringe verkauft. Denn wir sind nicht die Menschen, die Eltern um Geld bitten. Später bekamen wir einen Kredit mit 1 Prozent Zinsen, für Kauf und Ausbau des Hauses. Dann kam die gesamte Organisation und kein Telefon im Haus. Drei Jahre haben wir hier wie die Tiere gearbeitet, auf der Baustelle gewohnt und die Handwerker wie im Interhotel beköstigt: Frühstück, Mittag, Kaffee.» Nicht wenige von jenen Handwerkern, die man einst wegen der unsäglichen Umstände so hofieren musste, sehen sich heute mit der größten Pleitewelle im Handwerk der Nachkriegszeit konfrontiert. Auch für sie gilt: Grüß Gott, Ellipse!

Horst W. erzählt seine Lieblingsgeschichte: «Holz bekam man ja bei der BHG (Bäuerliche Handelsgenossenschaft) überhaupt nicht. Also haben wir uns beim Förster eine Einschlaggenehmigung für sieben Kiefern geholt, pro Baum 50 Mark. Die standen aber nicht etwa nebeneinander, sondern im Wald verstreut. Als sie mit Hilfe der Söhne und der Feuerwehr gefällt waren, wollten wir sie im Sägewerk zuschneiden lassen, aber dort gab es keinen Termin. Die Bäume im Wald liegen zu lassen war aber gefährlich, sie konnten geklaut werden. Also brachten wir sieben Wochen lang jeden Montag eine Pulle Schnaps ins Sägewerk, bis wir den Termin hatten. Als wir dann mit unserem Anhänger die ersten Bäume anfuhren, guckten die, als hätten sie uns nie gesehen! Also noch eine Pulle. Die letzten, sehr langen Bäume mussten wir mit einem Drehkran vom Betrieb holen. Ich fuhr mit unserem Wartburg vorweg. Als ich von der Hauptstraße in den Wald abbiegen wollte, nahm mir ein russischer Armee-LKW die Vorfahrt und ramponierte meinen Wagen erheblich. Was das bedeutete, kann nur ermessen, wer sich an den Ersatzteilmangel in Autowerkstätten erinnert.

Aber noch verzweifelter als wir waren die Russen, sie weinten fast und flehten uns an, nicht die Versicherung einzuschalten, sie würden alles wieder gutmachen. Wir tauschten die Adressen, und tatsächlich, gleich am nächsten Tag fuhren sie in Begleitung eines Offiziers vor. Bei einer mitgebrachten Flasche Wodka begannen die Verhandlungen. Sie boten uns an, das Haus in kürzester Frist fertig zu stellen und so viel Holz zu besorgen, wie wir nur wollten. Aber wir hatten kein Zutrauen zu ihren Baukünsten, wir brauchten vielmehr dringend das Geld für die Autoreparatur. Doch sie konnten ihre Rubel ja nicht beliebig in DDR-Mark tauschen. Ich war dienstlich oft in der Sowjetunion, kannte die Umstände, mochte die Menschen. Schließlich einigten wir uns auf 1000 Mark und eine Bohrmaschine. Zwei Wochen passierte nichts, wir wurden schon unruhig. Dann kamen sie, legten stolz die russische Bohrmaschine auf den Tisch und kramten 1000 Mark hervor. Lauter zerknüllte Zehn- und Zwanzig-Markscheine, aus vielen Hosentaschen der Muschkoten zusammengesammelt. Diesmal waren wir den Tränen nahe. Wir hätten das Geld am liebsten zurückgegeben, aber wir waren doch darauf angewiesen.»

Nach der Wende gehörte das Haus von Familie W. zu den 450 Grundstücken in Kleinmachnow, für die der letzte Hake-Erbe Rückgabe forderte. Die Gerichte lehnten ab, weil es sich um Bodenreformland handelt, aber der Erbe ging immer wieder in Revision, will bis Straßburg und Moskau fahren. Barbara W.: «Mich blockiert diese Ungewissheit total. Unsere juristische Position ist eigentlich gut, wir stehen im Grundbuch, aber was weiß ich denn, was man heutzutage mit Geld in Moskau erreichen kann, um die Bodenreform doch noch zu kippen? Oder sie kommen uns vielleicht noch mit *Unredlichkeit.*» Da versuche ich zu beruhigen, sie wären doch beide nicht mal in der SED gewesen, das sei ganz absurd. Aber sie lässt sich nicht beschwichtigen: «Unredlichkeit kann einem heute doch jeder unterstellen. Vielleicht genügt es schon, dass hier zweimal ein Russenauto vorgefahren ist.»

Die Krankengeschichte von Barbara W. ist schnell nachgetragen: Nach der Geburt der Kinder hat die Technische Zeichnerin in dreijährigem Direktstudium auf einer Frauensonderklasse ihren «Ingenieur für wissenschaftlichen Gerätebau» gemacht. Während des eigenen Baus war sie voll berufstätig, und als der 1984 abgeschlossen war und gleichzeitig die von ihr sehr geliebte Großmutter starb, kam der erste Zusammenbruch mit depressiven Symptomen und kreisrundem Haarausfall. «Eines Morgens sagte ich zu meinem Mann: Horst, guck doch mal, meine Haare sind weg. Aber Dr. Fischer hat das mit Spritzen und Gesprächen in fünf Monaten wieder hingekriegt.» Nach der Wende wird ihr Betriebsteil des 6000 Leute beschäftigenden Kombinates *Geräte- und Reglerwerk* von einer Firma aus Houston in Texas übernommen. Die fasst viele Fördermittel ab, baut dann aber bis auf eine GmbH mit 32 Mitarbeitern alle Arbeitsplätze ab. Barbara W. erlebt ihre Kündigung im Frühjahr 1996 als starke Demütigung und Zurücksetzung. Sie gilt als «Persönlichkeit mit einem hohen Maß an sozialer Orientierung». Nach zwei AB-Maßnahmen wird sie in neue Perspektivlosigkeit entlassen. In der Folgezeit schreibt sie über 50 Bewerbungen und ist fassungslos über die Erfolglosigkeit ihrer Bemühungen. Der Haarausfall setzt wieder ein und eine Depression, die in wechselnder Intensität bis heute anhält.

«Zum 70. Geburtstag meiner Tante durfte ich 1987 zum ersten Mal rüberfahren. Ich war erschlagen von der Fülle des Angebots und habe mir damals nichts mehr als Reisefreiheit gewünscht. Heute sage ich mir, was nutzen mir schöne Sachen, wenn ich ein Spielball von Umständen bin, auf die ich keinerlei Einfluss habe?»

Nach diesem Tag könnte ich vom Doktor noch ein paar aufbauende Worte gebrauchen. Es ist schon spät, aber er geht in der Praxis noch ans Telefon, schreibt Gutachten. Ich solle ihm nichts erzählen, er lebe täglich mit diesen Geschichten. «Das Problem ist, dass die pathogenen Strukturen des Systems wirksamer sind als die heilenden. Ich kann mitunter die Erbarmungslosigkeit der christlichen Gesellschaft nicht fassen.»

Wer braucht hier Erbauung? Ich würde gern witzig sein, vergreife mich aber, der Tag war anstrengend, in der Tonlage:

«Solange das göttliche Gericht unseren Dauerantrag auf Rückkehr ins Paradies verwirft, so lange werden wir mit der Angst vor Kränkung und Tod leben müssen. Allerdings liegt es in unserer Rechtsprechung, die Welt nicht zum Vorhof der Hölle verkommen zu lassen. Sie so verlässlich zu gestalten, dass alle Menschen in der Lage sind, sich ihr täglich Brot selbst zu geben, dass ihnen kein X für ein U vorgemacht wird und sie keinen Grund haben, sich anders als friedfertig zu verhalten – das wird man nicht den Nervenärzten überlassen können.»

Am anderen Ende nachsichtiges Schweigen.

III. Geschätzte Wenn-und-Aber-Sager

DER RADIKALDEMOKRAT KURT TUCHOLSKY

Dankesworte anlässlich der Verleihung des Kurt-Tucholsky-Preises für literarische Publizistik (3. 11. 1999)

Wie beschreibt man seine Freude und seinen Stolz, in auch nur irgendeine Art von Zusammenhang mit einem literarischen Vorbild gerückt worden zu sein, und gleichzeitig die Demut, die einen angesichts des eigenen Ungenügens gerade bei solcher Gelegenheit befällt? Gern hätte ich mir Rat beim Meister geholt, aber Tucholsky hat nie einen literarischen Preis bekommen. Und da fängt doch die ganze Ungerechtigkeit schon an.

Vermutlich hätte er an einem so symbolträchtigen Datum die Gelegenheit nicht ohne einige Attacken auf die aktuelle Situation verstreichen lassen. Was hätte der scharfzüngige Gesellschaftskritiker Ignaz Wrobel wohl zum heutigen Tag der deutschen Einheit zu sagen gehabt?

«Wenn ein neues Regime ans Ruder kommt, so vernichtet es gewöhnlich alle äußeren Spuren der Vorgänger, soweit ihm das möglich ist. So ist es bisher immer in der Weltgeschichte gewesen», meinte er zumindest in seinem vor genau siebzig Jahren erschienenen «Deutschland, Deutschland über alles», diesem von John Heartfield montierten Bilderbuch mit Texten, die heftigere Auseinandersetzungen und Angriffe auslösten als alles, was Tucholsky je geschrieben hat. «Die Presse lobt – die Presse tobt», warb der Verlag in einer Anzeige. Bei Lesungen kam es zu Tumulten und Schlägereien – auch das zeigt, wir haben heute längst nicht alle Steigerungsmöglichkeiten ausgeschöpft.

Einleitend hatte Tucholsky Hölderlin vorgeschickt: «Ich kann kein Volk mir denken, das zerrissener wäre wie die Deutschen.» Und so kam *ich* unter die Deutschen: Indem ich versuchte, ihre Missverständnisse zu beschreiben. Mit dem Erfolg, dass diese offenbar nie größer waren als zur jetzigen Zeit. Der Tonfall der westdominierten Debatten ist gereizter und aggressiver geworden, die Vorwürfe grundsätzlicher. Da aber Gereiztheit und Aggressivität immer ein Anzeichen von argumentativer Schwäche sind, rückt der unvermeidliche Zusammenbruch von Klischees vielleicht näher, als wir ahnen.

Schon vor Jahren war mir klar: Das Grundmissverständnis zwischen Ost und West besteht darin, dass eine Seite denkt, sie gibt ihr Letztes, während die andere meint, man nähme ihr das Letzte. Immer drohender wird mit den Milliarden gefuchtelt, entziehbar wie die Mohrrübe dem lahmen Gaul, falls der gewünschte Trott ausbleibt und stattdessen weitere Fehltritte vorkommen.

Sprache verrät Denken. Der Begriff *transferieren* degradiert den Osten wieder zum Ausland, in das mit anderer Währung gezahlt wird. Wo aber sollen reine Westquellen nach staatlicher Vereinigung herkommen? (Gut, auch wir profitieren vom Länderfinanzausgleich. Aber nach Abzug der Kosten für die Regierungsbauten in Berlin, die dem Aufbau Ost immer untergejubelt werden, machen diese Zahlungen ganze vier Prozent des so genannten Transfers aus. Sehr anerkennenswert, aber für einen erkauften Anspruch auf Demutsgesten nicht tauglich.) Finanziert wird der angebliche Transfer aus dem Westen vielmehr mit Steuern und Sozialversicherungsbeiträgen und mit Krediten, die verzinst und getilgt werden müssen. In all diese Töpfe zahlen natürlich auch die Ostdeutschen ein. Das heißt, der Fleischer in Güstrow, so er genauso viel verdient wie der Bäcker in Fulda, trägt auch genauso viel zu diesem so genannten Transfer bei. Nur die Vermögenden in West und Ost (falls es sie hier gibt) zahlen nach dem Willen des Gesetzgebers weit weniger, als angemessen wäre. Da selbst der Staatshaushalt nun mal vereint ist, können übrigens den ostdeutschen Steuerzahlern die erheblichen Subventionen für die bayerischen Bauern und die Ruhrkumpel auch nicht mehr ganz gleichgültig sein.

Fazit: Es gibt – so gesehen – keinen reinen Transfer von West nach Ost, sondern es gibt von West- und Ostdeutschen erarbeitete staatliche Fördermittel für eine Region, die erst unter zentralistischer Planwirtschaft, dann unter der Schocktherapie von Währungsunion und Treuhand erheblich gelitten hat. Wofür der Kassenwart für ausgleichende Gerechtigkeit nun von beiden Seiten – vor allem aber von den nächsten Generationen – Bußgelder erhebt.

Ich stelle mir vor, wie Tucholsky auf seiner jenseitigen Wolke sitzt, mit den Beinen baumelt und sich über unsere irdischen Hahnenkämpfe belustigt. Sehr komisch und vor allem sehr deutsch müssen ihm die Vorhaltungen vorkommen, der andere habe nicht hart genug gearbeitet. Denn natürlich hat unterm Strich der besser gelebt, der weniger rackern musste. Das ist doch der größte Luxus. Aber anstatt stolz darauf zu sein, will deutsche Tugend nicht eingestehen, dass Fortschritt messbar ist als Wegfall von Arbeitsfron und Leistungsdruck. Tucholsky weiß, was ich meine. In einem seiner legendären, im Himmel spielenden «Nachher»-Texte schwärmt Kaspar Hauser rückblickend auf seiner Wolke, sodass man meinen könnte, er sei im Jenseits zum Ossitum konvertiert:

«Am liebsten waren mir zeitlebens die Betriebe, die ein wenig verfault waren. Da arbeitete ich so gern. Der Chef schon etwas gaga, wie die Franzosen das nennen, mümmlig, nicht mehr ganz auf Trab, vielleicht Alkoholiker; sein Stellvertreter ein gutmütiger Mann, der nicht allzu viel zu sagen hatte. Niemand hatte überhaupt viel zu sagen – der Begriff des Vorgesetzten war eingeschlafen. Auch Vorschriften nahm man nicht so genau – sie waren da, aber sie bedrückten keinen. Diese Läden hatten immer so etwas von Morbidität, es ging zu Ende mit ihnen, ein leiser Verfall. Wissen Sie: man arbeitete, man faulenzte nicht, hatte Beschäftigung – aber es war im großen Ganzen doch nur die Geste der Arbeit … Ja, es gab viele Stätten solcher Art. Beim Militär habe ich sie gefunden, in der

Industrie; auf dem Lande lagen solche Güter – Operettenbetriebe. Hübsch, da zu arbeiten. Sehr nett. Und immer so eine leise kitzelnde Angst vor dem Ende, denn einmal musste es ja kommen, das Ende – immer konnte es nicht so weitergehen.»

Alle Menschen würden wohl gleich gern in Operettenbetrieben arbeiten. Menschliche Schwächen bis zu einem gewissen Grad zuzulassen ist eben menschlich. Gerade an der «kitzelnden Angst» erkenne ich in Kaspar Hauser die Kapitalismuserfahrung. Während die Ahnungslosigkeit der Ostdeutschen darin lag, lange Zeit nicht einmal Angst vor dem Ende gehabt zu haben, weil sie sich darauf verlassen haben, dass die objektive Gesetzmäßigkeit der Geschichte sie schon nicht verkommen lassen wird. Ich weiß, längst nicht alle Arbeit war spielerisch; sogar Bücher, wenn mich meine Erinnerung nicht trügt, schrieben sich nicht von selbst. Doch privat ging bekanntlich überall vor Katastrophe. Und das ohne Reue – deshalb war es in den östlichen Operettenbetrieben auch noch netter … Die Utopie einer Welt als musikalisch-heiteres Gesamtkunstwerk – und nicht als Trauerspiel. «Der Sozialismus wird erst siegen, wenn es ihn nicht mehr gibt.» Das sind so Satznüsse, die ungeknackt herumliegen, verehrte Tucholsky-Gemeinde.

Ein Missverständnis zwischen Ost und West besteht darin, dass die eine Seite denkt, die Beigetretenen wollten so leben wie sie, während die andere Seite meint, sie sei beigetreten, damit *alle* anders leben.

«Wenn Revolution Zusammenbruch bedeutet, dann war es eine», meinte Ignaz Wrobel 1919. Denn: «Der Staat hat nicht viel to seggen.» Er wusste: «Sie dachten, sie hätten die Macht. Dabei waren sie bloß in der Regierung.» All das ist nicht nur unverändert aktuell, sondern aktueller denn je. Das ist das Geniale an diesen Texten. Und das Deprimierende zugleich. Heute wagt nur noch der Initiator der einstigen Montagsdemonstrationen, der Pfarrer der Leipziger Nikolaikirche Christian Führer zu sagen: «Der zweite Teil der Revolution steht noch aus.» Was ja das Schicksal beinahe aller Revolutionen war.

Wir Übrigen begnügten uns damit, von der anhaltenden Notwendigkeit einer *Politik-Wende* zu sprechen, von *Reformen* und *sozialen Bewegungen*. Das war wohl der Bescheidenheit zu viel. In seinem Deutschlandbuch formulierte Tucholsky Rechenaufgaben:

«Eine sozialdemokratische Partei hat in acht Jahren 0 Erfolge. In wie viel Jahren merkt sie, dass ihre Taktik verfehlt ist?»

Man ist versucht, nach diesem Muster weiterzurechnen. Zum Beispiel: Vor neun Jahren verabschiedete eine grüne Partei auf einem Sonderparteitag anlässlich des bevorstehenden Golfkrieges einen offenen Brief an die Soldaten, in dem es hieß: «Wir lehnen das Säbelrasseln der USA und ihrer Verbündeten und ihre kriegsträchtige militärische Interventionspolitik ab. Sie steht nicht im Einklang mit der UNO-Beschlußlage … Wenn ihr den Befehl bekommt, in einen Krieg irgendwo auf der Welt zu gehen, dann SAGT NEIN und BEGEHT FAHNENFLUCHT.» Und nun die sich daraus ergebende Rechenaufgabe: Wie viel Kilo Gesinnung muss man abspecken, um *machtlinienförmig* zu werden?

Ist es allzu respektlos, auch Kurt Tucholsky danach zu fragen? Er hatte mit dem Ersten Weltkrieg zunächst «innerlich nichts zu tun» und gehörte nicht zu den jubelnden Hunderttausenden, die freiwillig an die Front gingen. Doch schon bald hatte er sich nahe liegender Weise einen Posten als Kompanie-, später sogar Stabsschreiber erobert. Die mit Gehaltserhöhungen verbundenen reglmäßigen Beförderungen, die gute Verpflegung, der Wein, Zeit für Bücher und Mädchen – all das versöhnte ihn mit der Situation. Erfolgreich gab er die erste deutsche Fliegerzeitung heraus. Er ließ sich sogar taufen, um Offizier werden zu können. Höhepunkt seiner militärischen Karriere war wohl, als der Vizefeldwebel Tucholsky das «Verdienstkreuz für Kriegshilfe» bekam, weil er sich in seiner Zeitung für die Kriegsanleihe eingesetzt hatte.

Später gestand er ein: «Ich habe mich dreieinhalb Jahre im Kriege gedrückt, wo ich nur konnte – und ich bedaure, dass ich nicht, wie der große Karl Liebknecht, den Mut aufgebracht habe, Nein zu sagen und den Heeresdienst zu verweigern. Dessen schäme ich mich.» Doch sofort nach dem Krieg gründete er unter anderem mit Ossietzky den Friedensbund der Kriegsteilnehmer: «Krieg dem Kriege!» war seine Devise, die er in zahllosen Artikeln, Gedichten und auf Kundgebungen vertrat. Aus der Erfahrung der eigenen Verführbarkeit nahm er den moralischen Rigorismus, Fehler nicht wiederholen zu müssen. Er hat seine Schwäche mit einer Konsequenz wieder gutgemacht, vor der man nur den Hut ziehen kann. Sein aus eigener Anschauung geborener Satz «Soldaten sind Mörder» erregt noch heute die Gemüter und Gerichte.

Es will mir scheinen, als rutschten Sie, lieber Kollege Tucholsky, bei diesem Thema ungeduldig auf Ihrer Wolke hin und her, besorgt, wir könnten versäumen, auf ein Jubiläum hinzuweisen, das Ihnen wohl mehr am Herzen liegt als dieser ominöse Nationalfeiertag. Da will ich Sie schnell beruhigen, wie könnten wir vergessen, dass heute der 110. Geburtstag von Carl von Ossietzky ist? Sich der *Weltbühne* verbunden fühlende Autoren haben nach der Wende versucht, diese Zeitschrift weiterzuführen. Der Titel gehört niemandem, aber da das nicht zu beweisen war, darf er auch von niemandem benutzt werden. Nur eine Kneipe nennt sich jetzt großspurig *Weltbühne*. Und so heißt unsere westöstliche Zweiwochenschrift für Politik/Kultur/Wirtschaft eben *Ossietzky*. Und falls der Vertrieb bis zu Ihrer Wolke reichen sollte, so sind die hier anwesenden Autoren ziemlich zuversichtlich, dass das Blatt Ihr Wohlgefallen findet. Und ich gebe auch die Hoffnung nicht auf, die Zeitschrift werde eines Tages, vereint mit dem rein östlichen *Blättchen,* unter dem ursprünglichen Namen erscheinen.

All das passte zur Festtagsstimmung, wäre da nicht jene Justizschande, nach der 1992 das Kammergericht Berlin und der Bundesgerichtshof die Chance verpasst haben, sich von ihren Reichsgerichtskollegen zu distanzieren, die Carl von Ossietzky wegen Landesverrats verurteilt hatten. Und das, weil in seiner Zeitschrift andeutungsweise auf völkerrechtlich und strafrechtlich verbotene Aufrüstung der deutschen Luftwaffe aufmerksam gemacht wurde. Auf Verbotenes aufmerksam zu machen darf aber nicht verboten sein. Selbst und gerade dann nicht, wenn es das Militär geheim halten will. «Es ist eine furchtbare und demütigende Vorstellung», schrieb Thomas Mann damals, «in einem Land zu leben, wo über Erscheinungen der Unordnung gewaltsam mit Hilfe der Justiz Stillschweigen gebreitet werden soll.» Gegen das Ossietzky-Urteil gab es damals einen weltweiten Sturm der Empörung, allein in Deutschland hatten fast 45 000 Menschen eine Petition unterschrieben – vergeblich. Ossietzky starb an den Folgen der langen KZ-Haft.

Ohne jegliches kritisches Geschichtsbewusstsein ließen die heutigen Richter den damaligen das Argument durchgehen, die verbotene Aufrüstung sei ein schützenswerter «Bestandteil des Staatswohles» gewesen und deshalb das Urteil nachvollziehbar. Und so verwarfen beide Gerichte das Wiederaufnahmeverfahren zur Rehabilitierung des einzigen Deutschen, der während der Nazizeit den Friedensnobelpreis erhalten hat. Und unsere Zeitschrift muss mit der höchstrichterlichen Entscheidung leben, wonach sie sich nach einem Landesverräter benannt hat. Keine gute Empfehlung zum Geburtstag.

Aus derart empörenden Urteilen erwächst für Publizisten die Aufgabe, die bundesdeutsche Justiz kritisch zu begleiten. Ganz im Geiste Tucholskys, der wusste: Es gibt keinen unpolitischen Strafprozess, weil in der Welt überhaupt nichts unpolitisch ist. Ossietzkys Inhaftierung war neben allem anderen Übel auch einer der ausschlaggebenden Gründe für Tucholskys gänzliches Verstummen.

Da haben wir Heutigen es leichter. Zum Ende kommend, will ich dennoch nicht verschweigen, dass einen Tucholsky-Preis zu erhalten natürlich auch bedeutet, mit dem Thema Anfeindung und Ausgrenzung und schließlich mit Resignation und Scheitern konfrontiert zu werden. Der Radikaldemokrat Kurt Tucholsky wurde weder als solcher geboren, noch konnte er unter den damaligen Bedingungen *diese* Courage bis zum Ende durchhalten. Für sein Ende bedurfte es einer anderen Art von Mut.

Es ist ein eigenwillig Ding mit der Courage. Auch ich habe einst, wenn auch kaum Falsches verteidigt, so doch zu leise widersprochen und zu lange mit angesehen, wie das Projekt einer menschlichen Gesellschaft zuschanden kam. Und auch ich leite daraus die moralische Verpflichtung ab, mit aller Radikalität dagegen anzugehen, sich selbst diesen Vorwurf noch einmal machen zu müssen. Aber wer sich aus dem Fenster lehnt, noch dazu aus dem linken Flügel, der muss mit scharfem Gegenwind rechnen, heißt es hierzulande. Wer seine Meinungsfreiheit nutzt, um auch vor Systemkritik nicht Halt zu machen, der wird erfahren, was Verleumdungsfreiheit ist.

Auf wie viel Zusammenhalt von Gleich- oder Ähnlichgesinnten darf dabei gerechnet werden? Wer unglaubwürdig gemacht werden soll, erfährt, wie viele Freunde und Sympathisanten er hat. Wer unfair angegriffen wird, weiß das Glück der Solidarität zu schätzen. Ich bin dankbar, sie bekommen zu haben. (Und ich freue mich natürlich, unter denjenigen, die sich in Auseinandersetzungen für mich eingesetzt haben, nun auch einen Nobelpreisträger zu wissen, und ich möchte die Gelegenheit nicht versäumen, Günter Grass von hier aus sehr herzlich zu gratulieren.)

Wohl dem Land, das keine Helden braucht. Und wohl dem Menschen, der keine Solidarität braucht. Wann und wo könnte das sein?

Selbst im Paradies ist der Versuch, vom Baum der Erkenntnis zu kosten, bestraft worden.

Als Tucholskys Deutschlandbuch 1964 in der Bundesrepublik erschien, war einer Besprechung in der *Zeit* zu entnehmen, sein (und unser) Unglück sei es gewesen, «dass er kein Maß mehr kannte» in seiner Kritik und seiner Bitterkeit. *Ein* Maß wird er doch wohl gekannt haben, nämlich sein eigenes. Wessen Maß soll denn sonst das gültige sein? Am Schluss seines Buches griff er Hölderlin wieder auf: «Deutschland ist ein gespaltenes Land. Ein Teil davon sind wir.» Womit gemeint waren: Linke, Pazifisten, «Freiheitliebende aller Grade; man hat uns mitzudenken, wenn ‹Deutschland› gedacht wird», verlangte Tucholsky. Möge es uns Angesprochenen gelingen, dabei auch künftig unser Maß zu verteidigen.

SEHNSUCHT NACH MORALISCHER REVOLUTION

Anmerkungen zu «Die verlorene Menschlichkeit» von Heleno Saña

Heleno Saña sieht das Leben als eine Mischung aus Lustgarten und Strafkolonie. Dennoch oder gerade deshalb erspart er sich nicht die Rolle des Weltverbesserers. Zynismus liegt diesem radikalen Kritiker der gegenwärtigen Gesellschaft fern. Herkunft und neue, vertraute Fremdheit ermöglichen dem 1930 in Barcelona geborenen und seit 35 Jahren in der Bundesrepublik lebenden Autor eine distanzierte Nähe, aus der lieb gewonnene Klischees des Zeitgeistes befragt werden. Souverän nutzt Saña dabei sein breites Wissen über die klassische deutsche Literatur und Philosophie, ergänzt durch intime Kenntnis westeuropäischer Geistesgeschichte. Mit seinen zahlreichen essayistischen Werken über Kultur und Gesellschaft ist der Spanier in der Linken der ehemaligen Bundesrepublik ein fester Begriff, während selbst seine bekanntesten Titel wie «Die verklemmte Nation. Zur Seelenlage der Deutschen» oder «Das Vierte Reich. Deutschlands später Sieg» sich im Osten offenbar noch nicht so recht herumgesprochen haben.

In seinem jüngsten Buch «Die verlorene Menschlichkeit. Wege aus einem Ausnahmezustand» analysiert Heleno Saña schonungslos die destruktiven Folgen der Konsumgesellschaft, die – so prognostiziert er – zum nahen Ende des bürgerlichen Zeitalters führen werden. «500 Jahre bourgeoiser und kapitalistischer Dressur» haben seiner Überzeugung nach das stolze abendländische Ich zu einem austauschbaren Leistungsmenschen, Wähler und Verbraucher degradiert. Dabei werde der Mensch immer kleiner, geduckter und angepasster, und mit derart eingeschüchterten Bürgern sei die Demokratie zum Zerrbild verkommen. Es gebe keine echte Opposition, die Linke leide seit langem an «progressiver Paralyse». Obrigkeitshörige Bürokraten kontrollierten uns mit dem eiskalten Geist des Gesetzes, sie hielten uns in Atem und versetzten uns in Angst. «Ja, wir sind frei, aber die Freiheit, die uns vom System zugestanden worden ist, erschöpft sich darin, unsere Richter und andere Wächter zu wählen. Das ist das wahre Antlitz der bürgerlichen Demokratie, die größte und raffinierteste Farce, die je von Menschen erdacht wurde.» Eine solch fundamentale Systemkritik ist derzeit von keinem Ostdeutschen zu hören. Nicht nur, weil hier niemand wagt, gegen den uns auferlegten Konsens von den Segnungen der Demokratie zu verstoßen, sondern weil in diese für uns neue Gesellschaftsform tatsächlich und, wie auch ich hoffe, trotz alledem berechtigt Hoffnungen gesetzt werden.

Indessen bemerkt Saña, dass das existenzielle Umfeld, das den zu Eigensucht verdammten Menschen bleibt, zunehmend dem Dante'schen Kreis der Hölle gleicht. «Denn der Anspruch eines jeden auf Selbstverwirklichung, Erfüllung, Macht, Erfolg und Eros verwandelt den gesellschaftlichen Raum in ein erbarmungsloses Schlachtfeld.» Somit entwickle der Mensch vor allem seine Gewaltbereitschaft, er werde zum Peiniger und Mörder seines Nächsten, ganz nach dem Vorbild von Kain und Abel. Der Autor misstraut dem bürgerlichen Geschichtsbild vom unendlichen Fortschritt genauso wie christlichen oder sozialistischen Heilslehren.

Der stalinistisch verseuchte Sozialismus sei die falsche Antwort auf die vom Kapitalismus aufgeworfenen Probleme gewesen. Die von ihm genährte Furcht vor Repressionen sei nur die atheistische Fortsetzung der latenten Angst vor der Hölle, vor dem Zorn Gottes gewesen. Aber die Angst sei auch der Motor der bürgerlichen Gesellschaft. Dem Schrecken der ewigen Verdammnis entspreche unter dem heutigen Leistungsdruck die Gefahr des Versagens und damit der Isolation und der Einsamkeit.

Heleno Saña schöpft sein ambivalentes Menschenbild nicht aus Ideologien, sondern aus der durch eigene Erfahrung bestätigten

Weltliteratur. Den dramatischen Kampf zwischen den höheren und niederen Anlagen des Menschen beschreibend, beruft er sich auf Cervantes, Milton, Shakespeare, Calderón, Hölderlin, Dostojewski, Strindberg, Kierkegaard, Proust, Kafka und vor allen auf Camus. Dabei kommt er zu dem Schluss, dass der Mensch mehr ist als Biologie, nämlich durchaus zu humanem Verhalten begabt. Wenn die gegenwärtige Gewaltbereitschaft etwas beweise, dann nicht den angeborenen Aggressionstrieb, sondern die Fehlentwicklung der Zivilisation. Man ist böse aus Ohnmacht, aus dem Unvermögen, gut zu sein.

Dabei wird nicht behauptet, Gleichheit und Gerechtigkeit würden das Dasein in eine konfliktfreie Idylle verwandeln. Mit Proudhon wird daran erinnert, dass die ökonomischen Widersprüche gelöst werden können, niemals aber die des inneren Seins. Der unabänderlich tragischen Dimension des Lebens setzt Sana überzeugend die zusätzliche, künstliche Tragik entgegen, die ihre Ursache in der sozialen Ungerechtigkeit hat. Er appelliert an unseren Mut, den «Teufelspakt mit der bürgerlich-kapitalistischen Ordnung zu kündigen». Ja, der Autor erklärt es zur «heiligen Pflicht aller Menschen», die nicht zu Komplizen der waltenden Faktizität werden wollen, sich gegen die inhumane Warengesellschaft aufzulehnen. Dabei müsse die Revolution im Innern des Einzelnen einsetzen und sich gegen unsere «herrscherlich-ausbeuterische Identität» richten.

Heleno Saña empfindet sich als sehnsuchtsvoller Suchender auf dem Weg nach einem neuen Wertesystem. Jede Dogmatik bekämpfend, entspricht er dem Bedürfnis nach Orientierung, ohne selbst zum Verkünder von Dogmen zu werden. Nach griechischem Vorbild favorisiert er den geduldigen Dialog als einzige Quelle der Wahrheitsfindung. Deshalb wird es ihm recht sein zu hören, dass die Lektüre natürlich auch die Lust zu Widerspruch und Zwischenfragen weckt. Wie etwa soll man sich die materielle Basis einer «moralischen Revolution» gegen den «kapitalistischen Augiasstall» vorstellen? Welche Bedeutung sollen Kategorien wie Effektivität, Geld oder Eigentum dann haben? Wird man auf dem angestrebten Weg, nämlich der «Kultur der Sanftmut, der Rücksichtnahme, der Mildherzigkeit, der Freundlichkeit und der Ritterlichkeit» das angestrebte Ziel erreichen? Der letzte Satz des Buches mutet eher unsanft an: «Entweder die Menschheit stürzt die Bourgeoisie, oder die Bourgeoisie wird die Menschheit zu Grabe tragen und als einzige Erinnerung ihrer Herrschaft einen Planeten voller Asche hinterlassen.»

RECHT ODER ROULETTE?

Anmerkungen zu «Die Republik vor Gericht 1975–1995» von Heinrich Hannover

«Der beste Verfassungsschutz eines freiheitlich demokratischen Staates ist die Bereitschaft seiner Bürger, sich schützend vor die Verfassung zu stellen, wenn staatliche Gewalt in ihre Freiheitsrechte eingreift.» Dieser Satz aus einem Plädoyer Heinrich Hannovers mag eine Ahnung vermitteln, wie wohltuend es ist, sein Buch zu lesen. Sein zweiter Band der «Erinnerungen eines unbequemen Rechtsanwaltes» bietet mir nicht nur einmaliges Anschauungsmaterial über die letzten 25 Jahre bundesdeutscher Rechtsprechung, sondern in den Schlussfolgerungen ständig auch die Überraschung, eigene Auffassungen, Vorbehalte und Beobachtungen auf den Punkt gebracht zu finden. Und das in einer Sprache, in der die klare Logik des Anwaltes ergänzt wird durch die menschenfreundliche Phantasie des Kinderbuchautors.

Der zitierte Satz stammt aus meiner Lieblingsgeschichte im Buch, in der Heinrich Hannover keinen Hehl aus seiner Sympathie mit seinen wegen Raubes in Tateinheit mit Sachbeschädigung angeklagten Mandanten macht: 1982 hatte eine Bremer Wohngemeinschaft bemerkt, dass sie aus der gegenüberliegenden Dachwohnung mit Kameras und Mikrophonen rund um die Uhr observiert wurde. Unter dem Vorwand, sie müssten zu ihren «Kollegen», überlisteten einige Mitglieder der WG den Hausbesitzer und verschafften sich ungehindert Zutritt zu der unverschlossenen konspirativen Wohnung des Verfassungsschutzes. Zwei Frauen hoben unaufgefordert die Hände und wagten nicht einzugreifen, als ihre «Observierungsobjekte» begannen, eine Tüte mit Unterlagen an sich zu nehmen und alle Kameras, Ferngläser, Mikrophone, Filme, Funkgeräte, Monitore, Kabel und Kopfhörer aus dem Fenster zu werfen. Als die Polizei kam, halfen die WG-Leute unter dem Beifall der Straßenpassanten beim Einsammeln der Bruchstücke.

Neun Monate auf Bewährung und eine maßvolle Geldstrafe waren ein erträgliches Urteil. Dem Anwalt Hannover gelangen ermutigende Erfolge, ermöglicht durch einsichtige, liberale Juristen. Doch in der Mehrzahl seiner Fälle steht – so der Titel des Buches – «Die Republik vor Gericht».

Am eindringlichsten schildert er den «Hauch von Volksgerichtshof», der über den Prozessen gegen Mitglieder der «Roten Armee Fraktion» (RAF) lag. Den «Diffamierungsterror» gegenüber den Angeklagten und ihren Anwälten, der «nur mit politisch motiviertem Verurteilungswillen zu erklären» sei. Da wurden wichtige Beweisanträge abgelehnt und Gerüchte gestreut, Sachverständige tendenziös ausgewählt, Anwälte rechtswidrig abgehört, Akten bereinigt oder ganz aus dem Verkehr gezogen, ja, Gesetze eigens für diese Prozesse verschärft. Der Anwalt erlebte ein «Klima, das geeignet ist, Menschen fertig zu machen», und das ihn «sowohl gesundheitlich als auch finanziell an den Rand des existenziellen Abgrundes» brachte.

Hannover verteidigte den Psychologieprofessor Peter Brückner, einen von 48 Hochschullehrern, denen eine grotesk konstruierte Anklage vorwarf, durch eine Dokumentation zum Mord an Generalbundesanwalt Buback zur Verbreitung terroristischer Anschauungen beigetragen zu haben. Zwar wurden alle freigesprochen, doch strafen darf nicht nur die Justiz. Der niedersächsische Minister für Wissenschaft und Kunst (damals CDU) hängte Brückner nach dem Freispruch ein Disziplinarverfahren an, das ihn mit 40-prozentiger Gehaltskürzung vom Dienst suspendierte und ihm Hausverbot für die Universität erteilte. Erst nach zehn Jahren, kurz vor dem frühen Tod des Geschmähten, wurde dieses Unrecht aufgehoben.

1986 verurteilte eine Krefelder Strafkammer den Angeklagten Wolfgang Otto wegen Beihilfe zum Mord an Ernst Thälmann zu vierjähriger Freiheitsstrafe. Der 3. Strafsenat des Bundesgerichtshofes hob das Urteil auf. Ein «schamloses Ende», meint der Autor. Nichtjuristen, noch dazu solche aus dem Osten wie mich, mutet es bei der Lektüre merkwürdig an, wie unergründlich Rechtsprechung im Rechtsstaat ist. Da werden Urteile von der nächsthöheren Instanz aufgehoben und an eine andere Strafkammer zurückverwiesen, die dann bei unveränderter Beweislage zum gegenteiligen Resultat kommt. So geschehen, als die Grünen auf ihrem Sonderparteitag 1990 zum Golfkrieg in einem offenen Brief an die Soldaten forderten: Sagt Nein und begeht Fahnenflucht! (Das waren Zeiten!) Erst Anklage wegen «öffentlicher Aufforderung zu Straftaten», dann Freispruch, dann Revision, dann erhebliche Geldstrafen. Ein unaufhörliches Hüh und Hott, und selbst das Bundesverfassungsgericht korrigiert bei wechselnder Besetzung gelegentlich eigene frühere Urteile.

Die positive Lesart: Rechtsdenken muss in Bewegung bleiben. Die vielen Instanzen mit ihren oft gegensätzlichen Ansichten wirken ausgleichend und schützen vor der Willkür einzelner Richter. Die negative Lesart: Die Ausschöpfung des Rechtsweges ist wie russisches Roulette, wobei das Risiko in dem Maße steigt, in dem der in den Prozess Verwickelte für links gehalten wird. Denn die bundesdeutsche Justiz ist mehrheitlich konservativ und wird ihre Prägung durch die braune Tradition nicht los.

Gerade in politischen Strafverfahren scheint der Interpretationsspielraum von Gesetzestexten viel größer, als sich der rechtsgläubige Bürger vorstellen kann. «Alle Rechtsgelehrsamkeit nützt nichts, wenn das politische Bewusstsein eines Richters Barrieren aufgebaut hat, die mit rationalen Argumenten nicht zu überwinden sind. Das, was ihnen als politisch wünschenswert erscheint, werden sie auch als juristisch richtig begründen können.» Ein Fazit nach 40 Jahren Anwaltstätigkeit.

Als Justizschande bezeichnet Hannover den Umstand, dass bundesdeutsche Richter die Chance verpasst haben, sich von ihren Reichsgerichtskollegen zu distanzieren, die 1931 Carl von Ossietzky wegen Landesverrats verurteilt hatten, weil in einem Artikel der von ihm herausgegebenen *Weltbühne* völkerrechts- und verfassungswidrige Machenschaften des Militärs publik gemacht worden waren – ein Urteil, in dem sich die Terrorjustiz der Nazis ankündigte und das auch die mörderische KZ-Haft für Ossietzky nach sich zog. Damals erhob sich ein weltweiter Sturm der Empörung. Aber 60 Jahre später verwarfen sowohl das Kammergericht Berlin als auch der Bundesgerichtshof das Wiederaufnahmegesuch zur Rehabilitierung des einzigen Deutschen, der während der Nazizeit den Friedensnobelpreis erhalten hat. Aus diesem Erbe erwächst die permanente Aufgabe, ganz im Sinne Ossietzkys, seiner Tochter und deren Anwalts Heinrich Hannover, die bundesdeutsche Justiz kritisch zu begleiten.

INNENANSICHTEN DER BÜROKRATIE

Anmerkungen zu «Der Leihbeamte» von Wilhelm Boeger

Was für eine Rarität: Da hat ein unangepasster Ministerialbeamter aus Bonn aufgeschrieben, was hinter den Kulissen im Laufe seiner 40 Dienstjahre passierte. Im Grunde ist es so, wie Klein Mäxchen sich das vorstellt: neben zweifellos wichtigen Amtsgeschäften auch viel Wichtigtuerei, Dilettantismus, Karrierismus, Vetternwirtschaft, Geschäftehuberei, Korruption und Amtsmissbrauch. So authentisch, stimmig bis ins Detail, kann nur jemand erzählen, der dabei war. Und dennoch nie ganz dazugehörte, weil er sich dem herrschenden Gehorsamsideal des deutschen Beamtentums nur sehr bedingt verpflichtet fühlt.

Man muss nicht den Bescheid des Präsidenten des Oberlandesgerichts Braunschweig vom 4. 9. 1978 zu einem Disziplinarverfahren kennen, um zu wissen, welche (selten so deutlich ausgesprochenen) Spielregeln auch unausgesprochen gelten: «Ohne Achtung der Autorität des Vorgesetzten ist eine geordnete Behördentätigkeit nicht möglich. Die Wahrung der Amtsautorität dienende Achtungspflicht verliert ihre Geltung nicht schon dann, wenn dem Vorgesetzten kritikwürdiges Verhalten zur Last gelegt wird. Es steht dem Beamten nicht zu, seinem Vorgesetzten Verfehlungen vorzuwerfen.»

Der Jurist Wilhelm Boeger schießt nicht erst jetzt, aus dem sicheren Hafen der Pensionierung, quer. Es ist urkomisch zu lesen, mit welcher List und Tücke er als ganz junger Beamter verhindert hat, dass sein damaliger Minister (für Bildung) sich 350 000 DM aus der Staatskasse für seine Privatfirma überweisen ließ. Vor lauter Lachen überliest man leicht den bescheidenen Nebensatz, dass es damals dank Beamtenrecht zwar nicht möglich war, den unbotmäßigen Boeger zu entlassen, dass aber ab sofort seiner Karriere ein jähes Ende gesetzt war. Es gab Weisung, ihn «ganz klein zu halten».

Man ließ es ihn spüren. Und Wilhelm B., halb korrekter Preuße, halb schwejkscher Schelm, erkennt seinen Freiraum gerade darin, Mitarbeiter und Vorgesetzte durch beinahe naive Integrität und Unbestechlichkeit zu verunsichern und so Schülern, Lehrlingen und sich Qualifizierenden ziemlich unbehelligt nützlich sein zu können. Was ihn von vielen seiner Kollegen zusätzlich unterscheidet, ist ein tolerantes, feinsinniges Kunstverständnis. Wie er, abgeschoben auf den Posten des literarischen Jugendschützers, Grass' Blechtrommel vor bornierten Angriffen von Beamten und Staatssekretären der Landesregierung in Düsseldorf verteidigt hat, ist heute nur noch kurios. Unter welchen Vorwänden es diesen Herrschaften später aber gelungen ist, den als Chaoten verschrienen Professor Joseph Beuys aus der Düsseldorfer Kunstakademie herauszuschmeißen, hält man nicht für möglich.

Letzter Höhepunkt in der Laufbahn des Beamten: Er wird nach Mecklenburg-Vorpommern *ausgeliehen*, um dort Aufbauhilfe zu leisten. Im Schweriner Landesministerium entwirft er eine Konzeption für die Nutzung der von Hitler erbauten, von der NVA später teilweise als Kaserne genutzten Großanlage in Prora auf der Insel Rügen. Auch hier lernt er Spekulanten, Glücksritter, Abstauber und ihre gefälligen Helfer kennen. Die Konzeption lässt sich nicht umsetzen: «Die Zwischenbilanz ist verdrießlich. Wenig Pioniergeist, kein Interesse an der Arbeit, abgeschottete Bürokratie wie im Westen – so erlebe ich im Osten die importierten Helfer, die hier Karriere machen.»

Die vom Autor lebensnah wiedergegebenen Dialoge haben für Ostdeutsche einen zusätzlichen Informationswert. Glauben viele hierzulande, die weithin üblich gewordene, herbe Tonlage von Herr zu Knecht sei eben der kolonialen Situation geschuldet, so erleben sie diese Umgangsformen hier als Innenansicht der westlichen Bürokratie. In der DDR war das Verhältnis von Vorgesetztem zu Untergebenem oft das von Erziehungsberechtigtem zu Erziehungsbedürftigem, was bei aller Penetranz und manchmal auch Infamie dennoch meist im familiären Ton blieb. Der herablassende Kommandoton aber, der sich durch formale Hirarchie legitimiert glaubt, war hier im zivilen Leben weitgehend in Vergessenheit geraten oder nie erlebt worden. Ganz unten wird jetzt so viel getreten und gehackt, dass es schon allein deshalb ratsam ist aufzusteigen. (Wieso es in der DDR oft schwer war, für Leitungsfunktionen überhaupt Leute zu finden, wird bald niemand mehr verstehen können.)

Wilhelm Boeger beschreibt, wie man sich mit Zivilcourage dennoch wehren kann. Er konfrontiert seinen Staatssekretär mit kompromittierenden Interna, die er Spitzenpolitikern abgelauscht hat. Danach lässt er durchblicken, was er gern hätte. Nichts mit Privatkonto, sondern ein Ost-West-Schriftstellertreffen in Prora und eine dreibändige Anthologie für den Schulgebrauch, mit meist ostdeutschen Autoren, ein Beitrag zur kulturellen Einheit. Plötzlich loben die Vorgesetzten seine Vorhaben, erleichtert, so billig davongekommen zu sein. Wie das beschrieben ist, gehört zu dem Köstlichsten, was ich in letzter Zeit gelesen habe.

MAN SOLL NIE NIE SAGEN

Anmerkungen zu «Von den Schwierigkeiten, Westler zu werden» von Klaus Schlesinger[1]

«Da bin ich gespannt, wie du zerrieben werden wirst zwischen dem Literaturbetrieb des Westens und den politischen Ansprüchen des Ostens», hatte Franz Fühmann 1980 seinem jüngeren Kollegen nach dessen Umzug nach West-Berlin prophezeit. Schade, dass er nicht mehr erleben konnte, welch verblüffende Lösung Klaus Schlesinger für dieses Dilemma gewählt hat: Er ist nicht nur seinen politischen, sondern auch noch seinen ästhetischen und mentalen östlichen Ansprüchen einfach treu geblieben. Nicht im Sinne von Unbelehrbarkeit, sondern von Beharren auf den sich gegen den Zeitgeist bestätigenden Überzeugungen. Auch das macht diese Sammlung von essayistischen Texten aus den letzten Jahren so rundum sympathisch, gibt ihnen eine Ausstrahlung integrer Menschlichkeit. Was die Offenheit, eigene moralische Grenzsituationen zu schildern, einschließt.

Angesichts der nicht mehr zu verdrängenden Erkenntnis, «in welch grobe Hände unsere Sache gefallen war», beschreibt sich Schlesinger seit dem Mauerfall als einen in Melancholie Verfallenen. Nicht dass er über das Verschwinden des «beklemmenden Drucks der Politbüroherrschaft, die meinem ganzen Temperament widersprach» nicht erfreut gewesen wäre, aber gleichzeitig überwog die Trauer um den unerfüllten, da nicht mehrheitsfähigen Traum einer erneuerten DDR. Seither das Gefühl, dass die Zeit rückwärts läuft.

Was macht es ihm denn nun so schwer, Westler zu werden? Die Antworten kommen nicht als faktengespickte Gesellschaftsanalyse,

---

[1] Klaus Schlesinger starb im Mai 2001 in Berlin

sondern als assoziationsreiche Rückgriffe auf Geschichten und Anekdoten. Er fühlt sich eben fremd, wenn Besitzdenken «raubtierhafte Züge» annimmt, wenn er als Atheist auf das Christentum und als Nichteigentümer auf das Privateigentum verpflichtet werden soll. Die «in der Ursache unterschiedlichen, in der Folge ähnlichen Zensurmechanismen in den Massenmedien der DDR und der BRD» entgehen ihm genauso wenig wie der Umstand, dass ihn nun «das Finanzamt mit einer ähnlich intensiven Aufmerksamkeit verfolgt wie in meinen letzten DDR-Jahren die Staatssicherheit». Was bei ihm damals übrigens nicht Angst, sondern Verachtung auslöste. Klaus Schlesinger, der Grund hätte, das Wort *Opfer* für sich in Anspruch zu nehmen, weist diese Rolle zurück: «Wenn ich eins an Menschen, auch an mir, verachte, dann die Klage über Konsequenzen, die eine selbst gewählte Handlung nach sich zieht.»

Seine Anpassungsverweigerung erklärt sich aus einer inneren Souveränität und einer Zivilcourage, die nachweislich Kontinuität haben. Das macht sie so überzeugend. Und all das wird immer in präziser Sprache dargeboten, die einem die gängigen Floskeln rund um den Unrechtsstaat erspart. Viel differenzierter sieht Schlesinger die DDR als eine Mischung aus «Vatikanbürokratie», «proletarischem Absolutismus» und «Monopolsozialismus». Und zwischen Demokratie und Kapitalismus gehören seines Erachtens keine Gleichheitszeichen. Zwar gesteht er ironisch ein: «Es ist nicht alles schlecht, was aus dem Westen kommt!» Dennoch bereitet ihm am Beitritt die meisten Kopfschmerzen, «dass wir nie wieder austreten können».

Man soll nie nie sagen, pflegte meine Großmutter zu sagen.

WESSEN STÄNDIGER VERTRETER?

Zum Siebzigsten von Günter Gaus

An Geburtstagen müsste eigentlich der Mutter gratuliert oder gedacht werden. Denn sie hat die Leistung des Tages vollbracht. Und die der ersten Jahre. Ich weiß, Günter Gaus hat die gütige und menschenfreundliche Mitgift seiner Eltern, kleiner Leute, nie vergessen. Wer aus solchem Erbe im Laufe der Zeit aber so viel gemacht hat wie dieser Gaus, hat allen Grund, am Geburtstag nun selbst Glückwünsche entgegennehmen zu müssen.

Aus der hier nicht aufzählbaren Fülle seiner Leistungen sei nur an eine Denkwürdigkeit erinnert: Die Ostdeutschen haben Günter Gaus kennen gelernt als ersten Abgesandten einer Regierung, die sie wahrnahmen in einer von Mensch zu Mensch verschiedenen Mischung aus Bewunderung, Sehnsüchten, Vorurteilen und Feindbildern. Wer das Glück hatte, den *Ständigen Vertreter* in dieser Zeit kennen zu lernen, aber auch wer seine Arbeit über die Medien verfolgte, erlebte einen Diplomaten, der neugierig und genau beobachtete, der im Sinne von Brandts Ostpolitik zwischen beiden Seiten erfolgreich vermittelte, nie von oben herab, sondern mit wachsendem Einfühlungsvermögen für diese kleinen Leute im Osten.

Wie prägend diese Jahre für ihn blieben, war später seinen Büchern zu entnehmen. Viele seiner treffsicheren Vergleiche beider Teile Deutschlands konnten im Osten erst nach der Wende wirklich nachempfunden werden. So die Beobachtung, dass bis auf diejenigen, die «sich dem System grundsätzlich nicht mehr anbequemen» wollten, die «Freiheit von Angst» im Berufsleben der DDR «deutlich größer als im westdeutschen» war. Die mit übergroßen Erwartungen an die Demokratie beigetretenen Ostdeutschen fühlen sich heute mehrheitlich enttäuscht. Für die Fremdheit, die er sehr richtig als nicht aus der Trennung, sondern aus der Begegnung herrührend beschreibt, bringt er wie kein anderer frühe Erklärungen zu den Defiziten im Westen: «Fugenlos werden die Bedürfnisse des Kapitals gleichgesetzt mit den Idealen der Demokratie.»

Wenn der Schriftsteller und Publizist Gaus heute bekennt, er glaube nicht an einen «Kapitalismus mit menschlichem Antlitz», so klingt dies für viele nicht resignativ, sondern als provokante Aufforderung, sich über Alternativen Gedanken zu machen. Wer Gaus im Osten auf Podien und bei Diskussionen nach Lesungen erlebt hat, weiß, wie sein Publikum ihn verehrt.

Mehr noch – sie lieben ihn. Sie haben ihn auf Dauer zu ihrem Ständigen Vertreter erkoren.

DIE GRENZEN DES SAGBAREN ERWEITERN

Zum Siebzigsten von Christa Wolf

«Älter werden heißt: Alles geschieht, was du niemals für möglich gehalten hättest», sagt Christa Wolf. Wer aber ihre Bücher kennt, wer sie kennt, weiß doch: Es gibt kaum etwas, das sie nicht für möglich hält. Was wohl könnte sie überraschen?

Dass es sich bestätigt: Kein Ort Nirgends? Dass Leben Schmerz bedeutet? Dass, was sie befürchtet, auch eintrifft? Dass die Ohnmacht gegenüber dem Fremderwerden der Welt eingestanden werden muss?

Vielleicht, dass der Absturz von Hoffnung aufzuhalten war. Vielleicht, dass man sich Lebensnotwendiges erhalten konnte: die unbezähmbare Neugier. Die Gier nach Neuem. Nach Nähe. Nach Natürlichem.

Die Lebensfreude. Die in diesem Fall die Schreibfreude einschließt. Und die wiederum nur einzulösen ist, wenn der utopische Gehalt von Literatur bewahrt werden konnte: Wahrhaben, was ist – wahr machen, was sein soll.

Von Anfang an hat Christa Wolf nicht nur gefragt: Welche Moral zwingt mir diese Welt auf? Sondern vor allem: Wie muss die Welt für ein moralisches Wesen beschaffen sein? Aber auch: Welche eigenen Irrtümer entrücken uns diese gewünschte Welt immer wieder ins Unerreichbare? Da genügt nicht die zumutbare Wahrheit. Da schiebt sich die unzumutbare darüber. Die Grenzen des Sagbaren erweitern – darin liegen der eigentliche Anspruch Christa Wolfs an sich selbst und die unverwechselbare Faszination ihrer Bücher.

Wer wie sie der Weltliteratur so bleibende Meisterwerke wie «Nachdenken über Christa T.», «Kassandra», «Sommerstück» oder «Medea» bescherte, hat an einem Tag wie heute allen Grund, sich gelassen und zufrieden zurückzulehnen. Aber ein «Verweile doch» in dieser Stimmung wird nicht akzeptiert. Nicht von der Schar ihrer Leser noch von ihr selbst. Auch in der Erzählung «Im Stein» bleibt nur, wie jedes Mal, mit dem Anfang anzufangen. Also mit einem Erwachen, das schon den Charakter von Auflehnung in sich trägt.

Ich empöre mich, also bin ich. Dem Stein, der sie im wahrsten Wortsinn lahm legt, will sie nachfühlbarerweise entkommen, aber nur, um sich einen anderen, vertrauten aufzuladen – den Stein des Sisyphos. Die Revolte, und sei es die gegen das Absurde, ist wesentliche Dimension des Schreibens. Gern hat sie ihren Freund und Kollegen Heinrich Böll zitiert: «Poesie ist Dynamit für alle Ordnungen dieser Welt.» Christa Wolf hat nie abgelassen von dem fortgesetzten Versuch, verändernd einzugreifen. Wenn es sein musste, auch außerhalb der Poesie.

Die vielleicht intensivste Phase solcher Einmischung habe ich sehr nah miterlebt. Als wir Ende August 89 in einer kleinen Gruppe von Autorinnen die erste Protestresolution für den Schriftstellerverband formulierten, als wir in der Erlöserkirche die erste unabhängige Untersuchungskommission der DDR forderten, als wir schließlich zusammen monatelang in dieser Kommission saßen, als Christa am Vorabend des 4. November unserer Autorinnengruppe ihre Rede vorlas, als sie am 8. November im Auftrag der Bürgerbewegungen und der neu gegründeten SDP über das Fernsehen die Bürger aufrief, im Land zu bleiben, um die jahrzehntealten Verkrustungen aufbrechen zu helfen und an dem Ziel eines wahrhaft demokratischen Sozialismus festzuhalten.

Heute mag mancher und manche an seine Zustimmung zu diesem Auftrag nicht mehr erinnert werden. Genauso wenig wie an die Unterschrift unter den Aufruf «Für unser Land». Der wirkungslos blieb, nicht nur, weil sich die falschen Leute anschlossen, sondern weil er die euphorische Stimmung, die Wünsche der Mehrheit nicht mehr traf, auch wenn sich später die in ihm ausgedrückten warnenden Prophezeiungen Wort für Wort bestätigten. So blieb dann auch die von Christa Wolf formulierte Präambel des Verfassungsentwurfs des Runden Tisches, in der noch ein letztes Mal «revolutionäre Erneuerung» gefordert wurde, ein schöner Traum.

Hatten wir die Realität verkannt, war unser direktes politisches Engagement von besonderer Vergeblichkeit gekennzeichnet? Wieder zitierte Christa Wolf Böll: «Einmischung ist die einzige Möglichkeit, realistisch zu sein.» Niemand weiß, ob es ohne diese Art Einmischung nicht noch ganz anders gekommen wäre. Und nur man selber kennt die Genugtuung, es wenigstens versucht zu haben.

Abgestraft wurde Christa Wolf mit dem Versuch einer totalen Demontage ihrer Person. Man hat ihr zu verstehen gegeben, dass ihre Vergangenheit und ihre Bücher nur die Vorwände waren, was man ihr indes tatsächlich nicht verziehen hatte, war diese Widerspenstigkeit in der Wende. Doch die Leser haben sich Christa Wolf nicht nehmen lassen. Ich saß daneben, als Lew Kopelew beschwörend auf sie einredete: «Wenn man sich im Recht weiß, kann einem keine Schmähung etwas antun.»

Was wir unter anderem gelegentlich füreinander tun können, ist, uns zu versichern, dass wir im Recht sind. Wenn es sein muss, auch, dass wir geirrt haben. Es steht geschrieben: «Du sollst dich nicht entschuldigen. Du sollst nur sagen, wie es kam.»

Schwer genug. Christa Wolf hat es vermocht. Und wird es vermögen. Herzlichen Glückwunsch!

WAHLBEKANNTSCHAFTEN

Zum Achtzigsten von Egon Bahr

«So reich unser Leben an wohlgenützten Gelegenheiten war, vortrefflichen Menschen nahezustehen, so reich ist es überhaupt gewesen.» Marie von Ebner-Eschenbach zitierte ich gern als Studentin, in diesem Fall in einem Feuilleton mit dem Titel «Wahlbekanntschaften», in dem ich bedaure, dass es so viele Menschen gibt, die ich nicht kenne. Und dass es überdies unüblich ist, Menschen, die einen interessieren, einfach anzusprechen und dies zuzugeben. Die auch mir vertraute Schüchternheit sei ein Hindernis, sich Bekannte zu *wählen*, man überlasse dies eher dem Zufall, lasse sich seine Freunde durch die Umstände zuweisen.

Als ich im «Roten Kloster» in Leipzig Journalistik studierte, war Egon Bahr Staatssekretär im Kanzleramt in Bonn. Fernsehwelten entfernt. Als uns noch beigebracht wurde, wie man eine Polemik mit dem Freund schreibt und wie mit dem Feind, bekundete Bahr in Moskau den Wunsch der Bundesrepublik nach Aussöhnung mit der Sowjetunion. Der Architekt der Entspannungspolitik mit Osteuropa hätte in keine unserer Schubladen gepasst. Wenngleich auch er die Anerkennung der DDR, von der sich viele Reiseerleichterungen versprachen, ablehnte.

Filmeinblendung: Zwanzig Jahre später ...

Die Mauer war gefallen. Zu den vielen ungeahnten Möglichkeiten kam die, ganz andere Leute kennen zu lernen. Egon Bahr nah sehen konnte ich zum ersten Mal in einem inoffiziellen Gesprächskreis von Christa Wolf. Er war damals Direktor des Institutes für Friedensforschung und Sicherheitspolitik an der Universität Hamburg und referierte fesselnd über die neuen Chancen einer auf völkerrechtlichen Verträgen und UNO-Beschlüssen basierenden friedlichen Weltordnung. Mir lag die Frage auf der Zunge, woher er die

Gewissheit nähme, dass sich die Regierungen im Ernstfall an diese Verträge halten würden, aber ich wagte nicht, die auch mir wohltuende Zuversicht zu stören. Ich war beeindruckt von der engagierten, menschenfreundlichen, ja auffällig ostmenschenfreundlichen Ausstrahlung dieses Mannes und schwieg.

Filmeinblendung: Fünf Jahre später …

Ende 1996 lud der Verein «Gesellschaftsanalyse und Politische Bildung e.V.» in Berlin zu einer Diskussion zum Thema «Wende nach der Wende?». Die Podiumsteilnehmer Dieter Klein, anlässlich dessen 65. Geburtstages das Ganze stattfand, Gregor Gysi, André Brie und ich warteten gespannt auf den Vertreter der Sozialdemokratie in unserer Runde: Egon Bahr. Ich werde den Moment, in dem wir uns vorgestellt wurden, nie vergessen. Sein Gesicht überzog ein anhaltendes Wohlwollen, und dann sagte er: «Nachdem ich Ihr Buch gelesen habe, bin ich seit Wochen auf der vergeblichen Suche nach Ihnen; schön, Sie endlich kennen zu lernen.» Ich war überrascht, froh, stolz. Einer der seltenen Fälle von Wahlbekanntschaft also.

Dann diskutierten wir vor überfülltem Saal über die Notwendigkeit einer drastischeren Wende als der, die sich im Osten vollzogen hat. Die Notwendigkeit, nach dem Wegfall des Realsozialismus eine globale Gegenmacht zum zerstörerischen Neoliberalismus zu befördern. Es gehe um die Wiederherstellung der Überlegenheit von Politik über die Wirtschaft, waren wir uns einig. Das *wie* fiel kontroverser aus, aber fest stand, wir wollten jenseits wechselseitiger ideologischer Verdächtigungen im Gespräch bleiben.

Und das ist bis heute tatsächlich geschehen. Schon im Januar 1997 wurde Egon Bahr zum Mitunterzeichner der Erfurter Erklärung, die wir in einer Gruppe meist SPD-naher Wissenschaftler, Künstler, Theologen und Gewerkschafter formuliert hatten. Darin forderten wir ein Ende des kalten Krieges gegen den Sozialstaat. Wer dies wolle, müsse aus der Zuschauerdemokratie heraustreten und sich außerparlamentarischen Bewegungen anschließen. Eine andere

Politik erfordere auch eine andere Regierung; wenn es sein müsse, mit neuen Mehrheiten. Das Nichtberührungsgebot gegenüber der PDS sei historisch überholt.

Der damalige Kanzler Kohl beschimpfte die Erstunterzeichner der Erklärung vor seiner Fraktion als «intellektuelle Anstifter», als «Hassprediger», die sich «auf der Straße des Verrats zusammenrotten». Egon Bahr war der einzige Prominente der SPD-Opposition, der dagegenhielt. Wie ich ihn überhaupt als einen in seiner Solidarität zuverlässigen, treuen Menschen erleben durfte. Was ihm, aber das kennt man, nur gelegentlich gedankt wird.

Aus heutiger Sicht sind nur die ersten Schritte auf dem damals in der Erfurter Erklärung beschriebenen Weg erreicht, das eigentliche Ziel liegt noch vor uns. Ganz in diesem Sinne durfte ich dabei sein, als sich wenig später auf Initiative von Egon Bahr, Peter Brandt und Günter Grass der Willy-Brandt-Kreis konstituierte. Ein Gesprächskreis, der nach dem Zusammenbruch des Realsozialismus Willy Brandts viel versprechendes Vermächtnis ernst nahm: «Die Bändigung des Kapitalismus heißt jetzt Sozialdemokratie.» Na, das wollte ich doch sehen.

Nun gab es regelmäßig Gelegenheit, sich mit der Wahlbekanntschaft zu treffen. Besonders einig waren wir uns über die desaströse Situation in Ostdeutschland, wir sahen den konservativen Weg zur Einheit als gescheitert an und hätten es für richtig befunden, wenn sich die Nato aufgelöst und neu formiert hätte. Die Osterweiterung der Nato nannte Bahr einen Jahrhundertfehler. Wir sprachen über die Notwendigkeit einer europäischen Linkspartei, einer europäischen Verfassung, später dann einer Weltinnenpolitik. Wir verabschiedeten eine Resolution gegen den Kosovo-Krieg. Antiamerikanismus sei dumm, sagten wir, stimmten aber Bahr zu, der meinte, Amerika sehe Europa sicherheitspolitisch als Protektorat, und deshalb müsse Europa seine Identität auch durch die Emanzipation von Amerika erreichen.

Der Brandt-Kreis stellt seine Arbeitspapiere ins Internet und ist jüngst mit einem eigenen Buch unter dem bescheidenen Titel «Zur Lage der Nation» an die Öffentlichkeit getreten. Dennoch ist der zuversichtliche Elan, politisch etwas bewegen zu können, im Kreis nicht gewachsen. Zwar habe ich Egon Bahr nie resigniert erlebt, aber seine Prognosen sind zurückhaltender geworden, die gesteckten Aufgaben begrenzter.

Auch Tucholsky brachte uns näher: *Leben ist Aussuchen.* Aber nach welchen Kriterien? Der Politiker Bahr lässt sich nicht abschrecken, ganz klassisch die Sinnfrage zu stellen: Wofür leben wir? Für einen rentablen Standort, in dem sich die Menschen den Maschinen unterwerfen, oder für eine Gesellschaft, in der sich die Wirtschaft den Interessen des Gemeinwohls unterordnet?

Besonders zu den Fragen Krieg und Frieden, Völkerrecht und Souveränität glaube ich viel von ihm gelernt zu haben. Aber wie das bei Schülern und Schülerinnen so ist, sie nehmen den Meister gern wörtlicher als dieser selbst. Noch strich ich mir dick die Passage über die Nichtsouveränität in seiner so aufschlussreichen Autobiographie an:

«In den elementaren Fragen der Sicherheit lag die Verantwortung bei anderen; das ersparte eigene Entscheidungen und gebot Gefolgschaft. Im Wohlstand angenehm lebend, konnte amerikanische Führung gleichzeitig kritisiert und genossen werden. Fünfundvierzig Jahre lang hat sich die Mentalität entwickelt, die ihre Verkümmerung nicht mehr empfindet. Aus der Unfähigkeit zum Alleingang wurde eine Tugend gemacht. Diese Tugend ist verloren, wenn die gewachsene Verantwortung des gewachsenen Landes keine Worthülse bleiben soll. Wer Alleingang im Prinzip ablehnt, stellt Deutschland zur Disposition und ist eben nicht so souverän, wie Deutschland geworden ist. Zur Normalität der Verantwortung gehört auch, daß unser Land, wie fast alle Staaten, in wichtigen Fragen nein sagt, wenn unsere Interessen das verlangen ... Wer Alleingang im Prinzip ablehnt und nach Krücken ruft, obwohl er allein gehen kann, macht sich selbst zum Behinderten.»

Doch als ich mich angesichts meiner Ablehnung des Krieges in Afghanistan auf diese Haltung berufen wollte, erinnerte Bahr an seine Definition, wonach Politik ein Ergebnis des Kalküls zwischen Interessen und Macht sei. Selbst wenn wir uns einig wären, dass es kein Menschenrecht auf Rache gebe und flächendeckendes Abwerfen von Benzinbomben und Streuminen kein geeignetes Mittel zum Ergreifen von Terroristen sei, hätte Deutschland sich unmöglich als einziges Land der Welt aus der kriegerischen Koalition gegen den Terrorismus raushalten können, ohne allen künftigen Einfluss zu verlieren.

Das traf mich ein wenig unvorbereitet, denn wir hatten bisher kaum Übung darin, verschiedener Meinung zu sein. Umso mehr freue ich mich auf weiteres, so angenehmes wie anregendes Üben im Wettstreit von Dafür und Dagegen. Auf wohlgenützte Gelegenheiten, diesem vortrefflichen Menschen nahezustehen.

Lieber Egon, nach russischer Sitte wünsche ich dir, durchaus auch eigennützig: *Sto let!*

LIEBESERKLÄRUNG AN EDUARD GOLDSTÜCKER

(1998)[1]

Der Frühling von vor 30 Jahren war der *Prager Frühling*. Erinnert jemand öffentlich daran? Kaum. Nur die verdienstvolle Martin-Niemöller-Stiftung organisiert in Wiesbaden eine Tagung: «Demokratischer Sozialismus – glimmende Hoffnung? Wo bleibt der Kapitalismus mit menschlichem Antlitz?» So habe ich unter diesen Vor- und Fragezeichen endlich die Chance, den von mir bewunderten, heute 85-jährigen Eduard Goldstücker kennen zu lernen.

Was für eine Biographie: 1913 in der Slowakei geboren, Funktionär der kommunistischen Studentenbewegung, 1939 ins englische Exil, die Mutter in Auschwitz umgekommen, nach dem Krieg Diplomat, 1951 verhaftet und zu lebenslänglicher Haft verurteilt, 1955 rehabilitiert, danach Professor für Germanistik an der Karlsuniversität, wo er 1963 die Kafka-Konferenz einberuft, 1968 Vorsitzender des tschechoslowakischen Schriftstellerverbandes und geistiger Vater des Prager Frühlings, Abgeordneter der Nationalversammlung, ab 1969 zweites Exil in England, 1974 Entzug der tschechoslowakischen Staatsbürgerschaft, seit der Wende wieder in Prag lebend.

Als Held gefeiert, wie mein ihn verehrendes Gemüt selbstverständlich vermutet? Weit gefehlt. «Der Prager Frühling war zwischen 1945 und 1989 der einzige lichte Moment im Schicksal meines Volkes», meint der akzentfrei deutsch sprechende Goldstücker. «Aber die neue Herrschaft Tschechiens diskreditiert diesen Demokratieversuch und deformiert das Gedächtnis an ihn. Schon der damalige Parteiapparat teilte sich in Befürworter und Gegner. Aber

---

[1] Eduard Goldstücker starb mit 87 Jahren im Oktober 2000 in Prag.

der eigentliche Prozess der Aufklärung kam vorwiegend von den Reformkommunisten der Partei und den mit ihnen sympathisierenden Intellektuellen. Schritte zur Veränderung konnten nur aus dem Zentrum der Macht kommen. Unter Dubček verabschiedete die Partei im April 68 ein Aktionsprogramm, das weitgehend mit den Forderungen der intellektuellen Opposition übereinstimmte: Das System des Diktates würde in ein Partizipationssystem umgewandelt werden. Das heißt, es wurde anerkannt, dass es verschiedene Interessen gibt und diese vertreten werden müssen. Die Kontrolle der Macht sollte hauptsächlich durch die Abschaffung der Zensur und durch freie Gewerkschaften garantiert werden. Auch die Ökonomie sollte demokratisiert werden, durch eine stärkere Marktorientierung und Selbstverwaltung der volkseigenen Betriebe.»

Der Versuch kam bekanntlich zu spät, um seine Rolle noch spielen zu können. Doch auch eine missglückte Befreiung bringt den Geschmack der Freiheit und ändert die Gesellschaft. Die tschechoslowakischen Achtundsechziger waren bahnbrechend für ein neues gesellschaftliches Selbstbewusstsein. Sie sind die legitimen Vorgänger der samtenen Revolutionäre von 1989. «Aber Befreier bekennen sich ungern zu ihren Vorgängern. Sie geben sich lieber als direkte Abgesandte der Vorsehung», sagt Goldstücker. Heute sei es für viele schwer, sich der Vereinnahmung zu entziehen, nach der alles zu diskriminieren ist, was mit Kommunisten zusammenhing. «Und der Prager Frühling war nun mal das Werk von Reformkommunisten. Heute sieht man in den damaligen Protagonisten gern die wahren Verursacher des folgenden Elends. Nach dem Ende des Kommunismus geht es um neue Hegemonien, die Antikommunismus voraussetzen.»

Da Eduard Goldstücker die «enthusiastische Antwort der Massen» auf die damaligen Reformen schilderte, frage ich ihn, wo diese breite Sympathie geblieben ist, ob nicht diejenigen, die sich an Macht sowieso nicht beteiligen wollen, zu den Akteuren von damals solidarisch sind. Wenn er im Park spazieren gehe, komme es schon vor, dass er wohlwollend angesprochen werde, sich diejenigen mit ihm über die einzigartigen Monate des Aufbruchs nostalgisch unterhalten wollen. Aber dies seien die Ausnahmen. «Die nichts riskiert haben, wollen nicht daran erinnert werden, dass sie nichts riskiert haben. Die Charta 77 trug 1800 Unterschriften. Was haben die anderen 15 Millionen gemacht? Viele geben sich heute unter den Bedingungen der Konkurrenz als Träger des Widerstandes und verbreiten Feindseligkeit gegenüber allen, die tatsächlich den Mut hatten, schon vorher die Faust zu zeigen. Es gibt unter den Tschechen eine tief sitzende Scham darüber, dass sie sich so schnell mit der Niederlage abgefunden haben.»

Eduard Goldstücker macht keinen verbitterten Eindruck. Er ist humorvoll, gelegentlich beißend ironisch. Die flinken Augen sind voller Schalk. Seinem Charme und den warmherzigen, väterlichen Gesten bin ich schnell erlegen. Er gehört zu den selten gewordenen Zeugen des Jahrhunderts, die sich unter den Theoretikern der Arbeiterbewegung genauso souverän auskennen wie in der Philosophie, der griechischen Mythologie oder den Werken von Büchner und Kafka.

Er zitiert Togliatti, der Ende der 30er Jahre auf einer Tagung der Kommunistischen Internationale zu Ernst Fischer gesagt hat: «Kampf um Sozialismus heißt Kampf um mehr Demokratie. Wenn wir Kommunisten uns nicht als die konsequentesten Demokraten bewähren, geht die Geschichte an uns vorbei.» Das ist geschehen.

Wer sind heute die konsequentesten Demokraten? Oder bescheidener: konsequente Demokraten? An wem wird die Geschichte demnächst vorbeigehen?

SCHRIFTGELEHRTER VON FRAGWÜRDIGER DENKART

Zum Tod von Stefan Heym

«Wir haben ihn behandelt entsprechend den Verdiensten einer Person der Gruppe Schriftgelehrte von fragwürdiger Denkart», sagen die Bediensteten Salomos über den mit dem *König-David-Bericht* beauftragten Redakteur Ethan. An seinem 85. Geburtstag auf diese autobiographische Erfahrung in seinem Buch angesprochen, lächelte Stefan Heym nur schweigend. Wussten wir doch auch so, wie es ihm ergangen war in den Vereinigten Staaten McCarthys, vor dem Scherbengericht der DDR und dem zum boykottierenden Tribunal umfunktionierten Bundestag. Auf Pergamenten über Krethi und Plethi nachlesend, musste er den Blick nur heben, um die Mienen beschreiben zu können. Doch der Alterspräsident blieb weise, mahnte zu Toleranz.

Kritische Geister müssen überall mit Diffamierungen rechnen, aber bei Stefan Heym kamen in den letzten zehn Jahren drei Angriffsgründe zusammen: Intellektueller, Ostdeutscher, PDS-Abgeordneter. (Dass es gegeben haben könnte einen vierten Grund, will ich nicht glauben.)

Der Schriftsteller Heym lässt den Redakteur Ethan für sich sagen, er habe die Gabe, sich «selbst beobachten zu können zu Zeiten innerer Erschütterung, was sehr nützlich ist, wenn man bei Verstand bleiben will». Und er ließ ihn erkennen, «wie sehr ich gefangen war in meiner Zeit und außerstande, ihre Begrenzungen zu durchbrechen. Der Mensch ist wie ein Stein in der Schleuder, und wird geworfen auf Ziele, die er nicht kennt. Was kann er mehr tun denn versuchen, dass seine Gedanken ihn um ein weniges überdauern, als Zeichen, als undeutliches, den kommenden Geschlechtern. Ich habe es versucht. Möge man mich entsprechend beurteilen.»

Im Nachhinein wird gern so getan, als gäbe es für alle nichts Liebenswerteres als einen aufrechten Menschen und als müsse es eine Gnade sein, im richtigen Moment den Mut zum Widerspruch zu haben. Wer glaubt schon, es könne ein Fluch sein, nicht anders zu können. Was nicht verraten wird: Beim Jüngsten Gericht zählt nichts anderes als das Maß gelebter eigener Wahrheit. Diese Gewissheit, da bin ich ganz sicher, hat Stefan Heym uns nun voraus.

SPÄTE HIMMEL

Zu Bildern von Georg Weise

Hochspannung. Bedrohlich schwarze Masten, Kreuze, Galgen. Gefährliche Drähte zerschneiden Wolkenwesen. Geborstene Leitungen greifen wie wilde Fangschlingen nach dem Betrachter. Peitschende Seile auf die geschundene Seele. Dem spontanen inneren Ducken folgt ein staunendes, befreites Aufrichten im Lasso dieses ästhetischen Codes. Der uns die Übersetzung von Glücklosigkeit und Angst in die Sehnsucht nach Harmonie und Schönheit offenbart.

Hinübergeholt aus der Sprachhemmung durch die unverwechselbare Bildsprache des jungen Malers Georg Weise. Mit seinem Mut zur großen Fläche, zu filigranen Details und radikaler Leere längst der Phase, ein Geheimtipp zu sein, entwachsen. Mit seinen Bildern, die uns nicht verschonen vor der beunruhigenden Gewissheit: Am meisten bedroht uns, woran wir am stärksten hängen.

Wie an diesem Lebenssaft in den Masten, dieser fließenden Energie, diesem Thermostat des Wünschens. Strom, Strom, Starkstrom. Gebraucht jederzeit – und sei es zum Kochen des Teers.

Teer – Farbe der glänzenden Traurigkeit. Des tiefschwarzen Pechs. Für Höllen- und Himmelbilder. Im schönen Schnörkel geborgen die verwunschene Hölle, drohend der heilige Himmel. Schwebend unfassbare Gebilde dazwischen. Bevor noch verstanden, schon wieder zerronnen. Und doch mit graphischer Klarheit fixiert. Zwischen Schwarz und Weiß, zwischen himmelhoch und zu Tode – eine tragfähige Brücke aus Grautönen. Ich, Georg Weise. Selbstbewusste Bewusstseinszustände, zuständehalber …

Denn dieses Ich ist nicht nur um seiner selbst willen nass geweint. Ich, Georg Weise, in der Welt. In dieser verworfenen Welt. In der die Menschen ihre Besitz markierenden Eisengitter in die Landschaft rammen; in die Landschaft der Herzen.

Kunst als Notwehr wirkt nur, wenn sie trifft. Talent ist Waffe.

Und wieder pfeift ein Lasso. Diesmal von Satan, der sich als Engel des Lichts verstellt. In Wahrheit Engel der Finsternis, verurteilt er seine Beute zu jenseitigen Gefühlen. Malend kann Georg Weise dem Zugriff entweichen, lachend einen weiß leuchtenden Kondensstreifen hinterlassen. Und die geglückte Flucht befreit auch den Betrachter. Von der Unfähigkeit, in emotionale und ästhetische Sperrgebiete vorzudringen, von der Scheu, Geheimnisse schauen zu wollen. Über die Kunst des Bestehens. Georg – der Glückliche.

WIR BEFINDEN UNS SO UNWOHL. WIR SIND WIEDER EINMAL AM ANFANG

Dialog mit einem Buch von Volker Braun[1]

Nach dem angekündigten Ende der Geschichte ist schon das Fortschreiben der Unvollendeten Geschichte Programm. Das Drama geht weiter, *der Kampf der Interessen im Kostüm der Gesinnungen und Religionen.* Der angemessene künstlerische Ausdruck: der Torso, das Fragment, offene Ausgänge.

Wie sollte das künftige Deutschland heißen?, fragst du im Frühjahr 1990. *Den Namen Bundesrepublik zu prolongieren ist mir ein unerträglicher Gedanke: der den Anschluß festschreibt.* Wir hatten unser Duldungspotenzial überraschenderweise längst nicht ausgeschöpft, ich sage dir nichts Neues. Verhüte der Himmel, dass einem passiert, was man aushalten kann.

Beim *Einmarsch des Kapitalismus in eine herrenlose Gegend* bedürfte es einiger Tapferkeit vor dem Freund. *Wir kannten den Opportunismus der Macht: Fürchten wir jetzt den Opportunismus der Freiheit.* Oder die Freiheit des Opportunismus. Freiheit ist nämlich immer auch die Freiheit der Gleichdenkenden. *Die Ästhetik der Widersprüche* wäre eine Lehre über die Schönheit der Dialektik – prächtig, prächtig, wir aber sehen die Ästhetik des versiegenden Widerspruchs, die Lehre über die Schönheit der Anpassung. Die Ästhetik der Kollaboration. Westwärts ist der Konsens.

Das Thema der Kunst ist, dass die Welt aus den Fugen ist. Nur noch Zustandsbeschreibung? Gehört zum Thema nicht auch die Sehnsucht, die Fugen müssten zu kitten sein – einige, eine wenigstens,

---

[1] Volker Braun: «Wir befinden uns soweit wohl. Wir sind erst einmal am Ende.» Frankfurt am Main 1998

für eine kleine Weile, für eine Nacht? Die utopische Kernkraft der Kunst – inzwischen ein Ärgernis wie die Castor-Transporte? *Eingreifende Literatur*? Siehe, Romeo und Julia sind unglücklich, wie schön wäre es, wenn die Umstände ihre Liebe ermöglichten! Wie muss die Welt für ein moralisches Wesen beschaffen sein? Ist Bobrowskis Frage obsolet?

Benjamin auf dem Kopf: Der nicht geprügelte Denker wird kein Held. *Das geprügelte Volk hat nun* (Dezember 89) *zu denken begonnen* … aber die Heldenstädte sind müde geworden. Und schwarz, rosa, goldbraun. Die Sprüche der abgewickelten Revolution haben die Brauereien verramscht: «Wir sind das Bier.»

VOLKSEIGENTUM PLUS DEMOKRATIE; das ist noch nicht probiert, noch nirgends in der Welt. Die Macht der Räte hätte heute (Dezember 89) *das Gemeineigentum als gewaltige Stütze.* Die Ohnmacht des Konjunktivs. Eine stützende Gewalt ist heute (Mai 99) das gemeine Eigentum. Mitbestimmung bestimmt mitnichten. Nicht nur dein Dresden, der ganze Osten ein Tal der Ahnungslosen. Kein Neues Denken, nirgends.

«Nach jeder Befreiung eine Wanderung durch die Wüste», sagt Goldstücker in Prag. Und fügt hinzu: «Doch selbst eine missglückte Befreiung bringt den Geschmack der Freiheit und ändert die Gesellschaft.» Es ist auch das Feld der Unzufriedenheit, wo unser Brot wächst.

Mir sehr vertraut deine Sucht herauszufordern, die härtere Formulierung zu wählen: *Es nannte sich das Eine Demokratie, das Andere Diktatur: und was an diesen ehrlichen Namen Wahres wahr, sehen wir an unserm Verhalten. Dem okkupanten-, dem kapitulantenhaften.* Die restlose Zerschlagung der Strukturen des alten Systems war die an die Diktatur des Proletariats gestellte Aufgabe. Heraus aus euern Schlupflöchern, ihr proletischen Stümper, zum Parteilehrjahr (PR-Kurs) bei den von der *parlamentarischen Demagogie* beauftragten Institutionen: Treuhand, Amt zur Regelung offener

Vermögensfragen, Evaluierungskommissionen. Fragt den Genossen Mühlfenzel. Den Hirten Eppelmann. Selbst die unvollendet gebliebene Mission der Diktatur des Proletariats kann die Demokratie auf rechtsstaatliche Weise viel legaler, also unverblümter, also perfekter erfüllen.

Vom Polizeistandpunkt gibt es nur das archaische, das militärische Vorgehen, das die Welt ordnen will. Nicht ohne Wollust bomben die Herren der Schöpfung auf ihren eigenen Fehlschöpfungen herum, jedem Fehler seine Cruisemissiles. Auf dass er ausgelöscht sei. Aber siehe, sieben Drachenköpfe wachsen nach. Nun muss Siegfried den Sieg befrieden. Bombig. *Der enge Blick nimmt nicht den Zusammenhang wahr, in dem allein eine Lösung denkbar wird, die solidarische Beziehung der Welten.*

Was für eine Herausforderung! Aber *die DDR hatte es satt, siegen zu lernen … Sie trug, mürrisch mauernd, eine Hauptschuld am Scheitern des Weltversuchs.* Ist die verharmlosende Charakterisierung «Versuch» nicht eine nachholende Bescheidenheit? Wenn Ja, dann Nein? Der Realsozialismus ein Labor und wir mal weiße Ratte, mal weißer Kittel? Die Geschichte aller bisherigen Gesellschaft ist die Geschichte von Versuchen. Als der Partei die Macht zu Füßen gelegt und zu Kopf gestiegen war – war das Ende ihrer Geschichte schon fast erreicht. Die Frage «Wer wen?» angeblich endgültig beantwortet. Die Mühen der Ebene bereits als postexperimentelle Phase. Im sicheren Hafen – nämlich eine Epoche voraus. *Die Sucht nach Lösungen für alle.* Experimente, und sei's nur beim Tapezieren, Revisionismus. Die sozialistische Vorsehung wusste, die andern würden sich eines Tages mit objektiver Notwendigkeit anschließen. Agenda 3000. Warten wir's ab.

Interessant am Realsozialismus: Keine Avantgarde der Banken und Junker. Gelungen die Zähmung des Kapitalismus, seine Vorzüge allerdings gleich mit. Dumm gelaufen.

Das persönliche Erleben der konkreten Bedingtheit entkleidet, dadurch wird es unbegreiflich, rätselhaft, ungeheuerlich. Der Auftrag an die Nachfolgegesellschaft: die Privatisierung der kollektiven Erinnerung. *Die Denunziation der eigenen Lebenszeit ist die plumpe Technik, sich von der Mitverantwortung zu entlasten.*

Nun muss sich alles, alles wenden. Die *Lust des Beginnens* ist zum Problem geworden, *nachdem uns die Selbstbefreiung von Bankern und Lenkern aus der Hand genommen wurde. Auf dem Theater des Wilden Ostens funktioniert wieder der Gute Mensch der Obdachlosen, die Heilige Johanna der Schlachtfelder und der Schlachthöfe, ein Indiz, daß wir in der alten Geschichte sind.* Déjà vu. Das ist die neue Langeweile: *Für den Rest des Lebens mit dem Urschleim beschäftigen.* Der *Reichtum der Unterschiede* vermehrt sich von selbst, wie eine schlau angelegte Aktie. Wir aber sind gehalten, die Börse zu schützen.

Wenn dein Text alle Hoffnung fahren lässt, beschwichtige ich: stopp, stopp – da war doch noch was. Wir willigten doch lediglich in die *Vertagung einer großen Hoffnung ein.* Wenn du dann aber einlenkst *(es gibt keine anderen Horizonte als revolutionäre),* versagt mein Glauben – du rettest die Freundin nicht mehr. Der Tagungsordnungspunkt ward im Panel nicht aufgerufen. Wo bleibt der Kapitalismus mit menschlichem Antlitz? Können auch heute Schritte zur Veränderung nur aus dem Zentrum der Macht kommen? *«Es gibt unendlich viel Hoffnung, nur nicht für uns», sagt Kafka, nein, es gibt wenig Hoffnung, aber für uns.* Nein, es gibt keine Hoffnung, aber für alle. Im Abschwung sind wir schließlich vereint. So erfüllt sich unverhoffterweise unser Ideal der Gleichheit. Ich bin Optimist – wer ist weniger?

KURIOSE MÄANDER

Dankesworte anlässlich der Verleihung der Louise-Schroeder-Medaille (17. 4. 2002)[1]

In einer Biographie über Louise Schroeder las ich, dass sie Auszeichnungen überhaupt nur hinnahm, um erhöhte Aufmerksamkeit für ihr sozialpolitisches Engagement zu erreichen. Das fand ich tröstlich und nachvollziehbar, scheint es mir doch die plausible Motivation, solche in politisch angespannten Zeiten fast voraussehbar mit Grabenkämpfen verbundene Prozedur über sich ergehen zu lassen. In diesem Sinne danke ich den frauenpolitischen Sprecherinnen, dem Präsidium des Abgeordnetenhauses, dem Regierenden Bürgermeister und dem jüngsten Ehrenbürger Berlins Egon Bahr, meine Bücher so interpretiert zu haben, wie sie tatsächlich gemeint sind.

Es macht mich zuversichtlich, dass demokratieerfahrene Politiker, die selbst wissen, was Angriffe sind, sich von dem, was im Vorfeld

---

1 Die nach der sozialdemokratischen Westberliner Nachkriegs-Bürgermeisterin Louise Schroeder benannte Medaille wird an Frauen verliehen, die sich am Prozess öffentlicher demokratischer Meinungsbildung mit Mut und Entschiedenheit beteiligen. Den Worten der Stifter zufolge ehrt sie Persönlichkeiten, «die sich um Demokratie, Frieden, soziale Gerechtigkeit und Gleichstellung von Mann und Frau verdient gemacht haben». Nicht zum ersten Mal führte die Verleihung zum Parteienstreit. Im Jahr zuvor hatte die Berliner CDU verhindert, dass die Auszeichnung an die couragierte SPD-Politikerin Regine Hildebrandt gehen konnte. Auch der Preisverleihung am 17. April 2002 im Roten Rathaus ging ein heftiger öffentlicher Streit voraus, der von dem Berliner «Autorenkreis der Bundesrepublik» sowie ihm nahe stehenden Publizisten und konservativen Vereinigungen angezettelt worden war. Mit teils aus

ablief, nicht beirren ließen. Das wäre in der DDR undenkbar gewesen, und ich weiß die Veränderung sehr wohl zu schätzen. Ziemlich unverändert dagegen erscheinen mir diejenigen, die sich immer noch nicht daran gewöhnen konnten, dass keine Geschichtsschreibung mehr einzig gültig ist – selbst wenn sie von ihnen stammt. Diese Auseinandersetzungen, in denen es nicht um willkommenen sachlichen Widerspruch, sondern um die Demontage der Glaubwürdigkeit des Andersdenkenden geht, zeigen, wie schwierig das Zusammenwachsen in dieser Stadt, in diesem Land immer noch ist. Dabei verläuft die Demarkationslinie der Konflikte längst nicht mehr einfach zwischen Ost und West, sondern bildet verschlungene, mitunter kuriose Mäander.

In diesem Haus hier wurden 1979, vor meiner Zeit, unter skandalösen Umständen neun Kollegen aus dem DDR-Schriftstellerverband ausgeschlossen, weil sie nicht auf der Linie lagen, weil sie genau besehen zu links waren. Einer der Ausgeschlossenen, der bald danach in den Westen ging, rief mich dieser Tage an, um mir Mut zu machen und mir zu versichern, er sei aus dem «Autorenkreis der Bundesrepublik» ausgetreten, weil dort genau das Ausgrenzungskli-

---

dem Zusammenhang gerissenen, teils verfälschten und sogar frei erfundenen Zitaten aus dem Buch «Westwärts und nicht vergessen» wurde Stimmung gemacht, um die Preisverleihung zu verhindern, die der Senat bereits beschlossen hatte. Die Vorsitzende des Autorenkreises verstieg sich sogar zu dem Vorwurf, Dahn-Texte seien «durchgehend dumpfeste Demagogie». Hanna-Renata Laurien (CDU) gab die ihr zwei Jahre zuvor verliehene Schroeder-Medaille zurück, und Rita Süssmuth (CDU) zog am Tag vor der Verleihung ihre Bereitschaft zurück, die Laudatio zu halten. Für sie sprang kurzfristig der Berliner Ehrenbürger Egon Bahr (SPD) ein. Die Fraktionen von CDU, FDP und Grünen blieben der Verleihung der Medaille durch den Regierenden Bürgermeister Klaus Wowereit offiziell fern.

ma herrsche, dessentwegen er einst die DDR verlassen habe. Ein anderer Ausgeschlossener bestärkte mich, nur nicht aufzugeben.

Die Versuchung war zugegebenermaßen groß, trotz des enormen Zuspruchs vieler Kollegen, Freunde und Leser. Schließlich glaubte ich, auch Louise Schroeder verpflichtet zu sein, denn bei ihrer Ernennung zur Ehrenbürgerin haben einige CDU-Abgeordnete ebenfalls ziemlich quer gelegen, was der bereits schwer kranken Frau wenige Wochen vor ihrem Tod zu schaffen machte, wie ich jetzt las.

Ich muss gestehen, dass ich von Louise Schroeder wenig wusste, als ich von der Medaille erfuhr. Als sie Oberbürgermeisterin war, war ich noch nicht geboren, und in meinen Schulbüchern kam sie nicht vor. Über Bersarin, Shukow oder Friedrich Ebert jun. hatten wir mehr erfahren. So gehört zum Aufeinanderzugehen auch, sich mit der Geschichte der vorenthaltenen Seite vertrauter zu machen. Doch die Deutungshoheit über diese Geschichte ist heiß umkämpft, nach dem Motto: Wem die Geschichte gehört, dem gehört auch die Zukunft. Erst beim Nachlesen wurde mir klar, dass Louise Schroeder gar nicht nur eine Konsens-Frau war, sondern sehr wohl den Mut zum Anecken hatte, was sie mir natürlich sympathisch machte.

So opponierte sie in ihrer SPD-Basisorganisation gegen die Bewilligung der Kriegskredite im Ersten Weltkrieg. Neinsagen in den eigenen Reihen gehört zum Schwersten, diese Erfahrung habe ich schon in der DDR gemacht, und sie hat sich in den letzten Jahren wiederholt.

Beeindruckt hat mich, wie Louise Schroeder angesichts der Bedrohungen durch die SA zögernde Genossen durch ihr Auftreten herausforderte, geschlossen gegen das Ermächtigungsgesetz zu stimmen: «Ich sage, ich gehe und stimme mit Nein, und wenn sie mich in Stücke reißen.»

Doch auch als Oberbürgermeisterin geriet sie verschiedentlich in Bedrängnis: Als die westalliierten Militärgouverneure während der

Blockade Berlins die westdeutschen Länderchefs auf dem Rittersturz bei Koblenz aufforderten, einen Dreizonenstaat zu bilden, appellierte Louise Schroeder als Vertreterin Berlins, «nichts Endgültiges und Unwiderrufliches» zu beschließen, sondern den provisorischen Charakter aller Entscheidungen in den Vordergrund zu stellen. Damit soll sie General Clay derart verärgert haben, dass dieser die Frage aufgeworfen habe, ob bei einer derartigen Einstellung die Luftbrücke noch aufrechtzuerhalten sei. Man sprach von einem «Rittersturz-Debakel» der Berliner Oberbürgermeisterin.

Sie hat das ausgehalten. Warum sollte die Medaille, die ihren Namen trägt, nicht auch einige Sturz-Versuche überstehen? Leben war immer so, und es sieht nicht danach aus, als ob es sich in absehbarer Zeit ändern würde. Dass Entscheidungen, welcher Art auch immer, Auseinandersetzungen vorausgehen, ist selbstverständlich. Allerdings gehe ich immer noch davon aus, dass praktizierte Demokratie sich darin erweist, dass eine Mehrheitsentscheidung schließlich akzeptiert wird, auch von der unterlegenen Minderheit. Einige können es aber offenbar nicht lassen, eine demokratische Entscheidung, bei der sie den Kürzeren gezogen haben, auf andere Weise zu torpedieren. Das Stehvermögen der hier versammelten sozialdemokratischen und sozialistischen Politikerinnen und Politiker wird dazu beitragen, dass sich das Mittel der Unterstellungen und Falschzitate künftig selbst denunzieren wird – und dafür danke ich von Herzen.

Louise Schroeder hat ihr soziales Engagement immer auch mit gesellschaftspolitischen Zielstellungen verbunden, etwa wenn sie darauf bedacht war, dass die knappen Güter in Berlin «allen gleichermaßen» zugute kommen müssten, und sie hinzufügte: «Deshalb sind Demokratie und Sozialismus untrennbar. Die Durchsetzung dieser beiden Ideen sichert uns unser Leben.» Sinngemäß habe ich das Gleiche ausgedrückt, als ich schrieb: «Ein System, in dem die bürgerlich-freiheitlichen *und* die modernen sozialen Menschenrechte garantiert sind, hat es noch nicht gegeben. Sich einer solchen

Zivilgesellschaft zumindest annähern zu wollen, ist eine Utopie, für die sich der Einsatz lohnt.»

An einen intensiven Einsatz für eine demokratische Zivilgesellschaft – in diesem Haus hier – erinnere ich mich gut. Sieben Monate lang tagte die 40-köpfige, erste unabhängige Untersuchungskommission am Ende der DDR, deren stellvertretende Vorsitzende ich sein durfte, im Roten Rathaus. Wir untersuchten die Übergriffe von Polizei und Staatssicherheit auf friedliche Demonstranten im Oktober 89 hier in Berlin.

Wir begannen die öffentliche Arbeit im überfüllten Abgeordnetensaal, tagten dann jeden Montag im Großen Sitzungssaal und zwischendurch in Arbeitsgruppen. Im Auftrage der Opfer befragten wir hier den Polizeipräsidenten und den Berliner Stasi-Chef, Schabowski und Krenz, wir hatten sogar die Kompetenz, Erich Mielke in der Haftanstalt zur Rede zu stellen. 150 Stunden Tonbandmitschnitte existieren aus dieser Zeit. Die Abgeordneten, Senatoren und Bürgermeister mögen mir nachsehen, wenn ich daran erinnere, dass, *bevor* sie hier einzogen und *damit* sie hier einziehen konnten, zunächst die Bürgergruppen und Untersuchungskommissionen das Haus in Besitz genommen hatten. (Und ich freue mich besonders, dass einige Mitglieder der Kommission heute anwesend sind.)

Über diese Arbeit erschien schließlich im Basis.Druck Verlag das von mir mitherausgegebene Buch «Und diese verdammte Ohnmacht», ein Titel, der angesichts der Finanzsituation in dieser Stadt wohl wieder brauchbar wäre. Denn die notwendige Debatte über die Vergangenheit darf ja nicht unsere Kraft für die heutigen Probleme blockieren. Ich habe unter Emanzipation übrigens nie verstanden, gegen Männer zu kämpfen, sondern sich in die von ihnen dominierten Themen einzumischen und dann gemeinsam vorzugehen.

In meiner Eigenschaft als relativ neu gewähltes Beiratsmitglied der ältesten Bürgerrechtsorganisation der Bundesrepublik, der Humanistischen Union, haben sich einige Frauen aus dem Umfeld von attac, kirchlichen Einrichtungen und Gewerkschaften an mich gewandt, um gemeinsam zu diskutieren, wie wir als besorgte Berliner Bürgerinnen für unsere Stadt, die jetzt fast pleite ist, aktiv werden können. Ein Vorschlag leuchtete mir in seiner Pragmatik gleich ein. Und da hier gerade einige Abgeordnete zuhören, will ich abschließend die Chance nutzen und diese Überlegung *nur zu bedenken geben.* Vielleicht ist das auch alles bereits erwogen worden – gehört haben wir davon nichts.

Es geht jetzt also darum, wie die von uns allen zu tragenden weiteren Verluste der Bank zu minimieren sind, wie man also aus dem Teufelskreis von Konkurs oder künftigen Risiken wenigstens ein wenig ausbrechen könnte. Wie vermeidbar ist, dass elementare kulturelle und soziale Leistungen in der Stadt entfallen, nur weil die Gewinngarantien der angeblich 70 000 Zeichner von abenteuerlichen Immobilienfonds noch über 25 Jahre erfüllt werden müssen. Warum sollen alle anderen Opfer bringen, nur nicht die Fondsanleger? Die zum größten Teil, wie ich zu ihren Gunsten annehmen möchte, in dem Glauben gezeichnet haben, nicht nur sich, sondern auch der Stadt einen Gefallen zu tun.

Warum werden nicht auch mit ihnen Gespräche über einen Sozialpakt und über Verzichte geführt, die sie ohne Not erbringen könnten? Zumal sie ihre Einlagen über Steuervergünstigungen oft schon jetzt wieder herausgeholt haben. Ja, warum könnte nicht auch gesetzlich geregelt werden, dass die Anleger bei wirtschaftlichen Schwierigkeiten ihrer Fonds höchstens so viel herausbekommen, wie sie eingezahlt haben, und weitere Ansprüche entfallen?

Das wäre zwar ein rückwirkender Eingriff in das hohe Rechtsgut der Renditesicherung, aber dieser wäre nicht nur durch die Artikel 14 und 15 des Grundgesetzes gedeckt, sondern auch durch die

Rechtsprechung der letzten Jahre. So hat das Bundesarbeitsgericht mit Urteil vom 4. 12. 1995 festgestellt: «Sogar die völlige Beseitigung bisher bestehender, durch die Eigentumsgarantie geschützter Rechtspositionen kann unter bestimmten Voraussetzungen zulässig sein ... Die Gründe des öffentlichen Interesses müssen so schwerwiegend sein, daß sie Vorrang haben vor dem Vertrauen des Bürgers auf den Fortbestand seines Rechts.» Und das Bundesverfassungsgericht ergänzte mit Urteil vom 23. 11. 1999, mit dem etwa 20 000 im Grundbuch eingetragenen, redlichen Familien rückwirkend ihre Häuser weggenommen wurden: «Ferner kommt ein Vertrauensschutz nicht in Betracht, wenn überragende Belange des Gemeinwohls, die dem Prinzip der Rechtssicherheit vorgehen, eine rückwirkende Beseitigung von Normen erfordern.»

Solche Urteile zu echter Rückwirkung ergingen bisher allerdings nur gegen eher minderbemittelte, zumal ostdeutsche Betroffene. Es wäre doch ein in der Bevölkerung wohlverstandenes, rot-rotes Signal, diesmal denen näher zu treten, deren Hauptsorgen günstige Steuerabschreibungen sind. Das öffentliche Interesse ist jedenfalls schwerwiegend. Und ich behaupte: Louise Schroeder wäre dafür gewesen.

Die auf die Stadt zukommenden Probleme treffen längst alle gemeinsam und werden nur im Engagement füreinander, nicht gegeneinander erträglich zu lösen sein. Das gilt für Parteien genauso wie für Bürgerrechtler und selbst für Autoren. Überbieten wir uns nicht in gezielten Schlägen, sondern in gezielten Vorschlägen. Ich will meinen Dank für die Auszeichnung mit der Zusicherung verbinden, dass mit mir weiter zu rechnen ist.

NACHWEISE

- Wir sind die Demokratie. Zur Sache: Deutschland. Rede im Schauspielhaus Dresden am 17. 2. 2002; Erstveröffentlichung. Auszug in *Freitag* 9/2002

- Wem gehört die Welt? Vom Kampf gegen die Terroristen der Ökonomie; Erstveröffentlichung.

- Notstand ohne Not. Rückblick auf Genua: Eine Kommission ermittelt; Erstveröffentlichung.

- Gott muss Demokrat sein. Kleine Rede in großer Kirche. Rede in der Gethsemanekirche vom 8. 10. 2001; leicht gekürzt in: Süddeutsche Zeitung vom 16. 10. 2001

- Geschichte, der niemand entkommt – 55 Jahre Ende des II. Weltkrieges; in: DRAFD; Zeitschrift Deutscher in der Résistance und in den Streitkräften der Antihitlerkoalition, Mai 2000

- Krieg als Perversion an sich. Zum Dokumentarfilm «Japanische Soldaten des Teufels»; in: Ossietzky 5/2000

- Wenn Vernunft durch Moral ersetzt wird. Zivile Gedanken am Ende des Jahrhunderts; in: Berliner Zeitung 17./18. 4. 1999

- Lebenswerter Frieden ist der schwerste Schlag gegen den Terrorismus. Laudatio zum Aachener Friedenspreis 2002; Erstveröffentlichung.

- Gerechtigkeit ist Gleichheit. Zwölf Jahre Grundgesetz in Ostdeutschland; aktualisierte Fassung aus: Till Müller-Herdelberg u. a. (Hg.): Grundrechte-Report 2000, Reinbek 2000

- Die verordnete 007-Logik. Vom Mißbrauch staatlicher Macht gegenüber dem Oppositionspolitiker Gregor Gysi; in: Das Gauck-Lesebuch. Eine Behörde abseits der Verfassung? Frankfurt/M. 1998. Mit einem PS vom Sommer 2002.

- Vereintes Land – geteilte Freude. Plädoyer für eine ehrliche Geschichtsschreibung auf beiden Seiten. Erweiterte Fassung des Textes aus: Zur Lage der Nation. Leitgedanken für eine Politik der Berliner Republik. Berlin 2001

- Westwärts gleich Vorwärts? Vom überraschenden Beharrungsvermögen ostdeutscher Mentalität. Aktualisierte Fassung eines Vortrages an der Stanford University im Mai 2001; Erstveröffentlichung.

- Der Widerspenstigen Zähmung? Essay in DeutschlandRadio Berlin, 8. 6. 1998

- Die Ostdeutschen wollten die D-Mark und bekommen den Euro; in: Das Parlament. Nr. 36, 31. 8. 2001

- Angstgesellschaft. Das System als Krankheitsursache; aus: Günter Grass, Daniela Dahn, Johano Strasser (Hg.): In einem reichen Land. Zeugnisse alltäglichen Leidens an der Gesellschaft. Göttingen 2002

- Der Radikaldemokrat Kurt Tucholsky. Dankesrede anlässlich der Verleihung des Tucholsky-Preises für literarische Publizistik; Erstveröffentlichung, Auszug in: Süddeutsche Zeitung vom 4. 10. 1999

- Sehnsucht nach moralischer Revolution. Zu Heleno Saña: «Die verlorene Menschlichkeit»; in: Berliner Zeitung vom 14./15. 1. 1997

- Recht oder Roulette? Zu «Die Republik vor Gericht» von Heinrich Hannover; in: Ossietzky 19/99

- Innenansichten der Bürokratie. Zu Wilhelm Boeger: «Der Leihbeamte»; in: Ossietzky 11/98

- Man soll nie nie sagen. Zu Klaus Schlesinger: «Von den Schwierigkeiten, Westler zu werden»; in: Neues Deutschland vom 26. 3. 1998

- Wessen ständiger Vertreter? Zum Siebzigsten von Günter Gaus; in: *Freitag* Nr. 47 vom 19. 11. 99

- Die Grenzen des Sagbaren erweitern. Zum Siebzigsten von Christa Wolf; gesendet am 18. 3. 1999 auf Radio Kultur.

- Wahlbekanntschaften. Zum Achtzigsten von Egon Bahr; in: Architekt und Brückenbauer, Gedanken Ostdeutscher zum 80. Geburtstag E. Bahrs, Bonn 2002

- Liebeserklärung an Eduard Goldstücker; in: Ossietzky 9/98

- Schriftgelehrter von fragwürdiger Denkart. Zum Tod von Stefan Heym, *Freitag*, 21. 12. 2001, S. 3

- Späte Himmel. Zu Bildern von Georg Weise; in: Katalog der gleichnamigen Ausstellung im Deutschen Architekturzentrum, Berlin 2002

- Wir befinden uns so unwohl. Wir sind wieder einmal am Anfang. Dialog mit einem Buch von Volker Braun; in: Volker Braun Arbeitsbuch, «Theater der Zeit», Berlin 1999

- Kuriose Mäander. Dankesrede zur Verleihung der Louise-Schroeder-Medaille; in: Neues Deutschland vom 18. 4. 2002

Von **Daniela Dahn** bei Rowohlt lieferbar:

WESTWÄRTS UND NICHT VERGESSEN
Vom Unbehagen in der Einheit
Rowohlt • Verlag Berlin
ISBN 3 87134 235 1 16,00 EURO

PRENZLAUER BERG-TOUR
Rowohlt • Verlag Berlin
ISBN 3 87134 430 3 14,90 EURO

WESTWÄRTS UND NICHT VERGESSEN
Vom Unbehagen in der Einheit
rororo Sachbuch
ISBN 3 499 60341 1 6,90 EURO

IN GUTER VERFASSUNG
Wieviel Kritik braucht die Demokratie?
Mit einem dokumentarischen Lehrstück
von Detlev Lücke
rororo aktuell
ISBN 3 499 22709 6 6,50 EURO

SPITZENZEIT
Lebenszeichen aus einem gewesenen Land
rororo Sachbuch
ISBN 3 499 61117 1 7,90 EURO

VERTREIBUNG INS PARADIES
Unzeitgemäße Texte zur Zeit
rororo aktuell
ISBN 3 499 22379 1 7,90 EURO

WIR BLEIBEN HIER ODER WEM GEHÖRT DER OSTEN
Vom Kampf um Häuser und Wohnungen
in den neuen Bundesländern
rororo aktuell
ISBN 3 499 13423 3 6,50 EURO